21世纪物流理论与实务系列规划教材

现代物流技术与装备

(第3版)

唐四元　马　静　主编

清华大学出版社
北　京

内 容 简 介

本书吸收了现代物流技术与装备方面的最新成果，内容新颖，紧密联系实际，机械装备技术与信息技术并重。全书共10章，按照运输、装卸搬运、仓储、分拣、包装、流通加工、集装单元等物流环节，详尽介绍了相应的技术与装备的分类、性能、指标、应用。最后两章是物流信息技术和物流信息技术实验。物流信息技术的实验包括条码打印、GIS应用、地图数字化及GPS车辆跟踪编程。

本书内容全面详实，与实际需求紧密结合，并附有大量阅读材料和思考题，可以满足教学的需要，增强学生学习的主动性，提高学习效果。本书可用作高等院校物流管理、物流工程、企业管理等专业的教材，也可用作物流管理、物资运输等部门管理人员及技术开发人员的培训用书；对于希望了解物流技术与设备的社会各界人士，本书亦有重要参考价值。

本书提供了完整的教学课件、习题答案及实验部分的参考程序代码，读者可在 http://www.tupwk.com.cn/downpage 网站免费下载。

图书在版编目(CIP)数据

现代物流技术与装备 / 唐四元，马静 主编. —3版. —北京：清华大学出版社，2018（2021.2重印）
(21世纪物流理论与实务系列规划教材)
ISBN 978-7-302-48664-0

Ⅰ. ①现… Ⅱ. ①唐… ②马… Ⅲ. ①物流技术－高等学校－教材 ②物流－机械设备－高等学校－教材 Ⅳ. ①F252

中国版本图书馆 CIP 数据核字(2017)第 266702 号

责任编辑： 崔 伟 马遥遥
封面设计： 牛艳敏
版式设计： 方加青
责任校对： 成凤进
责任印制： 丛怀宇
出版发行： 清华大学出版社
网 址：http://www.tup.com.cn，http://www.wqbook.com
地 址：北京清华大学学研大厦A座 邮 编：100084
社 总 机：010-62770175 邮 购：010-62786544
投稿与读者服务：010-62776969，c-service@tup.tsinghua.edu.cn
质 量 反 馈：010-62772015，zhiliang@tup.tsinghua.edu.cn
印 刷 者： 北京富博印刷有限公司
装 订 者： 北京市密云县京文制本装订厂
经 销： 全国新华书店
开 本： 185mm×230 mm **印 张：** 21 **字 数：** 484千字
版 次： 2008年11月第1版 2018年1月第3版 **印 次：** 2021年2月第6次印刷
定 价： 59.00元

产品编号：072248-03

第3版前言

《现代物流技术与装备》(第 2 版)于 2011 年出版至今已有 6 年。在此期间，我国装卸搬运、分拣包装、加工配送等专用物流装备和智能标签、跟踪追溯、路径优化等技术迅速推广；管理信息系统、物流信息平台等信息技术广泛应用于物流企业；物联网、大数据、云计算等现代信息技术应用快速发展。

为了及时反映物流技术及装备的最新潮流，并将前沿的知识介绍给读者，必须对其进行修订再版。

第 3 版对第 2 版的有关章节作了修改和增删，更新了有关的数据和阅读材料，同时，增加无人机、北斗卫星定位和自动分拣技术等内容。在修订本书的过程中，作者参考了大量国内外教材、专著、论文和资料，力求跟踪现代物流技术与装备的最新发展与前沿技术。

根据作者多年的教学体会，新增了第 10 章：物流信息技术实验，即物流技术的应用与开发实训。内容包括条码打印编程、GIS 系统安装与应用、地图数字化、地图集 Geoset 制作、MapX 地图控件应用及 GPS 车辆跟踪编程。

本书的编写分工如下：第 1～8 章和附录由唐四元和马静共同编写；第 9、10 章由唐四元编著；最后由唐四元、马静统稿。

受作者学识水平的限制，书中必有许多不足之处，欢迎广大读者及各位学术同仁批评指正。

再次感谢清华大学出版社的领导、编辑和发行人员，感谢他们为本书的再版和发行所付出的辛勤劳动。

编　者

2017 年 7 月

目 录

第 1 章 绪论……1

学习目标……1

核心要点……1

1.1 我国物流技术与设备的发展……1

1.2 物流技术与设备在现代物流中的作用……6

1.3 物流技术与设备的发展趋势……7

1.4 “十三五”期间物流技术装备展望……10

1.4.1 “十二五”期末的物流基础设施……10

1.4.2 “十三五”期间物流基础设施及新技术展望……11

1.4.3 我国物流技术和装备的展望……14

1.4.4 长期规划中的物流技术和装备……14

本章小结……16

思考题……17

第 2 章 物流运输设备……18

学习目标……18

核心要点……18

2.1 物流运输设备概述……18

2.2 公路运输设备……19

阅读材料 2-1 国家高速公路网——“7918”网的含义……19

阅读材料 2-2 国家高速公路网命名及规则……20

2.2.1 公路运输方式的特点……21

2.2.2 常见公路运输设备……22

阅读材料 2-3 2016 年中国物流用车产业概况及物流车产销量现状分析……26

2.3 铁路运输设备……27

2.3.1 铁路运输概述……27

2.3.2 铁路机车……28

阅读材料 2-4 蒸汽机车的工作原理……28

2.3.3 铁路货车……31

2.4 水路运输设施与设备……37

2.4.1 水路运输概述……37

2.4.2 常见水路运输设备……38

阅读材料 2-5 运力过剩，冷藏船越来越“冷”……40

2.5 航空、管道运输设施与设备……45

2.5.1 航空运输设备……45

阅读材料 2-6 2017 年 1 月份全球航空货运需求同比增长 6.9%……46

阅读材料 2-7 配送服务升级京东无人机“双十一”期间多地完成首单配送……54

阅读材料 2-8 亚马逊要在万米高空建仓库……55

2.5.2 管道运输设备……56

本章小结……57

思考题……57

第3章 物流装卸搬运设备……58
学习目标……58
核心要点……58
3.1 物流装卸搬运概述……58
3.1.1 物流装卸搬运的概念……58
3.1.2 物流装卸搬运的特点……59
3.1.3 物流装卸搬运设备的分类……60
3.2 叉车……60
3.2.1 叉车的概念……60
3.2.2 叉车的特点……61
3.2.3 叉车的类型……61
3.3 轻型装卸搬运设备……64
3.3.1 手推车……64
3.3.2 手动搬运车……65
3.3.3 堆高车……66
3.3.4 牵引车和平板车……67
3.3.5 自动导引搬运车……68
阅读材料3-1 新松公司参与制定的自动导引车(AGV)国家标准正式发布……69
3.4 起重机械……70
3.4.1 起重机械的概念和分类……70
3.4.2 典型起重机械……71
3.4.3 升降机……72
3.5 连续输送机械……76
3.5.1 连续输送机械的特点及分类……76
3.5.2 典型输送机械……77
3.6 托盘码垛机器人……79
3.7 登车桥……80
3.7.1 固定式登车桥……80
3.7.2 移动式登车桥……81
本章小结……81
思考题……82
第4章 物流仓储设备……83
学习目标……83
核心要点……83
4.1 物流仓储设备概述……83
4.2 仓库……84
4.2.1 仓库的定义和作用……84
4.2.2 仓库的分类……85
4.3 货架……87
4.3.1 货架的作用……87
4.3.2 常见的货架……88
4.4 自动化立体仓库……97
阅读材料4-1 智能物流仓储进入快速发展期……100
4.5 堆垛机……100
4.5.1 巷道式堆垛机……101
4.5.2 桥式堆垛机……101
4.6 仓储辅助设备……102
本章小结……106
思考题……106
第5章 物流分拣技术与装备……107
学习目标……107
核心要点……107
5.1 物流分拣概述……107
阅读材料5-1 中国快递企业雇机器人分拣包裹，省一半人工……108
5.2 自动分拣技术与作业方式……109
5.2.1 自动分拣技术……109
5.2.2 自动分拣作业方式……112
5.3 自动分拣系统……113
5.3.1 自动分拣系统作业描述……113
5.3.2 自动分拣系统的特点……113
5.3.3 自动分拣系统的组成……114
5.3.4 自动分拣系统的包装要求……115

5.3.5 电商智能分拣系统 …… 115
5.3.6 机场行李分拣系统 …… 115
5.3.7 药品自动分拣设备 …… 116
5.4 分拣装备 …… 120
5.4.1 半自动分拣机 …… 121
阅读材料 5-2 安徽中鼎集团的半自动立式分拣机和电子标签分拣机 …… 121
5.4.2 自动分拣机 …… 123
5.4.3 自动分拣输送系统 …… 125
5.5 自动分拣系统实例 …… 127
5.5.1 RF 拣选系统 …… 127
5.5.2 电子标签拣货系统 …… 128
阅读材料 5-3 诺瓦电子标签分拣物流系统 …… 128
5.5.3 通道式分拣系统 …… 130
本章小结 …… 131
思考题 …… 131

第 6 章 物流包装技术与装备 …… 132

学习目标 …… 132
核心要点 …… 132
6.1 物流包装概述 …… 132
6.2 包装的概念和功能 …… 133
6.2.1 包装的概念 …… 133
6.2.2 包装的功能 …… 133
6.3 包装的分类 …… 135
6.3.1 按包装在流通中的作用分类 …… 135
6.3.2 按包装适用的广泛性分类 …… 136
6.3.3 按包装容器分类 …… 136
阅读材料 6-1 何谓包装袋 …… 136
阅读材料 6-2 何谓包装盒、包装箱 …… 137
阅读材料 6-3 何谓包装瓶 …… 137
阅读材料 6-4 何谓包装罐 …… 137
6.3.4 按包装技术分类 …… 138
6.4 包装材料 …… 138
阅读材料 6-5 我国进出境货物木质包装检疫有新规 …… 139
阅读材料 6-6 国家邮政局出台实施方案推进快递业绿色包装工作 …… 141
6.5 包装技术 …… 142
6.5.1 防震包装技术 …… 142
6.5.2 防锈包装技术 …… 143
6.5.3 防霉包装技术 …… 143
6.5.4 真空包装与充气包装技术 …… 143
6.5.5 收缩包装与拉伸包装技术 …… 144
6.5.6 现代集合包装技术 …… 145
6.6 现代化包装和集装化 …… 146
6.6.1 包装合理化 …… 146
6.6.2 包装合理化的途径 …… 147
6.6.3 包装设计合理化 …… 148
6.7 包装标准 …… 148
6.7.1 包装标准的构成 …… 148
6.7.2 包装标准化的管理 …… 149
6.8 包装装备 …… 150
6.8.1 填充机械 …… 151
6.8.2 灌装机械 …… 152
6.8.3 封口机械 …… 153
6.8.4 裹包机械 …… 153
6.8.5 贴标机械 …… 154
6.8.6 捆扎机械 …… 154
6.8.7 封箱机械 …… 155
6.8.8 喷码机 …… 155
6.8.9 包装辅助设备 …… 156
6.9 包装装备实例 …… 157
6.9.1 包装装备实例 1——宁波达盛昌机械设备有限公司的包装机 …… 157

6.9.2 包装装备实例 2——中鼎全自动塑膜包装机 …… 158
本章小结 …… 159
思考题 …… 159

第 7 章 流通加工技术与装备 …… 160
学习目标 …… 160
核心要点 …… 160
7.1 流通加工概述 …… 160
阅读材料 7-1 延迟策略中的流通加工 …… 162
7.2 流通加工的概念、特点和作用 …… 163
7.2.1 流通加工的概念 …… 163
7.2.2 流通加工的内容 …… 163
7.2.3 流通加工的特点 …… 164
7.2.4 流通加工的地位和作用 …… 164
7.3 流通加工的类型 …… 166
阅读材料 7-2 几种常见的流通加工作业 …… 167
7.4 流通加工的合理化 …… 172
7.5 流通加工装备 …… 174
7.5.1 剪板机 …… 174
阅读材料 7-3 剪板机在使用过程中的注意事项 …… 176
7.5.2 卷板机 …… 177
7.5.3 折弯机 …… 177
7.5.4 校平机 …… 177
7.5.5 切割机 …… 178
阅读材料 7-4 常见的切割技术 …… 179
7.5.6 混凝土搅拌机 …… 180
7.5.7 冷链设备 …… 181
7.6 绿色流通加工 …… 184
本章小结 …… 184
思考题 …… 185

第 8 章 集装单元技术与装备 …… 186
学习目标 …… 186
核心要点 …… 186
8.1 集装箱发展概述 …… 186
8.2 集装箱 …… 187
8.2.1 集装箱的定义 …… 187
8.2.2 集装箱的标准 …… 188
8.2.3 集装箱箱型代码及主要特征 …… 189
8.2.4 各类集装箱参数 …… 193
8.2.5 集装箱的分类 …… 200
8.3 托盘 …… 203
8.3.1 托盘的定义 …… 203
8.3.2 托盘的标准 …… 205
8.3.3 托盘的种类 …… 206
8.4 其他集装器具 …… 208
8.4.1 集装袋、塑料编织袋、集装网 …… 208
8.4.2 仓库(储)笼 …… 209
8.5 岸边集装箱起重机(岸桥) …… 211
8.5.1 常规型岸边集装箱起重机 …… 211
8.5.2 双小车岸边集装箱起重机 …… 211
8.5.3 双 40 英尺箱的岸边集装箱起重机 …… 213
8.5.4 双 40 英尺箱双小车起重机 …… 214
8.6 轮胎式集装箱龙门起重机 …… 214
8.6.1 大车行走机构 …… 215
8.6.2 梯子平台 …… 215
8.6.3 小车运行机构 …… 215
8.6.4 起升机构 …… 215
8.6.5 司机室 …… 216
8.6.6 电控系统 …… 216
8.7 轨道式集装箱龙门起重机 …… 217
8.8 集装箱叉车 …… 218

8.8.1 重箱内燃集装箱平衡重叉车 ······ 218
8.8.2 空箱内燃集装箱平衡重叉车 ······ 219
8.8.3 集装箱正面吊运机 ······ 221
本章小结 ······ 223
思考题 ······ 223
第 9 章 物流信息技术 ······ 224
学习目标 ······ 224
核心要点 ······ 224
9.1 物流信息技术概述 ······ 224
9.1.1 物流信息技术的定义 ······ 224
9.1.2 物流信息技术的分类 ······ 224
9.2 条码技术 ······ 226
9.2.1 条码技术概述 ······ 226
9.2.2 条码阅读器 ······ 230
9.2.3 条码数据采集器 ······ 232
9.2.4 条码技术在物流中的应用 ······ 233
阅读材料 9-1 条码技术在工业生产线中的应用 ······ 234
阅读材料 9-2 劲霸的新跑鞋 ······ 235
9.3 射频识别技术 ······ 236
9.3.1 射频识别技术概述 ······ 236
9.3.2 RFID 技术的应用 ······ 238
阅读材料 9-3 沃尔玛超市应用 RFID ······ 240
9.3.3 RFID 射频标签 ······ 240
9.3.4 RFID 射频阅读器 ······ 242
9.3.5 RFID 与物联网 ······ 243
阅读材料 9-4 物联网药品电子监管码在系统中的应用 ······ 245
阅读材料 9-5 香港电子产品制造商采用 RFID 提高效率 ······ 246
9.4 EDI 技术 ······ 247
9.4.1 EDI 技术简介 ······ 247
9.4.2 EDI 的功能特点 ······ 247
9.4.3 EDI 在物流中的应用 ······ 248
阅读材料 9-6 上海联华超市集团的 EDI 应用 ······ 249
9.5 卫星定位技术 ······ 250
9.5.1 GPS 系统 ······ 251
9.5.2 北斗 BDS 系统 ······ 255
阅读材料 9-7 欧洲第 15、16 颗“伽利略”导航卫星开始工作 ······ 257
9.6 GIS 技术 ······ 258
9.6.1 GIS 概述 ······ 258
9.6.2 GIS 的功能 ······ 259
9.6.3 GIS 技术在物流分析中的应用 ······ 260
阅读材料 9-8 京东商城可视化配送包裹跟踪(GIS)系统 ······ 261
9.7 产品电子代码 ······ 262
9.7.1 产品电子代码概述 ······ 262
9.7.2 EPC 系统的结构 ······ 265
9.7.3 EPC 系统的特点 ······ 269
9.7.4 产品电子代码系统的工作流程 ······ 269
9.8 PML ······ 270
9.8.1 PML 的概念及组成 ······ 270
9.8.2 PML 设计 ······ 272
9.8.3 PML 应用 ······ 273
9.9 云计算 ······ 276
9.9.1 云计算的产生和发展 ······ 276
9.9.2 云计算的概念和定义 ······ 278
9.9.3 云计算的主要服务形式 ······ 278

9.9.4 云计算的核心技术 …… 279
9.9.5 云计算技术发展面临的问题 …… 281
9.9.6 物联网与云计算对物流的影响 …… 281
本章小结 …… 282
思考题 …… 282

第10章 物流信息技术实验 …… 284

学习目标 …… 284
核心要点 …… 284
10.1 概述 …… 284
10.2 条码打印 …… 285
10.2.1 实验目的 …… 285
10.2.2 实验环境 …… 285
10.2.3 UPC条码 …… 285
10.2.4 UPC-A码 …… 285
10.2.5 UPC-E码 …… 287
10.2.6 UPC条形码校验计算方法 …… 288
10.2.7 条码打印的参考程序代码 …… 289
10.3 GIS(MapInfo Professional)系统安装与应用 …… 297
10.3.1 实验目的 …… 297
10.3.2 实验环境 …… 297
10.3.3 MapInfo Professional系统安装 …… 297
10.3.4 栅格图像的配准与矢量化地图 …… 298
10.3.5 地图数字化 …… 301
10.4 MapX4.5安装与应用 …… 302
10.4.1 实验目的 …… 302
10.4.2 实验环境 …… 302
10.4.3 MapX4.5安装 …… 303
10.4.4 地图集的生成 …… 303
10.5 GPS导航跟踪 …… 304
10.5.1 实验目的 …… 304
10.5.2 实验环境 …… 305
10.5.3 在Visual Basic中添加Map控件 …… 305
10.5.4 应用MapX控件开发 …… 306
10.5.5 实时显示车辆位置的参考程序代码 …… 307
本章小结 …… 311
思考题 …… 312

附录A 模拟试题(一)及参考答案 …… 313

附录B 模拟试题(二)及参考答案 …… 319

参考文献 …… 325

第1章 绪论

学习目标

通过本章的学习，了解我国物流技术与设备的发展现状，如我国的公路、铁路、港口、机场物流园区等基础设施，运输设备，装卸搬运，仓储，包装等方面的技术装备情况；理解物流技术与装备的地位和作用；了解《“十三五”现代综合交通运输体系发展规划》和《物流业发展中长期规划(2014—2020年)》中，对物流的基础设施建设及新技术装备制造和应用的规划。

核心要点

- 物流技术与设备的发展。
- 物流技术与设备的地位和作用。
- 我国物流技术与设备的发展现状及趋势。
- “十三五”期间物流基础设施及新技术发展。

1.1 我国物流技术与设备的发展

随着科学技术水平的提高，物流技术与设备也在不断发展。现代物流技术与设备的发展不仅直接影响企业为物流需求者提供的物流量、物流服务质量以及作业效率，而且影响现代物流企业的物流成本、物流速度、安全生产以及物流作业的生产秩序。因此，设备的好坏，对现代物流企业的生存和发展都有着重大的影响。

1. 基础设施

“十二五”时期，我国各种交通运输方式快速发展，综合交通运输体系不断完善，总体适应经济社会发展要求。交通运输基础设施累计完成投资 13.4 万亿元，是“十一五”时期的 1.6 倍，高速铁路营运里程、高速公路通车里程、城市轨道交通营运里程、沿海港口万吨级及以上泊位数量均位居世界第一。天然气管网加快发展，交通运输基础设施网络初步形成。铁路、民航客运量年均增长率超过 10%，铁路客运动车组列车运量比重达到 46%，全球集装箱吞吐量排名前十位的港口我国占 7 席。快递业务量年均增长 50%以上，城际、城市和农村交通服务能力不断增强，现代化综合交通枢纽场站一体化衔接水平不断提升。高速铁路装备制造科技创新取得重大突破，电动汽车、特种船舶、国产大型客机、中低速磁悬浮轨道交通等领域技术研发和应用均取得进展，技术装备水平大幅提高，交通重大工程施工技术世界领先，走出去步伐不断加快。高速公路电子不停车收费系统(ETC)实现全国联网，新能源运输装备加快推广，交通运输安全应急保障能力进一步提高。铁路管理体制改革顺利实施，大部门管理体制初步建立，交通行政审批改革不断深化，运价改革、投融资改革扎实推进。

预计到“十三五”末，我国铁路运营总里程将要增加约 3 万千米，其中高铁增加 1.1 万千米；公路增加约 32 万千米，其中高速公路增加约 3 万千米；万吨以上的码头泊位增加超过 300 个；民用航空机场增加 50 个以上。

《国家公路网规划(2013 年—2030 年)》的规划目标为：形成布局合理、功能完善、覆盖广泛、安全可靠的国家干线公路网络，实现首都辐射省会、省际多路连通，地市高速通达、县县国道覆盖。1000 千米以内的省会间可当日到达，东中部地区省会到地市可当日往返、西部地区省会到地市可当日到达；区域中心城市、重要经济区、城市群内外交通联系紧密，形成多中心放射的路网格局；沿边沿海公路连续贯通，国边防建设能力显著增强；有效连接国家陆路门户城市和重要边境口岸，形成重要国际运输通道，与东北亚、中亚、南亚、东南亚的联系更加便捷。其中，普通国道全面连接县级及以上行政区、交通枢纽、边境口岸和国防设施；国家高速公路全面连接地级行政中心，城镇人口超过 20 万的中等及以上城市，重要交通枢纽和重要边境口岸。

我国物流基础设施和装备已经初具规模，交通运输、仓储设施、信息通信、货物包装与搬运等物流基础设施和装备的发展为物流产业奠定了必要的物质基础。在储运设施方面，已经建成了由铁路运输、公路运输、水路运输、航空运输和管道运输组成的综合运输体系，运输线路和场站建设以及运输车辆及装备都有较大发展。在仓储设施方面，除运输部门的货运枢纽和场站等仓储设施外，商业、物资、外贸、粮食、军队等行业中的仓储设施相对集中，近年来发展比较迅速，年投资规模出现了快速增长的趋势。在信息通信方面，已拥有电信网络干线光缆超过 30 万千米，并已基本形成以光缆为主体、以数字微波和卫星通信为辅助手段的大容量数字干线传输网络，其覆盖范围包括全国地市以上城市和 90%的县级市及大部分乡镇，并与世界主要国际信息网络连通。此外，EDI(电子数据交换)、ERP(企业资源计划系统)、GIS(地理信息系统)、GPS(全球卫星定位系统)等一些围绕物流信息交流、管理和控制的技术也得到了广泛应用，在一定程度上提高了物流信息管理水平，促进了物流效率的提高。在包装与搬运设施方面，现代包装技术和货物搬运技术已广泛应用，一定程度上改善了货物运输的散乱状况和传统的手工搬运方式，带动了包装、搬运等机械设备制造业的发展。从仓储设备的发展来看，早期的仓储管理和控制主要由人工完成，经过发展机械化程度有了一定的提高，用货架、托盘和可移动式货架存储物料，用限位开关和机械监视器等控制设备运行。自动化技术和信息技术的应用已经成为仓储技术的重要支柱，自动货架、自动识别和自动分拣等系统，以及条码技术、RFID 等技术已经被越来越多的企业所关注和应用。供应商管理库存、零库存等技术也开始在一些大型企业中使用。快速、高效、自动化的物流机械设备以及自动化仓库系统的应用，提高了仓储的自动化、智能化。

2. 运输设备

我国公路、铁路运输设备，水运、航空运输设备，管道运输设备等广泛应用于货物的运输，同时引进了很多新的技术，加强了运输的安全性、可靠性，并提高了运输的能力。为了适应不同运输服务的要求，各种专用运输设备的种类和数量不断增加。

目前，我国公路物流占据货物运输的主导地位，根据交通运输部的数据，2016 年全国公路累计完成货运量 336.34 亿吨，同比增长 6.8%，占社会总体货运量的 3/4 以上。这其中，物流车承担了重要的角色。

公路物流可以分为区域物流和城市物流。区域物流用车主要以传统中重卡为主，对车辆的安全性、承载力、动力性、维修便利性要求很高。城市物流多指支线(50~150 千米)、派送线(<50 千米)运输，以日常需求的生活用品运输、快递和小件货运最为普遍。多为短途且路线相对固定，倾向于小体积、小批量、多批次运输。城市物流用车以厢式汽车以及部分轻客、微面、低端 MPV 为主。

为了满足运输要求，提高物流规模效用，一些大型运输设备不断出现，目前最大的油轮载重量达到 56.3 万吨，矿石船达到 30 万吨左右，集装箱船为 13798TEU(超级巨轮 MSC DANIELA 地中海——丹妮娜)。与此同时，物流服务的提供者对于上下游的物流及配送需求的反应速度越来越快，配送间隔越来越短，商品周转次数越来越多，这就要求运输设备必须高速化，为此高速化运输设备得到快速发展。目前，运营的高速列车最大商业时速已达到 300 千米/小时。

3. 装卸搬运设备

起初我国货物的输送、装卸、管理、控制等主要是通过人工进行的，随着科学技术的发展，机械化程度大大提高，开始采用传送带、起重机、叉车、工业输送车等来移动和搬运货物。20 世纪中后期，自动化技术大大促进了装卸搬运技术的发展，相继出现了自动引导搬运车(AGV)、自动货架、自动存取机器人、自动识别和分拣等设备和系统；旋转式货架、移动式货架都实现了自动控制，大型起重机、自动输送机、自动分拣设备、自动上下料机和其他物流机械设备等都初步实现了自动控制，应用于生产和流通领域的物流系统中，提高了装卸、搬运设备的协调性，极大地推进了物流业的快速发展。

关于叉车设备，2015 年国内车辆制造企业五类叉车累计销售量为 327 626 台，历史的最高点是 2014 年为 359 622 台。按动力分类，内燃平衡重式叉车(Ⅳ+Ⅴ)207 509 台，占五类叉车累计销售量的 63.33%；电动叉车(Ⅰ+Ⅱ+Ⅲ)120 117 台，占五类叉车累计销售量的 36.67%，正在由内燃为主导的时代向电动时代迈进。

按销售市场分，国内销售机动工业车辆 235 640 台，其中，内燃平衡重式叉车(Ⅳ+Ⅴ)162 653 台，电动叉车(Ⅰ+Ⅱ+Ⅲ)72 987 台。

五类叉车出口共为 91 986 台，其中内燃叉车(Ⅳ+Ⅴ)出口为 44 856 台，电动叉车出口为 47 130 台。

关于货架设备，我国货架行业的技术相对单一，没有形成相应的行业规范和统一的标准，行业区域相对集中，产业布局不够合理，需求单位只有选择不同货架供应商的机会，而不存在选择不同货架的机会，因此产品的价格和售后服务质量无法满足企业的需求。

托盘设备一直处于薄弱发展的状态。近年来，国内托盘制造行业、企业正在向产业化、规模化发展，并逐步开始重视新技术、新材料、新工艺的开发和利用。国际知名的托盘公用系统公司和托盘租赁公司已经开始在国内重点城市的战略布局和前期业务。针对托盘回收再利用的托盘租赁项目已经被行业广泛关注，该运作模式也必将是未来发展的趋势，但由于网络布局先天不足、严重缺乏公共平台以及信息化难题等都制约了该行业的迅速发展进程。

中国物流学会 2015 年发布的《第四次全国物流园区(基地)调查报告》显示，全国物流园区呈爆发式增长态势。2015 年全国包括运营、在建和规划的各类物流园区共计 1210 家，与 2012 年的 754 家相比，增长 60%。国内的物流园区分为两种：传统物流园区和新型物流园区。传统物流园区更像运输企业聚集地，园区管理方更多的是充当物业管理的角色，没有为入驻企业提供有价值、有竞争力的附加服务。而新型物流园区不仅能实现生产、销售、仓储、运输等一条龙服务，还大幅提升了园区的综合服务水平，园区内部以及园区之间各企业可以有效互动，实现交易、办公、金融等功能便捷化、网络化，提高整体运营效率。新型物流园区投入大、建设周期长，但是，现代化智慧物流园区已成为物流园区的发展趋势。

4. 物流信息技术

物流信息技术是现代信息技术在物流各个作业环节中的综合应用，是现代物流区别于传统物流的根本标志，也是物流技术中发展最快的领域，同时也是我国物流行业目前面临的最紧迫、最突出的难题。

我国已有相当一部分物流企业采用了包括通信网络、条码、RFID、GPS、GIS、物流自动化系统、物流管理软件等先进的信息技术来改进企业管理和作业流程，全面提升企业的运营效率，这部分企业约占行业总数的39%。但是，仍有部分企业采用传统的人工操作方式作业，行业物流信息化的整体水平很难满足企业高效运营和市场用户的需求。

当前，国内物流信息化发展大致形成了两种格局。一方面部分大型物流企业开始合理调配资源，进入流程改造、优化信息系统的建设并制定企业信息化的战略方针，逐步向现代物流目标靠近。另一方面占据我国物流企业总数75%以上的中小型物流企业虽然已经开始意识到物流信息化建设的重要性，但由于企业规模小、资金紧张、思想观念难转变等种种问题，导致了这些企业一直停留在认知的阶段，影响了物流信息化的普及与提高。物流信息化的普及率低和服务水平不到位直接限制了我国物流业的发展，导致我国物流业的总体水平与国外有较大的差距。

在国内能够提供这些物流信息技术的企业为数众多，并在技术研发和创新层面已经与国际接轨，大部分物流信息、技术企业都有产品、有技术、有服务、有国际化的解决方案，可以满足我国的市场需求，但由于目前高新技术的产品价格偏高、企业在信息化建设方面的意识不够强等因素，导致产品的推广和应用的范围很小。

近年来物联网技术的普及应用推动了物流信息化的新发展，推动产业走向“智能物流”。物流信息化会始终围绕着物流的网络和流程这样两个基本范畴展开的，不断地解决网络和流程的问题。物流信息的交换与共享及公共信息平台建设，是网络与流程发展中的关键环节。物流信息化未来的方向是利用信息技术不断提升对于物流资源的管控水平。身份识别、定位服务和移动通讯这三项技术将成为物流信息化的技术基础。

5. 应用与开发

从我国的情况来看，在经济稳定而高速发展的今天，物流业的发展日益得到企业界和学术界的重视，同时，市场对物流技术设备、物流技术的需求越来越大。一些物流系统已经不满足于日常的常规性配送，而需要引进一些高技术的、高性能的配送设备来提高系统的效率。

近年来我国物流设备的应用有了较快的发展，铁路、公路、港口、机场等运输基础设施不断修建，同时为了服务社会，满足市场经济需求，改进了技术，提高了车速，部分区段实现了电气化、高速化，开展了集装箱运输、散装运输和联合运输。一些物流设备如起重机、输送机、集装箱等在仓库、货场、港口、码头得到了较为广泛的应用。

我国物流装备制造技术在某些方面已经达到了国际先进水平，比如集装箱装卸机械制造已居世界先进行列。

1.2 物流技术与设备在现代物流中的作用

提升企业的物流技术装备应用水平至关重要。物流技术与装备是构成物流运营系统的重要组成部分。物流技术与装备为物流系统的正常运转提供了保障，影响着物流系统的每一环节，在物流系统中处于十分重要的地位。我国物流业的崛起与发展面临国际市场的冲击，要想在国际市场中进步、生存与发展，就必须提高自身的核心竞争力，提升企业的物流技术装备应用水平。

物流技术是提高物流生产力的决定性因素。现代物流技术涉及许多科技领域，自动化物流系统是集光机电信息技术为一体的系统工程。典型的自动化物流技术主要包括自动化立体仓储系统、自动输送系统、自动导引车系统、机器人作业系统和自动控制系统等。这些自动化物流系统涉及许多相关的技术，其中主要包括自动仓库技术、分拣自动化技术、自动导引车技术等。

随着生产的发展和科学技术的进步，物流活动的诸多环节在各自的领域中不断提高技术水平。一个完善的物流系统离不开现代先进物流技术的应用。例如，托盘、集装箱技术的发展和应用以及各种运输方式之间联运的发展，促进了搬运装卸的机械化、自动化，提高了装卸效率和运行质量；现代计算机技术、网络技术的发展以及物流管理应用软件的开发，促进物流的高效化。

在整个物流过程中，从物流功能来看，物料或商品要经过包装、运输、装卸、储存等作业环节，而且伴随着附加的辅助作业，这些作业的高效完成需要不同的物流技术与设备。

物流技术与设备是物流系统中的重要资产。在物流系统中，物流设备的价值所占资产的比例较大。现代物流设备既是技术密集型的生产资料，又是资金密集型的社会财富。

物流技术与设备是进行物流活动的物质技术基础，也是生产力发展水平与物流现代化程度的重要标志。物流技术与设备对于发展现代物流、改善物流状况、促进现代化大生产、强化物流系统能力，具有重要的地位和作用。

物流信息技术的发展是促进物流业发展的重要条件。现代信息技术的广泛应用，不仅直接促进了传统产业的快速发展和结构调整，而且促使传统的物流活动成为一个新的专业化分工领域，形成从生产到消费的系统化的物流链条，实现物流流程的优化和资源的合理配置，提高全社会的流通效率和经济效益。

1.3 物流技术与设备的发展趋势

随着物流用户需求的变化和科技内容的创新发展，未来物流技术与设备的发展将出现以下趋势：第一是推动现代信息技术的深度应用，为实现全面物流创新提供技术保障。在继续提升物流企业信息化水平的基础上，更加注重推动物流企业运用信息技术开展管理创新、服务创新和电子商务创新，引导和鼓励物流企业面向供应链上下游各环节，开展流程再造、功能重组、一体化运营等更大范围的管理创新和服务手段创新，为物流企业实现服务创新、组织创新和方式创新提供技术支撑。第二是全面提升物流装备现代化水平。进一步推动运输、仓储、装卸、搬运、包装、场站等物流作业层面的技术进步，促进物流装备和设施的标准化、自动化和智能化，为物流高效运行提供技术支撑。第三是引导和支持节能降耗等方面的技术创新。围绕节能降耗加快技术创新，加快推广适用性高、技术效能显著的各种解决方案、设施设备和管理工具，加快推动我国物流产业的绿色发展。

1. 信息集成化

人们对信息的重视程度日益提高，要求物流与信息流实现在线或离线的高度集成，使物流装备与信息技术逐渐成为物流技术的核心。物流装备与信息技术紧密结合、实现高度自动化是未来发展的趋势。

目前，越来越多的物流设备供应商已从单纯提供硬件设备，转向提供包括控制软件在内的总体物流系统，并且在越来越多的物流装备上加装电脑控制装置，实现了对物流设备的实时监控，大大提高了其运作效率。物流装备与信息技术的结合，已成为各厂商追求的目标，也是其竞争力的体现。现场总线、无线通信、数据识别与处理、互联网等高新技术与物流设备的有效结合，成为越来越多的物流系统的发展模式。无线数据传输设备在物流系统中更发挥着越来越重要的作用。运用无线数据终端，可以把货物接收、储存、提取、补货等信息及时传递给控制系统，实现对库存的准确掌控，通过联网计算机指挥物流装备准确操作，几乎完全消灭了差错率，缩短了系统反应时间，使物流装备得到了有效利用，整体控制提升到更高的水平。而将无线数据传输系统与客户计算机系统连接，实现共同运作，则可为客户提供实时信息管理，从而极大地改善了客户整体运作效率，全面提高了客户服务水平。

2. 技术自动化

科技的进步使物流装备越来越重视自动化与人性化设计，以降低工人的劳动强度，改善劳动条件，使操作更轻松、自如。智能仓储在快递、电商、冷链、医药等高端细分领域快速推进。物流企业开发全自动仓储系统，将使用智能仓储机器人，开展无人机配送，充分利用仓储信息，优化订单管理，大幅提高仓储作业机械化、自动化和信息化水平。

3. 设备标准化

标准化包括硬件设备的标准化与软件接口的标准化，标准化可以实现不同物流系统的对接，使客户对系统同时有多种选择，为客户提供便利。通过实现标准化，可以轻松地与其他企业生产的物流装备或控制系统对接，为客户提供多种选择和系统实施的便利性。模块化可以满足客户的多样化需求，可按不同的需要自由选择不同的功能模块，灵活组合，以增强系统的适应性。同时，模块化结构能够最佳利用现有空间，可以根据存取量的增加及供货范围的变化进行调整。

4. 服务人性化

服务的人性化具体表现在以下三个方面。

(1) 速度更快。仓库规模的扩大与快速客户响应显然是一对矛盾。要在极短的时间内完成拣选、配送任务，只有不断提高物流新生力量的运行速度和处理能力。因此，堆垛机、拣选系统、输送系统等物流装备总是朝着高速运转目标而努力。

(2) 准确度更高。除了追求更快的运行速度，更高的精度也是客户对物流装备的一致要求。没有准确性，速度再快也将失去意义。因此，各厂商纷纷采取先进的技术满足客户对物流设备高准确性的要求。

(3) 稳定性更好。客户的即时性需要，对物流系统的稳定、可靠运行提出了很高的要求。物流不是生产设备，却对生产设备的高效率运行起到了很大作用。所以，为保证物流系统连续安全运作，物流装备的高稳定性、高可靠性越来越受到各厂商的重视，物流装备的保用期逐渐延长。

5. 发展绿色化

由于对全球气候的考虑，世界各国对节能减排都异常关注。物流业作为碳排放的大户之一，必然是政府关注的重点。因此，物流业应顺应生态文明建设的新要求，主动推进绿色、低碳和可持续物流发展。推广使用清洁能源，推行绿色运输、绿色仓储、绿色包装和绿色配送，做好资源循环利用，努力减轻物流运作的资源和环境负担。制定与绿色物流相关的标准规范，发挥对国际环境治理的影响力。促进技术装备升级，提高排放标准，降低能耗水平，以绿色发展引导效率提升。

此外，物流技术设备还呈现出大型化、多样化、智能化、自动化、系统化等发展趋势。

在现代化物流系统中，流动过程中的原材料、在制品、产成品已经从低产量、大批量、少品种发展到高产量、小批量、多品种状态。近年来“零库存”“及时供货”“供应链管理”等物流管理方式也被普遍采用。因此，国内外在建设物流系统及自动化仓库方面更加注重实用性，大型自动化仓库已不再是发展方向。美国 Hallmark 公司曾建造了多达 120 个巷道的自动化立体仓库系统。为了适应工业和物流业的发展形势，目前更趋向于采用规模更小、运作速度更快和用途更广的自动化仓库系统，利用先进的微电子控制技术，对货物进行分段输送和按规定路线输送，对货物的储存和输送保持高度的柔性及较高的生产率。

电动车辆无废气排放、噪声低、震动小，特别适宜在仓库内和车间内作业。高比能量、长寿命、易充电的新一代蓄电池的应用，使室外作业场合也开始采用电动车辆。因此，电动车辆必将成为工业车辆发展的重点。

起重机械要提高其使用时的安全性和可靠性。在传动和控制系统中采用新型的安全装置，如激光，红外线，超声波防撞装置，带语音提示功能的超负荷、超行程限制器，以及室外工作起重机的新型防滑装置。这样，一方面保证了起重机械的安全运转，另一方面还提高了机械的使用率、减少了停机检修的时间。

物流机械设备向多品种方向发展，使其服务领域更加广阔。特殊用途的起重机，如海上钻井平台用的起重机以及通过采用花纹带、波状挡边隔板带、压带、磁性带、吊挂带等方式，使带式输送机能够水平、大倾角甚至垂直输送货物，实现了物流技术设备的实用化和多用化。

随着船舶的大型化，车辆的专用化，交通运输方式的现代化，装卸搬运设备的容量、能力越来越大，设备的运转速度或运行速度大大加快。履带起重机的最大额定起重量为 3000 吨，起重力矩达 400 000 千牛米，主臂长 72 米，副主臂长 42 米；浮式起重机的起重量可达 6500 吨。带式输送机通过加大带宽、提高带速和增加槽角等方法来提高生产率，目前最大输送能力已达到 37 500 吨/小时。抓斗卸船机的最大额定起重量为 85 吨，卸船能力达到了 4200～5100 吨/小时。

现代物流设备已逐步实现自动化和智能化，广泛采用微电子技术、自动控制技术、人工智能技术。带式输送机已经实现无人操作及远程控制，在中央控制室可以对系统中的主机、辅助设备和各种装置进行集中控制，对整条输送线路的情况实施远程监视以便及时发现故障和可能发生的事故。桥式起重机、抓斗装卸桥、集装箱龙门起重机或者其某些组成机构采用全数字控制或遥控方式。多台电梯和自动化仓库中的多台堆垛起重机采用群控的方法，实现机械的自动化作业，大大提高了作业效率。自动化立体仓库已经进入储运技术阶段。自动化仓库的一个发展方向是采用扫描技术，这样可以提高信息的传输速度以及传输的准确性。采用射频识别技术，能够实现移动的搬运工具与固定的中央控制室之间的数据传输，完成快速的数据采集、处理和交换。多媒体技术的应用使得远程操作指导和现场监视更加直观，也使得异地故障分析和防火、防盗成为可能。

在实现了物流和机械单机自动化作业的基础上，将一些物流机械设备组成一个系统，通过计算机控制，使它们在作业过程中能够很好地衔接，从而协调、高效地工作。比如，工厂内的生产搬运自动化系统、物流中心货物集散与配送系统、集装箱装卸搬运系统、货物自动分拣和输送系统。

目前，现代化港口均采用集装箱自动装卸搬运系统。无人驾驶的集装箱搬运车装有自动导航装置，能够沿规定的路线将集装箱搬运到堆场上的指定位置。用跨运车进行集装箱的堆垛作业，同时在车上的检测设备测取集装箱的箱号、堆放位置等信息，并与中央控制室之间实现无线传输。

当集装箱需要出港时，中央控制室的计算机将有关箱号、堆放位置等数据传输给跨运车或集装箱龙门起重机，并根据指令完成集装箱的拆垛作业。自动导向车将集装箱运到码头前沿，再由岸边集装箱起重机装船或装入集装箱卡车出港。

1.4 “十三五”期间物流技术装备展望

物流业作为唯一的服务业进入国家产业调整和振兴规划后，政府对物流业的重视已达到了一个新的高度。

根据我国2011—2020年物流业发展中长期规划，到2020年基本形成布局合理、技术先进、节能环保、便捷高效、安全有序并具有一定国际竞争力的现代物流服务体系，物流业由注重基础建设向全面提升服务质量转变。根据经济发展和转变发展方式的需要，大力推进物流需求社会化，积极培育适应客户需求的物流企业群体，并以A级物流企业国家标准促使企业提升发展，出现一批具有国际竞争力的大型物流企业集团。整合优化物流设施设备，全面提升物流信息化水平，使物流管理、服务和技术有新的突破。

1.4.1 “十二五”期末的物流基础设施

“十二五”期间，我国物流业保持较快增长，服务能力显著提升，基础设施条件和政策环境明显改善，现代产业体系初步形成，物流业已成为国民经济的重要组成部分。

(1) 产业规模快速增长。全国社会物流总额2013年达到197.8万亿元，比2005年增长3.1倍，按可比价格计算，年均增长11.5%。物流业增加值2013年达到3.9万亿元，比2005年增长2.2倍，年均增长11.1%，物流业增加值占国内生产总值的比重由2005年的6.6%提高到2013年的6.8%，占服务业增加值的比重达到14.8%。物流业吸纳就业人数快速增加，从业人员从2005年的1780万人增长到2013年的2890万人，年均增长6.2%。

(2) 服务能力显著提升。物流企业资产重组和资源整合步伐进一步加快，形成了一批所有制多元化、服务网络化和管理现代化的物流企业。传统运输业、仓储业加速向现代物流业转型，制造业物流、商贸物流、电子商务物流和国际物流等领域专业化、社会化服务能力显著增强，服务水平不断提升，现代物流服务体系初步建立。

(3) 技术装备条件明显改善。信息技术广泛应用，大多数物流企业建立了管理信息系统，物流信息平台建设快速推进。物联网、云计算等现代信息技术开始应用，装卸搬运、分拣包装、加工配送等专用物流装备和智能标签、跟踪追溯、路径优化等技术迅速推广。

(4) 基础设施网络日趋完善。截至 2013 年年底，全国铁路营业里程 10.3 万千米，其中高速铁路 1.1 万千米；全国公路总里程达到 435.6 万千米，其中高速公路 10.45 万千米；内河航道通航里程 12.59 万千米，其中三级及以上高等级航道 1.02 万千米；全国港口拥有万吨级及以上泊位 2001 个，其中沿海港口 1607 个、内河港口 394 个；全国民用运输机场 193 个。2012 年全国营业性库房面积约 13 亿平方米，各种类型的物流园区 754 个。

(5) 发展环境更加优化。“十二五”规划纲要明确提出“大力发展现代物流业”。国务院印发《物流业调整和振兴规划》，并制定出台了促进物流业健康发展的政策措施。有关部门和地方政府出台了一系列专项规划和配套措施。社会物流统计制度日趋完善，标准化工作有序推进，人才培养工作进一步加强，物流科技、学术理论研究及产学研合作不断深入。

总之，到“十二五”末期，我国物流业已步入转型升级的新阶段。但是，物流业发展总体水平还不高，发展方式比较粗放。主要存在以下问题。

(1) 物流成本高、效率低。2013 年全社会物流总费用与国内生产总值的比率高达 18%，高于发达国家水平 1 倍左右，也显著高于巴西、印度等发展中国家的水平。

(2) 条块分割严重，阻碍物流业发展的体制机制障碍仍未打破。企业自营物流比重高，物流企业规模小，先进技术难以推广，物流标准难以统一，迂回运输、资源浪费的问题突出。

(3) 基础设施相对滞后，不能满足现代物流发展的要求。现代化仓储、多式联运转运等设施仍显不足，布局合理、功能完善的物流园区体系尚未建立，高效、顺畅、便捷的综合交通运输网络尚不健全，物流基础设施之间不衔接、不配套问题比较突出。

(4) 政策法规体系还不够完善，市场秩序不够规范。已经出台的一些政策措施有待进一步落实，一些地方针对物流企业的乱收费、乱罚款问题突出。信用体系建设滞后，物流业从业人员整体素质有待进一步提升。

1.4.2 “十三五”期间物流基础设施及新技术展望

1. “十三五”现代综合交通运输体系发展规划

当前我国交通运输基础设施网络初步形成，交通基础设施条件得到很大改善，交通出行质量不断提升，服务范围不断拓宽，交通运输服务水平和技术水平明显提升。但也存在着网络布局不完善，中西部地区、贫困地区和城市群交通发展短板明显，一体化运输服务水平亟待提升，适应现代综合交通运输体系发展的体制机制尚不健全等问题。

因此，交通运输将重点推进网络化、一体化、智能化、绿色化建设，更好地发挥对经济社会发展的支撑引领作用。

《“十三五”现代综合交通运输体系发展规划》就不同交通运输方式融合发展作出了具体安排。融合发展的关键节点是打造或改造一批综合客运枢纽、货运枢纽(物流园区)，实现货运“无缝化衔接”。发展要素的整合是融合发展的动力源泉，在运输组织管理上加快发展货物多式联运，将成为融合发展的主攻方向。将加强管理体制机制协同，构建完善的公共信息平台，加强不同交通运输方式信息互联共享，为消费者提供更加便捷的运输服务。

《“十三五”现代综合交通运输体系发展规划》中确定了如下的主要目标。

到2020年，基本建成安全、便捷、高效、绿色的现代综合交通运输体系，部分地区和领域率先基本实现交通运输现代化。

1) 网络覆盖加密拓展

高速铁路覆盖80%以上的城区常住人口100万以上的城市，铁路、高速公路、民航运输机场基本覆盖城区常住人口20万以上的城市，内河高等级航道网基本建成，沿海港口万吨级及以上泊位数稳步增加，具备条件的建制村通硬化路，城市轨道交通运营里程比2015年增长近一倍，油气主干管网快速发展，综合交通网总里程达到540万千米左右。

2) 综合衔接一体高效

各种运输方式衔接更加紧密，重要城市群核心城市间、核心城市与周边节点城市间实现1～2小时通达。打造一批现代化、立体式综合客运枢纽，旅客换乘更加便捷。交通物流枢纽集疏运系统更加完善，货物换装转运效率显著提高，交邮协同发展水平进一步提升。

3) 运输服务提质升级

全国铁路客运动车服务比重进一步提升，民航航班正常率逐步提高，公路交通保障能力显著增强，公路货运车型标准化水平大幅提高、货车空驶率大幅下降，集装箱铁水联运比重明显提升，全社会运输效率明显提高。公共服务水平显著提升，实现村村直接通邮、具备条件的建制村通客车，城市公共交通出行比例不断提高。

4) 智能技术广泛应用

交通基础设施、运载装备、经营业户和从业人员等基本要素信息全面实现数字化，各种交通方式信息交换取得突破。全国交通枢纽站点无线接入网络广泛覆盖。铁路信息化水平大幅提升，货运业务实现网上办理，客运网上售票比例明显提高。基本实现重点城市群内交通一卡通互通，车辆安装使用ETC比例大幅提升。交通运输行业北斗卫星导航系统前装率和使用率显著提高。

5) 绿色安全水平提升

城市公共交通、出租车和城市配送领域新能源汽车快速发展。资源节约集约利用和节能减排成效显著，交通运输主要污染物排放强度持续下降。交通运输安全监管和应急保障能力显著提高，重特大事故得到有效遏制，安全水平明显提升。

2.“十三五”综合交通运输发展主要指标(见表 1-1)

表 1-1 “十三五”综合交通运输发展主要指标

指标名称		2015 年	2020 年
基础设施	铁路营业里程/万千米	12.1	15
	高速铁路营业里程/万千米	1.9	3.0
	铁路复线率/%	53	60
	铁路电气化率/%	61	70
	公路通车里程/万千米	458	500
	高速公路建成里程/万千米	12.4	15
	内河高等级航道里程/万千米	1.36	1.71
	沿海港口万吨级及以上泊位数/个	2207	2527
	民用运输机场数/个	207	260
	通用机场数/个	300	500
	建制村通硬化路率/%	94.5	99
	城市轨道交通运营里程/千米	3300	6000
	油气管网里程/万千米	11.2	16.5
运输服务	动车组列车承担铁路客运量比重/%	46	60
	民航航班正常率/%	67	80
	建制村通客车率/%	94	99
	公路货运车型标准化率/%	50	80
	集装箱铁水联运量年均增长率/%	10	
	城区常住人口 100 万以上城市建成区公交站点 500 米覆盖率/%	90	100
智能交通	交通基本要素信息数字化率/%	90	100
	铁路客运网上售票率/%	60	70
	公路客车 ETC 使用率/%	30	50
绿色安全	交通运输 CO_2 排放强度下降率/%	7*	
	道路运输较大以上等级行车事故死亡人数下降率/%	20*	

注：①硬化路一般指沥青(水泥)路，对于西部部分建设条件特别困难、高海拔、高寒和交通需求小的地区，可扩展到石质、砼预制块、砖铺、砂石等路面的公路。

②通用机场统计含起降点。

③排放强度指按单位运输周转量计算的 CO_2(二氧化碳)排放。

④*：与“十二五”末相比。

1.4.3 我国物流技术和装备的展望

以“互联网+”高效物流为标志的“智慧物流”加速起步，将催生一批新模式、新企业、新业态。尤其是在技术与装备方面，具体如下。

一是互联网+智能仓储。智能仓储在快递、电商、冷链、医药等高端细分领域快速推进。电商企业积极开发全自动仓储系统，使用智能仓储机器人，开展无人机配送，充分利用仓储信息，优化订单管理，大幅提高仓储作业机械化、自动化和信息化水平。

二是互联网+便捷配送。关注末端配送的平台型企业，搭建城市配送运力池，开展共同配送、集中配送、智能配送等模式，致力于解决“最后一千米”痛点。快递物流企业加强末端节点改造，全国布放智能快件箱累计超过 10 万组。为满足本地生活服务的需要，开启即时配送模式，共享经济模式在物流业试水。

三是互联网+智慧物流。货物跟踪定位、无线射频识别、电子数据交换、可视化技术、移动信息服务和位置服务等一批新兴技术在物流行业得到广泛应用，全国道路货运车辆公共平台入网车辆突破 400 万台。越来越多的企业将物联网、云计算、大数据等新技术作为企业战略重点。“物流+互联网+大数据”三位一体的智慧物流云平台技术投入应用。物流预警雷达、大数据分单路由、四级地址库等数据服务是智慧物流发展趋势。

四是物流基础设施短板受到重视，国务院提出要构建高效顺畅的多式联运系统。铁路总公司正在全国建设 208 个铁路物流基地。由国家发展和改革委员会(以下简称“国家发改委”)、国土资源部、住房和城乡建设部委托中国物流与采购联合会评定的首批 29 家示范物流园区名单发布。交通运输部办公厅与国家发改委办公厅联合公布第一批 16 个多式联运示范工程项目名单。湖北鄂州国际快递货运枢纽建设纳入民用机场布局规划，顺丰航空机队规模达到 36 架。

1.4.4 长期规划中的物流技术和装备

国务院制定的《物流业发展中长期规划(2014—2020 年)》指出：物流业是融合运输、仓储、货代、信息等产业的复合型服务业，是支撑国民经济发展的基础性、战略性产业。加快发展现代物流业，对于促进产业结构调整、转变发展方式、提高国民经济竞争力和建设生态文明具有重要意义。

1) 大力提升物流社会化、专业化水平

优化制造业、商贸业集聚区物流资源配置，构建中小微企业公共物流服务平台，提供社会化物流服务。着力发展第三方物流，引导传统仓储、运输、国际货代、快递等企业采用现代物流管理理念和技术装备，提高服务能力。

2) 进一步加强物流信息化建设

加强北斗导航、物联网、云计算、大数据、移动互联等先进信息技术在物流领域的应用。加快企业物流信息系统建设，发挥核心物流企业整合能力，打通物流信息链，实现物流信息全程可追踪。加快物流公共信息平台建设，积极推进全社会物流信息资源的开发利用，支持运输配载、跟踪追溯、库存监控等有实际需求、具备可持续发展前景的物流信息平台发展，鼓励各类平台创新运营服务模式。进一步推进交通运输物流公共信息平台发展，整合铁路、公路、水路、民航、邮政、海关、检验检疫等信息资源，促进物流信息与公共服务信息有效对接，鼓励区域间和行业内的物流平台信息共享，实现互联互通。

3) 推进物流技术装备现代化

加强物流核心技术和装备研发，推动关键技术装备产业化，鼓励物流企业采用先进适用技术和装备。加快食品冷链、医药、烟草、机械、汽车、干散货、危险化学品等专业物流装备的研发，提升物流装备的专业化水平。积极发展标准化、厢式化、专业化的公路货运车辆，逐步淘汰栏板式货车。推广铁路重载运输技术装备，积极发展铁路特种、专用货车以及高铁快件等运输技术装备，加强物流安全检测技术与装备的研发和推广应用。吸收引进国际先进物流技术，提高物流技术自主创新能力。

4) 加强物流标准化建设

加紧编制并组织实施物流标准中长期规划，完善物流标准体系。按照重点突出、结构合理、层次分明、科学适用、基本满足发展需要的要求，完善国家物流标准体系框架，加强通用基础类、公共类、服务类及专业类物流标准的制定工作，形成一批对全国物流业发展和服务水平提升有重大促进作用的物流标准。

5) 推进区域物流协调发展

按照建设“丝绸之路经济带”“海上丝绸之路”“长江经济带”等重大战略规划要求，加快推进重点物流区域和联通国际国内的物流通道建设，重点打造面向中亚、南亚、西亚的战略物流枢纽及面向东盟的陆海联运、江海联运节点和重要航空港，建立省际和跨国合作机制，促进物流基础设施互联互通和信息资源共享。东部地区要适应居民消费加快升级、制造业转型、内外贸一体化的趋势，进一步提升商贸物流、制造业物流和国际物流的服务能力，探索国际国内物流一体化运作模式。按照推动京津冀协同发展、环渤海区域合作和发展等要求，加快商贸物流业一体化进程。中部地区要发挥承东启西、贯通南北的区位优势，加强与沿海、沿边地区合作，加快陆港、航空口岸建设，构建服务于产业转移、资源输送和南北区域合作的物流通道和枢纽。西部地区要结合推进丝绸之路经济带建设，打造物流通道，改善区域物流条件，积极发展具有特色优势的农产品、矿产品等大宗商品物流产业。东北地区要加快构建东北亚沿边物流带，形成面向俄罗斯、连接东北亚及欧洲的物流大通道，重点推进制造业物流和粮食等大宗资源型商品物流发展。

6) 积极推动国际物流发展

加强枢纽港口、机场、铁路、公路等各类口岸物流基础设施建设。以重点开发开放试验区为先导，结合发展边境贸易，加强与周边国家和地区的跨境物流体系和走廊建设，加快物流基础设施互联互通，形成一批国际货运枢纽，增强进出口货物集散能力。加强境内外口岸、内陆与沿海、沿边口岸的战略合作，推动海关特殊监管区域、国际陆港、口岸等协调发展，提高国际物流便利化水平。建立口岸物流联检联动机制，进一步提高通关效率。积极构建服务于全球贸易和营销网络、跨境电子商务的物流支撑体系，为国内企业“走出去”和开展全球业务提供物流服务保障。支持优势物流企业加强联合，构建国际物流服务网络，打造具有国际竞争力的跨国物流企业。

7) 大力发展绿色物流

优化运输结构，合理配置各类运输方式，提高铁路和水路运输比重，促进节能减排。大力发展甩挂运输、共同配送、统一配送等先进的物流组织模式，提高储运工具的信息化水平，减少返空、迂回运输。鼓励采用低能耗、低排放运输工具和节能型绿色仓储设施，推广集装单元化技术。借鉴国际先进经验，完善能耗和排放监测、检测认证制度，加快建立绿色物流评估标准和认证体系。加强危险品水运管理，最大限度减少环境事故。鼓励包装重复使用和回收再利用，提高托盘等标准化器具和包装物的循环利用水平，构建低环境负荷的循环物流系统。大力发展回收物流，鼓励生产者、再生资源回收利用企业联合开展废旧产品回收。推广应用铁路散堆装货物运输抑尘技术。

本章小结

本章介绍了我国物流技术与设备的发展过程及现状。在我国经济高速发展的同时，我国物流技术与装备也取得了长足的发展，物流基础设施建设改变了相对落后的局面，甚至出现过剩。智能仓储、无人机配送及信息技术等与国际同步发展。我国物流装备、制造技术在某些方面已经达到国际先进水平，比如，集装箱装卸机械制造技术已居世界先进行列。物流技术与设备是进行物流活动的物质技术基础，也是生产力发展水平与物流现代化程度的重要标志。

《“十三五”现代综合交通运输体系发展规划》和《物流业发展中长期规划(2014—2020年)》中，对物流的基础设施建设及新技术装备制造和应用都有详尽的规划。

思考题

1. 简述物流技术与设备的地位和作用。
2. 简述物流技术与设备的发展趋势。
3. “十三五”期间物流技术研究开发的重点是什么？
4. 我国中长期规划中对哪些物流基础设施及新技术作了规划？

第2章
物流运输设备

学习目标

通过本章的学习，应该掌握运输设备的基本知识，了解公路、铁路、水路、航空、管道等各种运输设备的性能特点和分类。

核心要点

- 公路、铁路、水路、航空、管道运输设备的特点。
- 常见的运输设备。

2.1 物流运输设备概述

物流运输业的发展是衡量一个国家现代化程度和综合国力的重要指标，现代物流产业已成为我国经济新的增长点，也是现代物流产业的重要环节，现代物流运输为我国交通运输业的发展带来了契机。

目前我国一般的工业产品，从出厂后经过装卸、储存、运输等各个物流环节到消费者手中，期间的流通费用约占商品价格的50%，而新鲜的水果、蔬菜、易腐食品、某些化工产品的流通费用，有时高达商品售价的70%。在我国汽车零配件的生产过程中，90%以上的时间是原材料、零配件的储存、装卸和搬运时间。在各种产品的生产和流通环节中还有大量的原材料、零部件和产品库存，这些费用与时间上的消耗以及大量存在的库存，为物流业的发展提供了广阔的市场前景，尤其是高速度、高质量的物流运输潜力巨大。

近年来，我国交通运输业全面快速增长，基础设施总量、规模、运输能力显著增加。全国铁路营业总里程超过 12 万千米，公路通车总里程突破 457 万千米，港口万吨级及以上泊位达 2221 个，内河航道通航里程 12.7 万千米，颁证民用航空机场达 210 个，邮政网点总数达 5.3 万处，快递营业网点达 14.5 万处，综合交通基础设施网络化水平进一步提升。高速铁路、高速公路里程均居世界首位，中西部交通条件显著改善，建制村通沥青(水泥)

路达 90%以上，综合交通网络在方式、区域和城乡结构上进一步优化。“五纵五横”综合运输大通道基本贯通，主动脉作用日益显现；综合枢纽建设明显加快、结构更加合理，各种运输方式衔接效率显著提升，综合交通运输通道和枢纽布局进一步完善。

2.2　公路运输设备

早在 2004 年 12 月，国务院常务会议审议通过了《国家高速公路网规划》，标志着我国高速公路进入了系统化、网络化发展的新阶段。近年来，高速公路网络的效益日益显现，在国民经济和社会发展中发挥着越来越重要的支撑作用。

随着经济全球化进程的加快和市场竞争的日益加剧，一个高效、便捷、安全的公路货运系统和物流配送体系，不仅成为各个国家或地区投资环境的重要组成部分，也日益成为决定国家或地区制造业竞争力的重要因素。因此，实现公路货运现代化和提高货运装备的水平，已经成为提高国家竞争力的一项重要的基础性任务。

现阶段公路货运现代化建设应当以改善和提高货运装备的水平、优化货运车辆结构为重点，以规范市场竞争秩序和建立良好的运输市场环境为条件，以深化运输管理体制改革和调整运输管理政策为推动力，带动运输组织形式和运输组织结构的优化。公路货运装备的发展要符合公路货运发展的要求，要大力推进运输装备的专用化、高效化、标准化和信息化，要进一步提高运输装备的安全性和适应性，要满足先进运输组织技术的要求。

2016 年我国公路货物运输量达到了 3 363 404 万吨，货物周转量达到了 612 109 771 万吨千米。

阅读材料 2-1　国家高速公路网——“7918”网的含义

国家高速公路网规划采用放射线与纵横网格相结合的布局方案，形成由中心城市向外放射以及横连东西、纵贯南北的大通道，由 7 条首都放射线、9 条南北纵向线和 18 条东西横向线组成，简称为“7918 网”。总规模约 8.5 万千米，其中主线 6.8 万千米，地区环线、联络线等其他路线约 1.7 万千米，具体如下。

首都放射线 7 条：北京—上海、北京—台北、北京—港澳、北京—昆明、北京—拉萨、北京—乌鲁木齐、北京—哈尔滨。

南北纵向线 9 条：鹤岗—大连、沈阳—海口、长春—深圳、济南—广州、大庆—广州、二连浩特—广州、包头—茂名、兰州—海口、重庆—昆明。

东西横向线 18 条：绥芬河—满洲里、珲春—乌兰浩特、丹东—锡林浩特、荣成—乌海、青岛—银川、青岛—兰州、连云港—霍尔果斯、南京—洛阳、上海—西安、上海—成都、上海—重庆、杭州—瑞丽、上海—昆明、福州—银川、泉州—南宁、厦门—成都、汕头—昆明、广州—昆明。

(资料来源：《国家高速公路网规划》)

阅读材料 2-2 国家高速公路网命名及规则

1. 命名规则

1.0.1 国家高速公路网主线及联络线名称由路线起讫点的地名中间加连接符“－”组成，全称为“××－××高速公路”。路线简称用起讫点地名的首位汉字组合表示，如“沈阳－海口高速公路”，简称“沈海高速”。也可以采用起讫点城市或所在省(区、市)的简称表示，如“北京－哈尔滨高速公路”，简称“京哈高速”。

1.0.2 地区环线名称以地区名称命名，全称为“××地区环线高速公路”，简称为“××环线高速”。如“杭州湾地区环线高速公路”，简称“杭州湾环线高速”。

1.0.3 城市绕城环线名称以城市名称命名，全称为“××市绕城高速公路”，简称为高速“××绕城高速”。如“沈阳市绕城高速公路”，简称“沈阳绕城高速”。

1.0.4 国家高速公路网的路线简称不可重复。如出现重复时，采用行政区划名称的第二或第三位汉字替换等方式加以区别。

2. 编号规则

2.1 编号结构

国家高速公路网编号由字母标识符和阿拉伯数字编号组成。

2.2 字母标识符

国家高速公路是国道网的重要组成部分，路线字母标识符采用汉语拼音“G”表示。

2.3 数字及数字与字母编号

2.3.1 首都放射线编号为1位数，由正北开始按顺时针方向升序编排，编号区间为1~9。

2.3.2 纵向路线编号为2位奇数，由东向西升序编排，编号区间为11~89。

2.3.3 横向路线编号为2位偶数，由北向南升序编排，编号区间为10~90。

2.3.4 并行路线的编号采用主线编号后加英文字母“E”“W”“S”“N”组合表示；“E”“W”“S”“N”分别表示并行路线在主线的东、西、南、北方位。

2.3.5 地区环线的编号按照由北向南的顺序排列，编号区间为91~99。

2.3.6 联络线的编号为4位数，由主线编号＋“1”＋联络线顺序号组成。联络线的顺序号按照主线前进方向由起点向终点顺序排列。

2.3.7 城市绕城环线的编号为4位数，由主线编号＋“0”＋城市绕城线顺序号组成。主线编号为该环线所连接的纵线和横线中编号最小者，如该主线所带城市绕城环线编号空间已全部使用，则先用主线编号次小者，依此类推。如该环线仅有放射线连接，则在 1 位数主线编号前以“0”补位。同一条国家高速公路穿越多个省(区、市)，所连接的城市环线的编号在各个省(区、市)单独排列。在不同省(区、市)允许出现相同的城市绕城环线编号。

3. 国家高速公路出口编号规则

3.0.1 国家高速公路出口编号一般为阿拉伯数字，其数值等于该出口所在互通立交中心里程桩号的整数值；桩号值超过千位时，仅保留后三位的数值。如某出口处桩号为 K15 + 700，则该出口编号为 15；某出口处桩号为 K2036 + 700，则该出口编号为 36。

3.0.2 同一枢纽式互通立交在同一主线方向有多个出口时，该枢纽互通立交所有主线出口统一编号，采用出口编号后加英文字母组合表示。出口编号按照桩号递增方向逆时针排列，英文字母按照“A”“B”“C”“D”...序列排序。如某枢纽互通桩号为 K15 + 700，在主线 K15 + 200、K16 + 200 和反方向 K16 + 200、K15 + 200 处有 4 个出口，则该出口编号为 15A、15B 和 15C、15D。

4. 省级高速公路网命名和编号与国家高速公路网的衔接

4.0.1 省级高速公路网路线的命名和编号规则应与国家高速公路网的命名和编号规则保持一致。

4.0.2 省级高速公路网路线编号的字母标识符采用汉语拼音“S”表示。

4.0.3 省级高速公路网路线数字编号应当尽可能避免与本省(区、市)境内的国家高速公路网路线数字编号重复。

(资料来源：国家高速公路网命名和编号规则 JTG-A03-2007[M]. 北京：人民交通出版社，2007.)

2.2.1　公路运输方式的特点

公路运输方式的特点如下。

1. 机动灵活，适应性强

公路运输网一般要比铁路、水路网的密度大十几倍，分布面也广。公路运输在时间方面的机动性也比较大，车辆可随时调度、装运，各环节之间的衔接时间较短。公路运输尤其对货运量具有很强的适应性，汽车的载重吨位有小(0.25～1 吨)有大(200～300 吨)，既可以单个车辆独立运输，也可以由若干车辆组成车队同时运输，这一点对抢险、救灾工作和军事运输具有特别重要的意义。

2. 可实现“门到门”直达运输

由于汽车体积较小，中途一般也不需要换装，除了可沿分布较广的路网运行外，还可离开路网深入到工厂、企业、农村、城市居民住宅等地，即可以把旅客和货物从始发地门口直接运送到目的地门口，实现“门到门”直达运输。

3. 在中短途运输中，运送速度较快

在中短途运输中，由于公路运输可以实现“门到门”直达运输，中途不需要倒运就可以直接将货物运达目的地。因此，与其他运输方式相比，其在途时间较短，运送速度较快。

4. 原始投资少，资金周转快

公路运输与铁路、水路、航空运输方式相比，所需固定设施简单，车辆购置费用一般也比较低。因此，投资兴办容易，投资回收期短。据有关资料表明，在正常经营情况下，公路运输的投资每年可周转 1～3 次，而铁路运输则需要 3～4 年才能周转一次。

5. 掌握车辆驾驶技术较容易

相对于火车司机或飞机驾驶员的培训要求来说，汽车驾驶技术比较容易掌握，对驾驶员的各方面素质要求也相对比较低。

6. 运量较小，运输成本较高

与火车、轮船相比，汽车的一次运量要少得多；由于汽车载重量小，行驶阻力比铁路大 9～14 倍，所消耗的燃料又是价格较高的液体汽油或柴油。因此，除了航空运输，汽车运输的成本是最高的。

7. 运行持续性较差

在现代运输方式中，公路的平均运距是最短的，运行持续性较差。

8. 安全性较低，对环境的污染较大

世界卫生组织提供的数据显示，全世界每年因道路交通事故死亡人数约有 125 万，相当于全球每天有 3500 人因交通事故死亡。而且汽车所排出的尾气和引起的噪声也严重威胁着人类的健康，成为大城市环境污染的最大污染源。

2.2.2 常见公路运输设备

以下简单介绍几种常见的公路运输设备。

1. 厢式汽车

ZBT 50004—89 标准把厢式汽车(见图 2-1)定义为：具有独立的封闭结构车厢或与驾驶室连成一体的整体式封闭结构车厢，装备有专用设施，用于载运人员、货物或承担专门作业的专用汽车和汽车列车。

厢式汽车按其功能可分为普通厢式运输车(厢式汽车)和特殊用途的厢式车(专用厢

式车)。后开门的硬体厢式汽车、软篷厢式运输车、篷布厢式运输车、翼开式厢式运输车等属于普通厢式运输车；冷藏车、保温车、邮政车、救护车、运钞车等属于特殊用途的厢式车。因其特殊的功能，其他车型无法替代厢式汽车，故在物流运输中具有很大优势。

厢式运输安全、可靠，对货物损伤较小。与裸露的汽车运输相比，厢式汽车的防护条件好，避免了刮风、下雨等气候变化对货物的损伤；同时，由于厢式汽车运输是封闭式运输，能够减少货物被盗的损失，大大提高了货物运输的安全性。厢式车运输可以满足客户的各种需求，随着不同行业对物流服务需求的增加，客户对货物运输质量的要求也逐渐提高。如有的要求防震，有的要求特殊包装，有的要求无菌，有的要求冷冻或保鲜等，对此裸露运输是无法达到要求的，而厢式运输却可以通过对货物进行特殊处理，如冷藏、保鲜、隔离、悬挂、防震、充氧等来最大限度地满足客户的需求。同时，厢式车运输还有不污染环境、美观、保护交通设施、维护交通安全等优点。多年来，我国敞开式裸露运输汽车(非厢式)的超载现象尤为突出，对公路、桥梁损害程度较大，而厢式汽车运输由于车型是按统一标准设计的，一般不会大量超载，对交通设施的损害大大减小，提高了交通安全性，也有利于物流运输行业的健康发展。正是因为厢式汽车具有以上优点，目前在发达国家的公路货运车辆中，厢式汽车的比例在 90%以上。

图 2-1　厢式汽车

2. 罐式汽车

ZBT 50004—89 标准把罐式汽车(见图 2-2)定义为：装置有罐状的容器，并且通常带有工作泵，用于运输液体、气体或粉状物质，以及完成特定作业任务的专用汽车。

(a) 普通罐车

(b) 油罐车

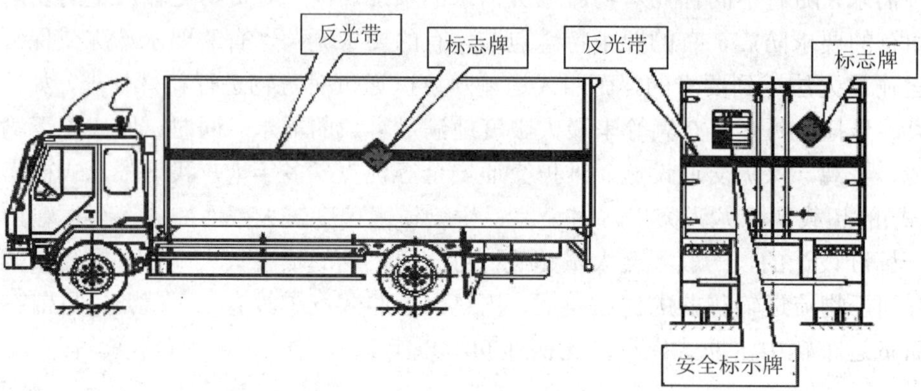

(c) 油罐车结构图

图 2-2 罐式货车

3. 自卸车

ZBT 50004—89 标准把自卸汽车(见图 2-3)定义为：装有由本身发动机驱动的液压举升机构，能将车厢卸下或使车厢倾斜一定角度，货物依靠自重能自行卸下的专用汽车。在日常生活中，人们也通常把自卸车称作翻斗车，是常用的运输机械。

在土木工程中，自卸车常与挖掘机、装载机、带式输送机等联合作业，构成装、运、卸生产线，进行土方、砂石、松散物料的装卸运输。由于装载车厢能自动倾翻一定角度卸料，可以大大节省卸料时间和劳动力，缩短运输周期，提高生产效率，降低运输成本，并标明装载容积。

自卸车的分类如下。

(1) 按底盘承载能力可分为轻卡系列自卸、中吨系列自卸和大吨位系列自卸。

(2) 按驱动形式可分单桥自卸、双桥自卸、前四后八自卸、前四后十自卸等不同系列车型。

(3) 按卸载液压举升机构不同可分为单顶自卸和双顶自卸。

图 2-3　自卸车

4. 半挂牵引车

半挂牵引车(见图 2-4)是装备有特殊装置用于牵引半挂车的商用车辆。

对于半挂牵引车，车辆分类的依据是：处于行驶状态中的半挂牵引车的质量，与半挂车传递到牵引车上最大垂直静载荷和牵引车自身最大设计装载质量的和。

半挂牵引车的分类如下。

(1) 准拖挂车总质量不超过 25 吨的半挂牵引车。

(2) 准拖挂车总质量大于 25 吨、不超过 40 吨的半挂牵引车。

(3) 准拖挂车总质量大于 40 吨的半挂牵引车。

图 2-4　半挂牵引车

5. 冷藏车

我国冷藏保温车(见图 2-5)的保有量约为 3 万辆，美国和日本冷藏保温车的保有量分别为 20 万辆和 10 多万辆。我国按人均计算的冷藏保温车保有率只是美国和日本的约 1/3，市场空间非常大。但是，从国内冷藏保温车的销售市场看，大部分市场份额被镇江飞驰、冰熊、红宇、新飞等企业瓜分，新的企业还在不断加入，竞争将会更加激烈。从产品结构来看，2006 年保温车市场份额中重型达到 1.4%，中型达到 15.8%，轻型达到 82.8%；冷藏车重型市场份额达到 8.7%，中型达到 27.8%，轻型达到 63.5%，未来产品格局将进一步整合。

图 2-5 冷藏车

阅读材料 2-3 2016 年中国物流用车产业概况及物流车产销量现状分析

一、中国物流用车产业概况

目前中国公路物流占据货物运输的主导地位，根据交通运输部的数据，2015 年中国公路货运量超过 350 亿吨，同比增长 10%，占社会总体货运量的 3/4 以上。这其中，物流车承担了重要的角色。

目前的公路物流可以分为区域物流和城市物流，区域物流用车主要以传统中重卡为主，对车辆的安全性、承载力、动力性、维修便利性要求很高。城市物流多指支线(50~150 千米)、派送线(<50 千米)运输，以日常需求的生活用品运输、快递和小件货运最为普遍，多为短途且路线相对固定，倾向于小体积、小批量、多批次运输。城市物流用车以厢式汽车以及部分轻客、微面、低端 MPV 为主。

厢式汽车成为专用汽车最大子产品，2015 年占比达到 48.3%。专用汽车按照用途主要可以分为八大类：普通自卸汽车、半挂车、厢式汽车、罐式汽车、起重举升汽车、特种结构汽车、专用自卸汽车、仓栅式汽车等。由于受宏观经济增速趋缓、固定资产投资疲软等因素影响，工程运输类和工程作业类车辆需求下滑较为严重。

2015 年除厢式汽车和半挂车略有增长外，其他六大类别的专用汽车产量都出现两位数以上的下滑。

二、中国物流车产销量现状

近年来电商网购规模迅速扩大，带动快递物流业迅速发展。2015 年国内规模以上快递业务量达到 206.70 亿件，同比增长 48.07%。其中规模以上同城快递 53.90 亿件，同比增长 51.83%；规模以上异地快递 148.40 亿件，同比增长 47.08%。

2015 年全国规模以上快递业务量达 206.7 亿件，同比增长 48.07%

在国内电商快速发展的推动下，国内厢式运输类汽车一跃成为最大的专用汽车需求产品。2014 年厢式汽车超过普通自卸车，成为最大的专用汽车产品。2015 年厢式汽车生产 64.17 万辆，在专用汽车行业占比达到 48.3%。由于目前城市物流车规模尚未有权威统计，除厢式汽车外，部分微面、轻客、低端 MPV 产品也用于城市物流运输。根据测算，2015 年全国物流车年产量约在 290 万~320 万辆，其中城市物流车年产量在 220 万~250 万辆。预计到 2020 年，国内物流车年产量将达 330 万~370 万辆，其中城市物流车年产量达 260 万~290 万辆。

(资料来源：2016 年中国物流用车产业概况及物流车产销量现状分析. 中国产业信息网. http://www.chyxx.com/industry/201606/424529.html，2016 年 6 月 17 日)

2.3　铁路运输设备

2.3.1　铁路运输概述

铁路运输是一种陆上运输方式，以两条平行的铁轨引导火车行走。与国民经济中的大多数行业相比，铁路运输业属于资本密集型行业。与公路运输相比，铁路运输企业的资本密度也要高得多。铁路行业资本密集度较高的原因之一是出于系统的整体效率以及运行安全性考虑，铁路网的经营管理与铁路运输业务一般是在同一个企业内进行，而不是分别由不同的企业进行管理。与之对比，公路运输中的运输业务与道路经营一般是分开的。

国务院于 2017 年 2 月 4 日印发了《全国国土规划纲要(2016—2030 年)》(以下简称《纲要》)，《纲要》提出，建设发达完善的铁路网，加快高速铁路、区际干线、国土开发性铁路建设，积极发展城际、市郊(域)铁路，完善区域铁路网络，优化城镇密集区交通网络。到 2030 年，全国铁路营业里程将达到 20 万千米以上。随着哈大高铁的正式开通运营，我国电气化铁路总里程已突破 4.8 万千米，其中我国高速铁路已达 8600 余千米，超越了俄罗斯稳居世界首位。我国已成为世界上高速铁路发展最快、系统技术最全、集成能力最强、运营里程最长、运营速度最高、在建规模最大的国家。

铁路运输实现客货分线，使铁路货运能力大幅提升。我国已经系统掌握了大功率电力、内燃机车和重载货车的核心技术，形成了具有自主知识产权的大功率机车系列产品，自主研制了载重 70 吨通用货车、80 吨煤炭专用货车、100 吨矿石和钢铁专用货车。我国还在世界上首次实现了机车无线同步操纵技术与铁路数字移动通信系统的结合，确保了近 3 千米长的重载列车，同步接受指令，同步实施控制。由于重载运输的发展，满足了每年2亿吨的铁路货运增量。

我国铁路的路网密度和运输密度东部最高，中部次之，西部最低。因此，不能因为西部的路网密度低就认为中国路网布局不合理。由于中国的铁路建设不完全是按照经济利益原则，而是照顾到民族问题、地区公平等，因此，在西部铁路运输密度低于全国平均水平的情况下，国家仍旧在大力发展西部铁路。2006年7月1日青藏铁路正式全线建成通车，是世界海拔最高、线路最长的高原铁路。青藏铁路自开通运营到2010年年底，运送货物1.23亿吨，所创新的冻土成套工程技术达到国际领先水平，推进了世界冻土工程技术的发展，是中国铁路对21世纪世界工程建设领域作出的重要贡献。

2.3.2 铁路机车

铁路机车按牵引动力来划分，目前有蒸汽机车、内燃机车和电力机车三类。下面分别进行介绍。

1. 蒸汽机车

蒸汽机车(见图 2-6)是利用蒸汽机把燃料的热能转变成机械能，从而使机车运行的一种火车机车。它主要由锅炉、蒸汽机、车架走行部和煤水车四大部分组成。

图 2-6 蒸汽机车

阅读材料 2–4 蒸汽机车的工作原理

蒸汽机车是蒸汽机在交通工具上运用的最好范例。众所周知，蒸汽机是靠蒸汽的膨胀作用来做功的，蒸汽机车的工作原理也不例外。当司炉把煤填入炉膛时，煤在燃烧过程中，它蕴藏的化学能就转变成热能，将机车锅炉中的水加热、汽化，形成400℃以上的过热蒸汽，再进入蒸汽机膨胀做功，推动汽机活塞往复运动，活塞通过连杆、摇杆，将往复直线运动变为轮转圆周运动，带动机车动轮旋转，从而牵引列车前进。从这个工作过程可以看出，蒸汽机车必须具备锅炉、蒸汽机和走行部三个基本部分。

蒸汽机车的主要组成部分如图 2-7 所示。

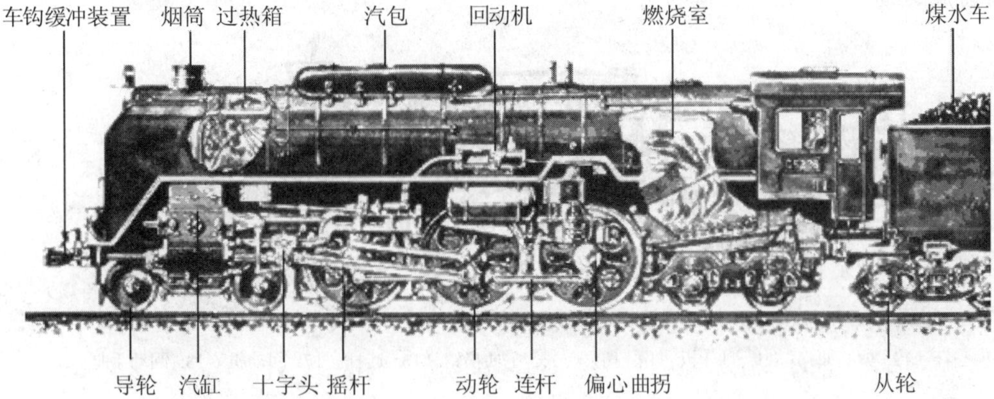

图 2-7　蒸汽机车的主要组成部分

锅炉(见图 2-8)是燃料(一般是煤)燃烧将水加热使之蒸发为蒸汽，并储存蒸汽的设备。它由火箱、锅胴和烟箱组成。火箱位于锅炉的后部，是煤燃烧的地方，在内外火箱之间容纳着水和高压蒸汽。锅炉的中间部分是锅胴，内部横装大大小小的烟管，烟管外面储存锅水。这样，烟管既能排出火箱内的燃气又能增加加热面积。燃气在烟管通过时，将热传给锅水或蒸汽，提高了锅炉的蒸发率。锅炉的前部是烟箱，它利用通风装置将燃气排出，并使空气由炉床下部进入火箱，达到诱导通风的目的。锅炉还安装有汽表、水表、安全阀、注水器等附属装置。

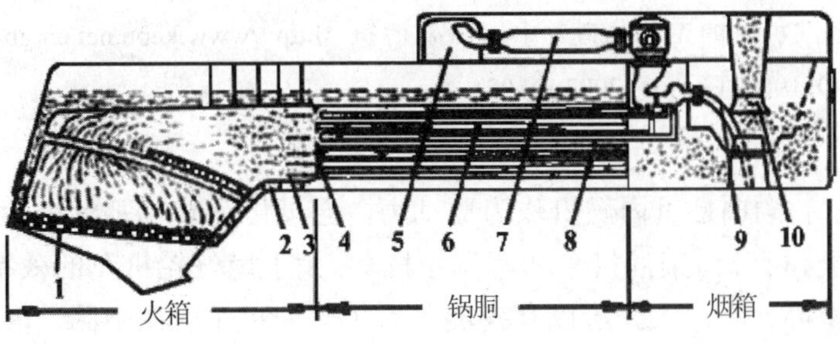

1. 炉床　2. 外火箱　3. 内火箱　4. 火箱管板　5. 汽包　6. 过热管
7. 干燥管　8. 大烟管　9. 主蒸汽管　10. 烟筒

图 2-8　锅炉示意图

蒸汽机(见图 2-9)是将蒸汽的热能转变为机械能的设备，它由汽室、汽缸、传动机构和配汽机构所组成。汽室与汽缸是两个相叠的圆筒，在机车的前端两侧各有一组。上部的汽室与下部的汽缸组合，通过进汽、排汽推动活塞往复运动。配汽机构使汽阀按一定的规律进汽和排汽。传动机构则通过活塞杆、十字头、摇杆、连杆等，把活塞的往复运动变成动轮的圆周运动。

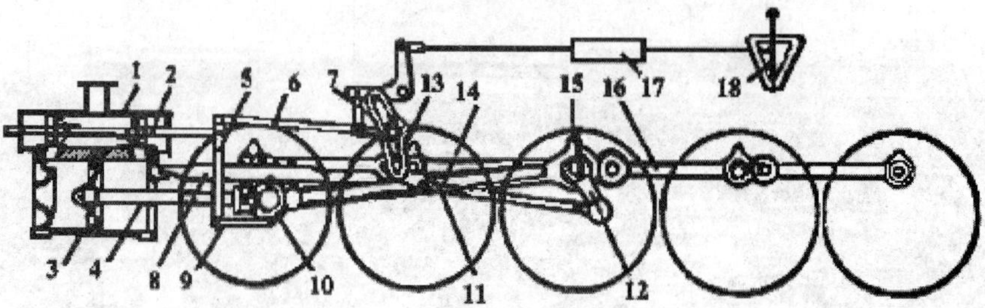

1. 汽室 2. 汽阀杆 3. 汽缸 4. 活塞杆 5. 合并杆 6. 半径杆 7. 滑块 8. 滑床板 9. 结合杆 10. 十字头 11. 偏心杆 12. 偏心曲拐 13. 月牙板 14. 摇杆 15. 主曲拐销 16. 连杆 17. 回动机 18. 回动手把

图 2-9 蒸汽机结构图

蒸汽机车的走行部分包括轮对、轴箱和弹簧装置等部件。轮对分导轮、动轮、从轮三种。安装在机车前转向架上的小轮对叫导向轮对，机车前进时，它在前面引导，使机车顺利通过曲线。机车中部能产生牵引力的大轮对叫动轮。机车后转向架上的小轮对叫从轮，除了担负一部分重量外，当机车倒行时还能起导轮作用。轴箱和车辆的滑动轴承轴箱相类似，主要起润滑作用，防止车轴在高速运行时过热。弹簧装置的作用主要是缓和运行时的振动，减轻车轮对线路的冲击，另外还能把车架上部的重量平均分配给各个轮对。

蒸汽机车除了这三大部分外，还有将这三部分组成整体的车架，以及用来供应机车用煤用水的煤水车等。

(资料来源：蒸汽机车的工作原理．中国科普博览．http://www.kepu.net.cn/gb/technology/railway/railway_ engine/200401190021.html，2007-08-02)

2. 内燃机车

内燃机车(见图 2-10)是以内燃机作为原动力，通过传动装置驱动车轮的机车。根据机车上内燃机的种类，可分为柴油机车和燃气轮机车。由于燃气轮机车的效率低于柴油机车，且耐高温材料成本高、噪声大，所以其发展落后于柴油机车。在中国，内燃机车的概念通常指的是柴油机。

内燃机车按用途可分客运、货运、调车内燃机车；按走行部形式分为车架式和转向架式内燃车；按传动方式分为机械传动、液力传动、电力传动内燃机车。现代机车多采用电力和液力传动。电力传动又可分为直流电力传动、交—直流电力传动和交—直—交流电力传动内燃机车。

图 2-10　内燃机车

3. **电力机车**

电力机车(见图 2-11)本身不带原动机，靠接受接触网送来的电流作为能源，由牵引电动机驱动机车的车轮。电力机车具有功率大、热效率高、速度快、过载能力强和运行可靠等优点，而且不污染环境，特别适用于运输繁忙的铁路干线和隧道多、坡度大的山区铁路。由于电流制不同，所用的电力机车也不一样，基本上可以分为直—直流电力机车、交—直流电力机车、交—直—交流电力机车三类。

图 2-11　电力机车

2.3.3　铁路货车

货物运输是铁路运输的重要组成部分。目前，中国铁路的年货物发送量位居世界第一，达到 20 亿吨以上。铁路上用于载运货物的车辆统称为货车。铁路货车按其用途不同，可分为通用货车和专用货车。通用货车是装运普通货物的车辆，货物类型多不固定，也无特殊要求，铁路货车中这类货车占的比重较大，一般有敞车、平车、棚车、保温车和罐车等几种。专用货车一般指只运送一种或很少几种货物的车辆，用途比较单一，同一种车辆要求装载的货物重量或外形尺寸比较统一。专用货车有时在铁路上的运营方式也比较特别，如固定编组、专列运行。专用货车一般有集装箱车、长大货物车、毒品车、家畜车、水泥车、粮食车和特种车等。

货车的基本型号用大写的汉语拼音字母来表示，这些字母多数是各类货车名称的第一个汉字的汉语拼音首字母，但也有个别例外，如表 2-1 所示。

表 2-1 货车基本型号表

车 种	基 本 型 号	车 种	基 本 型 号
棚车	P	长大货物车	D
敞车	C	毒品车	W
平车	N	家畜车	J
罐车	G	水泥车	U
保温车	B	粮食车	L
集装箱车	X	特种车	T
矿石车	K	守车	S

一个完整的货车标记包括基本型号、辅助型号和车号。如 C62A 4785930，其中 C 是基本型号，表示是货车中的敞车；62 是辅助型号，表示重量系列或顺序系列；A 也是辅助型号，表示车辆的材质或结构；4785930 是车号。每种货车的车号编码都有特定的范围，如表 2-2 所示。

表 2-2 货车车号编码

车 种	车 号 范 围	车 种	车 号 范 围
棚车	3000000～3499999	保温车	7000000～7231999
敞车	4000000～4899999	毒品车	8000000～8009999
平车	5000000～5099999	家畜车	8010000～8039999
集装箱车	5200000～5249999	水泥车	8040000～8059999
矿石车	5500000～5531999	粮食车	8060000～8064999
长大货物车	5600000～5699999	特种车	8065000～8074999
罐车	6000000～6309999	守车	9000000～9049999

1. 平车

铁路平车(见图 2-12)是在物流中广泛应用的铁道车辆之一，是铁道上大量使用的通用车型，无车顶和车厢挡板。这种车体自重较小，装运吨位可相应提高，且无车厢挡板的制约，装卸较方便，必要时可装运超宽、超长的货物。主要用于装运大型机械、集装箱、钢材、大型建材等。在平车基础上，采取各种相应的技术措施，发展出了集装箱车、车载车、袋鼠式车等，对满足现代物流要求、提高载运能力起到了重要作用。平车因没有固定的侧壁和端壁，故作用在车上的垂直载荷和纵向载荷完全由底架的各梁承担，是典型的底架承载结构。中国自行设计和制造了多种平车，从结构上来分，主要有平板式和带活动墙板式两种，车型主要有 N12、N60、N16 和 N17 等多种，载重都是 60 吨。

图 2-12　铁路平车

2. 罐车

罐车(见图 2-13)是车体呈罐形的车辆，用来装运各种液体、液化气体和粉末状货物等。罐车按用途可分为轻油类罐车、粘油类罐车、酸碱类罐车、液化气体类罐车和粉状货物罐车。按结构特点可分为有空气包和无空气包罐车；有底架和无底架罐车；上卸式和下卸式罐车等。

图 2-13　罐车

3. 粮食漏斗车

粮食漏斗车(见图 2-14)是在标准轨距铁路上运行，用于装运小麦、玉米和大豆等散粒粮食的专用铁路车辆。装粮时该车能满足边走边装的装粮设施要求，卸粮时能适应地面的卸料坑和皮带输送机卸粮。粮食漏斗车主要由车体、转向架、制动装置及车钩缓冲装置等组成。车体采用圆弧包板结构，具有自重轻、容积大等特点。该车采用连续式装货口，可满足不同装粮机械设备的要求。该车具有较大的漏斗角度和卸货口尺寸，从而加快了卸货速度，减少了卸货时间，提高了卸净率。

图 2-14 粮食漏斗车

4. 敞车

敞车(见图 2-15)是指普通运煤车辆，无盖、有较高侧板、两边设有可翻开的侧门，以便卸除物料。敞车是货车的主要车种之一，在货物上蒙盖防水帆布，可代替棚车承运怕湿货物。敞车的基本记号是“C”，我国主型通用敞车有 C50、C65、C62、C62A、C61 等，目前共有敞车约 27 万辆。近年研制并投入运用的敞车 C64，载重 61 吨，并能适应翻车机作业。该车全长约 13.44 米，车体内侧高约 2.5 米，自重 22.7 吨，地板面积 36 平方米，轴重 21 吨，构造速度每小时 100 千米，通过的最小曲线半径为 145 米，使用寿命预计可达 25～30 年。

图 2-15 敞车

敞车按卸货方式不同可分为两类：一类是适用于人工或机械装卸作业的通用敞车；另一类是适用于大型工矿企业、站场、码头之间成列固定编组运输，用翻车机卸货的敞车。

5. 棚车

棚车(见图 2-16)是由侧墙、端墙、地板和车顶组成，在侧墙上开有滑门和通风窗的铁路货车。有的在车内安装火炉、烟囱、床板等，必要时可以运送人员和牲畜。棚车是铁路货车中的通用车辆，用于运送贵重货物或怕日晒、雨淋的货物，包括各种粮食谷物、日用工业品及贵重仪器设备等。一部分棚车还可以运送人员和马匹。

图 2-16　棚车

6. 保温车

保温车(见图 2-17)，又叫冷藏车，是运送鱼、肉、鲜果、蔬菜等易腐货物的专用车辆。这些货物在运送过程中需要保持一定的温度、湿度和通风条件，因此，保温车的车体装有隔热材料，车内设有冷却装置、加温装置、测温装置和通风装置等，具有制冷、保温和加温三种性能。保温车车体外表涂成银灰色，以利于阳光反射，减少辐射热。中国自制的保温车有冰箱保温车和机械保温车两大类。

图 2-17　保温车

冰箱保温车可分为车端冰箱式和车顶冰箱式两种，其区别在于冰箱设置的位置和车内空气循环方向不同。机械保温车按结构可分为单节机械保温车和机械保温车组(包括机冷货物车和机冷发电车)。机械保温车按供电和制冷方式又可分为三大类：①集中供电、集中制冷的车组——全列车由发电车集中供电，制冷车集中制冷，采用氨作制冷剂，盐水作冷媒；②集中供电、单独制冷的车组——由发电车集中供电，每辆货物车上都装有制冷设备单独制冷，采用氟利昂作冷媒，强迫空气循环；③单节机械保温车——每辆车上均装有发电和制冷设备，可以单独发电和制冷，也可使用集中供电的电源。中国铁路的保温车型号主要有：冰箱式保温车 B11、B14、B16、B17 和机械保温车 B18、B19、B21、B23 等。

7. 长大货物车

特长和特重货物无法用一般的铁路货车来装运，必须使用专门的长大货物车(见图2-18)。如车辆长度一般在19米以上的长大平车；纵向梁中部做成下凹而呈元宝型的凹底平车；底架中央部分做成空心，货物通过支承架坐落在孔内的落下孔车；将车辆制成两节，货物钳夹在两节车之间或通过专门的货物承载架装载在两节车之间的钳夹车等。

图2-18 长大货物车

8. 其他专用货车

在铁路货车里，一般将家畜车、矿石车、水泥车、粮食车、毒品车、集装箱车以及长大货物车划为专用货车。专用货车一般只运送一种或很少几种货物，用途比较单一，同一种车辆要求装载的货物重量或外形尺寸比较统一。U60型上卸式粉状货物气卸车的结构示意图如图2-19所示。

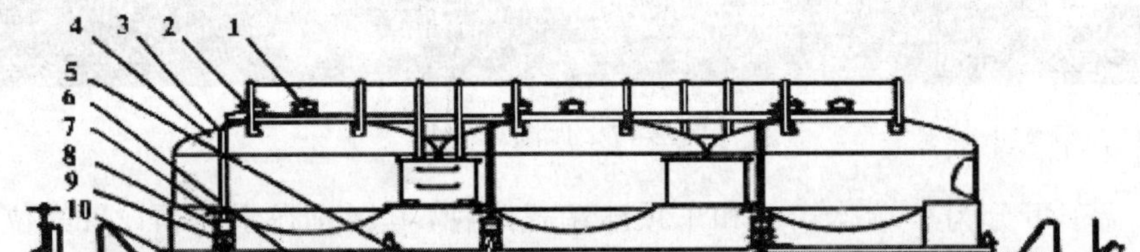

1. 卸料口 2. 装料口 3. 辅助风管 4. 罐体 5. 安全阀 6. Dg80球阀 7. 放风塞门 8. 止回阀 9. Dg50球阀 10. 进风口 11. 气室 12. 主风管道

图2-19 上卸式粉状货物气卸车结构示意图

2.4　水路运输设施与设备

2.4.1　水路运输概述

水路运输是利用船舶、排筏和其他浮运工具，在江、河、湖泊、人工水道以及海洋上运送旅客和货物的一种运输方式。它是我国综合运输体系中的重要组成部分，并且正日益显示出它的巨大作用。伴随着经济社会发展，我国水路运输取得了明显成就，货物运输量和港口吞吐量连续多年稳居世界第一，为我国经济社会和对外贸易发展提供了重要支撑；造船工业综合实力保持世界领先，为提高我国综合工业水平和海上运输、海洋矿产、海洋渔业、海上旅游、航海体育发展提供了重要基础。

“十二五”时期，沿海基础设施建设投资完成 4800 多亿元，新增万吨级以上生产性泊位 549 个，新增通过能力 23.2 亿吨，沿海拥有万吨级以上泊位 2207 个，通过能力 79 亿吨；沿海港口大型化、专业化和现代化水平不断提升，能力总体适应经济社会发展需求。

“十二五”末，我国拥有海运船队运力规模达 1.6 亿载重吨，位居世界第 3 位。在运输船舶运力规模增长较快的同时，老旧运输船舶和单壳油轮提前报废更新加快推进，船舶结构明显优化，船龄明显改善。

运输服务能力方面，2015 年，我国港口完成货物吞吐量 127.5 亿吨，集装箱吞吐量 2.12 亿标准箱，连续多年位居世界第一。此外，港口货物吞吐量亿吨大港达到 32 个，在世界港口货物吞吐量和集装箱吞吐量排名前十位中，中国大陆港口分别占了 7 席和 6 席，宁波舟山港、上海港分别位居世界第一。

2015 年，我国船舶工业综合实力得到提高，全国造船完工量为 4184 万载重吨，同比增长 7.1%，世界造船大国地位继续巩固。船舶工业的快速发展对用钢也提出了更高的要求，尤其是船舶要轻型化，而使用高强度钢板是轻型化最便利的一种方式。“宝钢、鞍钢、沙钢、华菱湘钢等钢企的高强度钢开发使我国船舶的高强度钢占比从原来的不到 30% 提高到现在的 54%~55%。在板材的厚度公差方面，我国的船板在尺度上还有差距：国际船级社协会提出现在的船板不允许负公差，日本基本上都是零公差。目前，除宝钢能够做到零公差，我国钢企的公差现在已经基本提高到 1 ~2 毫米，个别达到 3 毫米。公差越大，船的自重也就越大。我国造的船比日韩的船约重 5%~7%，其中有设备自重和设计等原因，但公差是主要因素。只有解决了公差问题，我们才能赶上绿色环保船型的发展潮流。

水路运输按其航行的区域，大体上可划分为远洋运输、沿海运输和内河运输三种形式。远洋运输通常是指除沿海运输以外所有的海上运输。沿海运输是指利用船舶在我国沿海区域各地之间的运输。内河运输是指利用船舶、排筏和其他浮运工具，在江、河、湖泊、水库及人工水道上从事的运输。

水路运输具有的特点如下。

(1) 水运主要利用江、河、湖泊和海洋的“天然航道”来进行。水上航道四通八达，通航能力几乎不受限制，而且节省投资。

(2) 水路运输可以利用天然的有利条件，实现大吨位、长距离的运输。因此，水运的主要特点是运量大、成本低，非常适合大宗货物的运输。

(3) 水路运输是开展国际贸易的主要方式，是发展经济和友好往来的主要交通工具。

2.4.2 常见水路运输设备

1. 杂货船

杂货船(见图2-20)是指载运各种包装或成件货物的运输船舶。杂货船应用广泛，在世界商船队中吨位总数居首位。在内陆水域中航行的杂货船吨位有数百吨、上千吨，而在远洋运输中的杂货船吨位可达2万吨以上。杂货船要有良好的经济性和安全性，而不必追求高速，通常根据货源具体情况及货运需要航行于各港口，设有固定的船期和航线。杂货船有较强的纵向结构，船体的底多为双层结构，船首和船尾设有前、后尖舱，平时可储存淡水或装载压舱水以调节船舶纵倾，受碰撞时可防止海水进入大舱。船体以上设有2~3层甲板，并设置几个货舱，舱口以水密舱盖封盖住以免进水。机舱布置在中部或尾部，各有利弊，布置在中部可调整船体纵倾，在尾部则有利于载货空间的布置。在舱口两侧设有吊货扒杆，为装卸重大件，通常还装备有重型吊杆。为提高杂货船对各种货物运输的适应性，使其能载运大件货、集装箱、件杂货以及某些散货，现代新建杂货船常设计成多用途船。

图2-20 杂货船

2. 散货船

散装运输谷物、煤、矿砂、盐、水泥等大宗干散货物的船舶，都可以称为干散货船，或简称散货船(见图 2-21)。因为散货船的货种单一，不需要包装成捆、成包、成箱的装载运输，不怕挤压，便于装卸，所以都是单甲板船。总载重量在 50 000 吨以上的，一般不装起货设备。由于谷物、煤和矿砂等的积载因数(每吨货物所占的体积)相差很大，所要求的货舱容积的大小、船体的结构、布置和设备等许多方面都有所不同。因此，一般习惯上仅把装载粮食、煤等货物积载因数相近的船舶，称为散装货船，而装载积载因数较小的矿砂等货物的船舶，称为矿砂船。用于粮食、煤、矿砂等大宗散货的船通常分为如下几个级别。

图 2-21　散货船

(1) 总载重量 DW 为 100000 吨级以上的，称为好望角型船。

(2) 总载重量 DW 为 60000 吨级的，通常称为巴拿马型。这是一种巴拿马运河所容许通过的最大船型。船长要小于 245 米，船宽不大于 32.2 米，最大的容许吃水为 12.04 米。

(3) 总载重量 DW 为 35 000～40 000 吨级的，称为轻便型散货船。吃水较浅，世界上各港口基本都可以停靠。

(4) 总载重量 DW 为 20 000～27 000 吨级的，称为小型散货船。这是可驶入美国五大湖泊的最大船型。小型散货船最大船长不超过 222.5 米，最大船宽小于 23.1 米，最大吃水要小于 7.925 米。

用于运输矿砂的船，由于载重量越大，运输成本越低，目前矿砂船最小的总载重量为 57000 吨，最大的为 260000 吨，大多数在 12000～150000 吨。由于船型高大，在高潮时岸上的起货设备的高度往往不够高。因此，这种矿砂船在装卸货的同时，利用压载水的多少来调节船舶吃水深浅。

3. 冷藏船

冷藏船(见图2-22)是专门用于装载冷冻易腐货物的船舶。船上设有冷藏系统，能调节多种温度以适应各舱货物对不同温度的需要。

图2-22 冷藏船

阅读材料2-5 运力过剩，冷藏船越来越“冷”

目前冷藏船运价已创历史新低，船舶经纪人呼吁船东闲置四分之一船队规模的冷藏船，才能使市场获得复苏。

据贸易风报道，爱尔兰船舶经纪(ISB)冷藏船经纪机构Seafield称，由于当前市场面临惊涛骇浪，传统冷藏船运价在过去的12个月里已下跌超过60%。为了避免市场出现毁灭性螺旋式下行趋势，所有船东都需要对市场运力修正措施做出响应。

经纪人称，6月开始的船舶闲置项目将成为冷藏船市场整顿计划实施的第一步，市场上约25%或更多的冷藏船需要停止运营。2016年4月，Seafield ISB冷藏船运输指数跌至759点，创这一指数创建以来的最低水平，相比2011年历史高点的2123点跌幅超过60%。

据悉，西非地区冷冻水产品运输贸易市场已接近崩溃，运价从2015年3月的225美元/公吨跌至目前的78美元/公吨，创2008年以来的最低运价。同时，中南美洲出口地中海地区的香蕉贸易量大幅下滑，厄瓜多尔—东地中海航线冷藏运价跌幅达到58%，从2015年的平均8美元/箱跌至目前的平均3.35美元/箱。其他市场因素包括今年1—3月西南大西洋鱿鱼季贸易大幅下跌，也使得大西洋地区海运需求出现显著减少。

目前，南大西洋/福克兰贸易航线运输活动同样出现下跌，从去年同期的30笔交易跌至目前的4笔交易，造成大西洋市场出现约850~1000万cbf的冷藏运力过剩。其他因素包括非洲国家进口配额、俄罗斯卢布疲软甚至“厄尔尼诺”现象，均对冷藏贸易产生影响。这些因素导致260 000~470 000cbf级冷藏船期租运价出现40%~50%的下跌。

截至目前，今年冷藏运输需求下降导致大规模的运力过剩。而全球最大的两家联营运营商 GreenSea 和 FSC Frigoship Chartering，由于其船队规模达到全球船队规模的 60%，不得不开展竞争以维持市场份额和船舶利用率。

而运营商之间的竞争同样成为了导致冷藏船现货运价下跌的因素之一。ISB 预计，目前每一船现货都有多达 5 艘船舶争夺运输协议，而较小的独立运营商不得不削弱联营池运营份额来保证自有船获得工作。

ISB 认为，冷藏运输市场正面临多达 650 艘的冷藏/冷冻船老龄化的挑战，目前全球 100 000cbf 以上冷藏船平均运力已接近 26 年。其中一半 100 000~300 000cbf (立方英尺)冷藏船涉及冷冻水产行业，这些船舶的平均船龄已接近 30 年。同时，过去 5 年里冷藏船市场几乎没有新船运力，而低迷的废钢船价以及低廉的燃油价格使得老龄船舶得以继续运营。未来 12~18 个月内将报废的大多数冷藏船为 200 000~300 000cbf 冷藏船，其中大多数船舶预计将在今年报废，但短期的补救措施不一定能保证让市场复苏。

(资料来源：运力过剩，冷藏船越来越“冷”. 国际船舶网. http://www.eworldship.com/html/2016/ship_ market_observation_0427/114607.html，2016-04-27)

4. 油轮

油轮(见图 2-23)是主要用来运输原油、原油的提炼成品(如动力油、燃料油等)、石油化工产品的船。油轮也可以用来运输其他液体(如水等)。

图 2-23　油轮

油轮很容易与其他轮船区别开来，油轮的甲板非常平，除驾驶舱外几乎没有其他耸立在甲板上的东西。油轮不需要在甲板上安装吊车来装卸货物，只有在油轮的中部有一个小吊车，用于将码头上的管道吊到油轮上来与油轮上的管道系统接到一起。油轮上的管道系统从远处就可以看到。

5. 液化气船

液化气船是指专门装运液化气的液货船(见图 2-24)，可分为液化天然气船(LNG 船)和液化石油气船(LPG 船)。

1958 年，美国用普通旧油船改建成容量为 5100 立方米的“甲烷先锋”号。20 世纪 60 年代初期，英、法等国陆续建造了一些液化天然气船，容量为 25 000～27 000 立方米。70 年代出现了大型液化天然气船。1978 年法国建成容量达 13 万立方米的巨型液化天然气船，其主尺度超过 10 万吨级油船。

VLGC(very large gas carrier)即超大型液化气运输船，容积在 78 000～85 000 立方米之间，主要采用 IMO A 型液舱来运载 LPG 液化石油气能源，是国际公认的高技术、高难度、高附加值的“三高”产品。我国江南造船厂是少数几个能够设计建造 VLGC 的船厂之一。

液化天然气船船型按液货舱的结构可分为独立贮罐式和膜式两种。

早期的液化天然气船为独立贮罐式，是将柱形、筒形、球形等形状的贮罐置于船内。贮罐本身有一定的强度和刚度，船体构件对贮罐仅起支持和固定作用。后期出现了膜式液化天然气船。

膜式液化天然气船采用双壳结构，船体内壳就是液货舱的承载壳体。在液货舱里衬有一种由镍合金钢薄板制成的膜。它和低温液货直接接触，但仅起阻止液货泄漏的屏障作用，液货施于膜上的载荷均通过膜与船体内壳之间的绝热层直接传到主船体。与独立贮罐式相比，膜式的优点是容积利用率高，结构重量轻，因此目前新建液化天然气船，尤其是大型的，多数均采用膜式结构。这种结构对材料和工艺的要求较高。此外，日本还发展出一种构造介于两者之间的半膜式船。

液化天然气船设备复杂，技术要求高，体积和载重吨位相同的油船相比较大，因此造价也高得多。液化天然气船一般都设有气体再液化装置，也可运送液化石油气。

图 2-24 液化气船

6. 集装箱船

集装箱船(见图 2-25)可分为部分集装箱船、全集装箱船和可变换集装箱船三种。

(1) 部分集装箱船

部分集装箱船仅以船的中央部位作为集装箱的专用舱位，其他舱位仍装普通杂货。

(2) 全集装箱船

全集装箱船指专门用以装运集装箱的船舶。它与一般杂货船不同，其货舱内有格栅式货架，装有垂直导轨，便于集装箱沿导轨放下，四角有格栅制约，可防倾倒。集装箱船的舱内可堆放 3～9 层集装箱，甲板上还可堆放 3～4 层。

(3) 可变换集装箱船

可变换集装箱船货舱内装载集装箱的结构为可拆装式的，因此，它既可装运集装箱，必要时也可装运普通杂货。集装箱船航速较快，大多数船舶本身没有起吊设备，需要依靠码头上的起吊设备进行装卸。因此，这种集装箱船也称为吊上吊下船。

图 2-25　集装箱船

7. 滚装船

滚装船(见图 2-26)是能运载滚动车辆的运输船，如运载各种汽车、装满集装箱或货物的卡车和挂车等。装载时，汽车及由牵引车辆拖带的挂车通过跳板开进舱内。到达目的港后，车辆可直接开往收货单位，而且实现了从发货单位直接到收货单位的“门到门”运输，减少了运输过程中的货损和差错。

图 2-26　滚装船

8. 驳船、顶推船与拖船

驳船(见图 2-27)没有动力推进装置，无自航能力，是靠机动船带动的船，主要用于客货运输。驳船可以单只或编列成队由拖船拖带或由推船顶推航行，其特点为设备简单、吃水浅、载货量大。驳船一般为非机动船，与拖船或顶推船组成驳船船队，可航行于狭窄水道和浅水航道，并可根据货物运输要求随时编组，适合内河各港口之间的货物运输。少数增设了推进装置的驳船称为机动驳船。机动驳船具有一定的自航能力。驳船种类很多，按用途分主要有客驳和货驳。客驳专运旅客，设有生活设施，一般用于小河客运。货驳用于载运货物，按所运货物可分为干货驳、矿砂驳、煤驳、油驳等；按材料可分为钢驳、木驳、水泥驳；按船型分主要有普通驳和分节驳。

图 2-27　驳船

顶推船(见图 2-28)是指专门用于顶推非自航货船的船舶。与拖船相比，顶推运输时驳船在前，推船在后，整个船队有较好的机动性，阻力减小，航速提高，不再需要驳船上的舵设备和操舵人员，从而降低了运输成本。

图 2-28　顶推船

拖船(见图 2-29)是指用于拖带其他船只或浮动建筑物的船舶。其船身较小，而功率较大，自身并不载运货物或旅客。拖曳设施包括拖钩、拖柱、系缆绞车等。拖船有海洋拖船、内河(长江)拖船和港作拖船之分。海洋拖船又可分为远洋拖船和沿海拖船，可在相应的航区进行拖曳运输作业，并可执行救援任务。内河拖船主要在内河进行拖曳作业。港作拖船主要在港内作业，如协助大型船舶靠离码头、出入船坞等。

图 2-29　拖船

2.5　航空、管道运输设施与设备

2.5.1　航空运输设备

1. 航空运输概述

航空运输是指使用飞机、直升机及其他航空器运送人员、货物、邮件的一种运输方式。航空运输主要承担中长途运输、鲜活货物等特种货物以及价值较高或紧急物资的运输。

目前，我国运输机场已经达到 175 个，形成了规模适当、功能完善的机场体系。这些机场覆盖了全国 91%的经济总量、76%的人口和 70%的县级行政单元。其中上海浦东机场货运名列世界前三名。

我国民航航空业务规模快速增长，已成为全球第二大航空运输系统。2013 年航空客、货运输总量分别达到 3.54 亿人次和 561.3 万吨，较 2009 年分别增长了 53.25%和 25.99%。与此同时，我国航空运输行业的经营规模也快速扩大，民用航空航线数量由 2009 年的 1 592 条大幅增加至 2013 年的 2 876 条，民用飞机数量从 2009 年的 2 181 架增加至 2013 年的 4 004

架，航线里程也从2009年的234.51万千米增加到2013年的410.60万千米。

航空运输的优点如下。

(1) 速度快。距离越长，航空运输相对于其他运输方式而言，节省的时间越多。

(2) 运输路程最短。

(3) 舒适。

(4) 灵活。

(5) 安全。

(6) 包装要求低。

航空运输的缺点如下。

(1) 载运能力低、单位运输成本高。因为飞机的机舱容积和载重能力较小，因此，单位运输周转量的能耗较大。除此之外，机械维护和保养成本很高。

(2) 受气候条件限制。因为飞机飞行条件要求高，航空运输在一定程度上受到气候条件的限制，从而影响运输的准点性与正常性。

(3) 可达性差。通常情况下，航空运输都难以实现客货的“门到门”运输，必须借助其他运输工具(如汽车)转运。

阅读材料2-6 2017年1月份全球航空货运需求同比增长6.9%

国际航空运输协会(IATA，以下简称“国际航协”)最新发布的全球航空货运定期数据显示，2017年1月份全球航空货运需求(按照货运吨千米计算)同比2016年增长6.9%。尽管与2016年12月份数据报告的年均增长率(10%)相比有所下滑，但仍然远高于过去5年的年均增长率(3%)。

2017年1月份，货运运力(按照可用货运吨千米计算)增长放缓至3.5%。

2017年，货运需求增长持续保持积极态势，与新出口订单的稳步增长保持一致，2月份新出口订单的增长达到了自2011年3月份以来的最高水平(据最新数据显示)。此外，主要用于制造高价值电子消费产品的硅原料货运量也出现增长，春节(2017年1月份)的到来也推动了1月份货运需求的增长。

“对于航空货运业而言，这是一个良好开端。受出口订单的提振，需求在1月份加速增长，并超过了运力增长，对收益起到积极推动作用。而且从长远来看，贸易便利化协定(TFA)的正式实施可减少边境管理的繁文缛节，打造更迅速、更实惠、更便捷的贸易。现在，航空业的一项重任是抓住机会加快现代化进程，让航空货运成为货运公司的一个更好选择，”国际航协理事长兼首席执行官亚历山大•德•朱尼亚克(Alexandre de Juniac)先生表示。

航空货运市场 2017 年 1 月具体数据如表 2-1 所示。

表 2-1　航空货运市场(2017 年 1 月)

项目	全球市场份额	2017 年 1 月(同比变化率)			
		货运/吨千米	可用货运/吨千米	载货率同比变化率	载货率水平
整体市场	100%	6.9%	3.5%	1.3%	42.1%
非洲	1.6%	24.3%	6.1%	3.4%	23.3%
亚太	37.5%	6.0%	6.6%	-0.3%	49.4%
欧洲	23.5%	8.7%	3.3%	2.2%	44.0%
拉美	2.8%	-4.1%	-1.4%	-0.8%	28.5%
中东	13.9%	8.4%	3.3%	2.0%	42.0%
北美	20.7%	6.1%	0.6%	1.8%	35.3%

(资料来源：http://www.ccaonline.cn/news/top/320195.html，2017 年 03 月 17 日)

2. 飞机

飞机(见图 2-30)是指具有机翼和一具或多具发动机，靠自身动力能在大气中飞行的重于空气的航空器。飞机由机翼、机身、尾翼、起落装置和动力装置 5 个主要部分组成。

图 2-30　飞机

(1) 机翼

机翼的主要功用是为飞机提供升力，以支持飞机在空中飞行，也起一定的稳定和操纵作用。在机翼上一般安装有副翼和襟翼。操纵副翼可使飞机滚转；放下襟翼能使机翼升力系数增大。另外，机翼上还可安装发动机、起落架和油箱等。机翼有各种形状，数目也不同。在航空技术不发达的早期为了提供更大的升力，飞机以双翼机甚至多翼机为主，但现代飞机一般是单翼机。

(2) 机身

机身的主要功用是装载乘员、旅客、武器、货物和各种设备；还可将飞机的其他部件如尾翼、机翼及发动机等连接成一个整体。

(3) 尾翼

尾翼包括水平尾翼(平尾)和垂直尾翼(垂尾)。水平尾翼由固定的水平安定面和可动的升降舵组成(某些型号的民用机和军用机的整个平尾都是可动的控制面，没有专门的升降舵)。垂直尾翼则包括固定的垂直安定面和可动的方向舵。尾翼的主要功能是用来操纵飞机俯仰和偏转，以及保证飞机能平稳飞行。

(4) 起落装置

起落装置又称起落架，用来支撑飞机并使它能在地面和其他水平面上起落和停放。陆上飞机的起落装置一般由减震支柱和机轮组成，此外还有专供水上飞机起降的带有浮筒装置的起落架和雪地起飞用的滑橇式起落架。起落装置主要用于起飞与着陆滑跑、地面滑行和停放时支撑飞机。

(5) 动力装置

动力装置主要用来产生拉力或推力，使飞机前进。其次还可以为飞机上的用电设备提供电力，为空调设备等用气设备提供气源。

现代飞机的动力装置主要包括涡轮发动机和活塞发动机两种，应用较广泛的动力装置有 4 种：航空活塞式发动机加螺旋桨推进器；涡轮喷射发动机；涡轮螺旋桨发动机；涡轮风扇发动机。随着航空技术的发展，火箭发动机、冲压发动机、原子能航空发动机等也有可能会逐渐被采用。动力装置除发动机外，还包括一系列保证发动机正常工作的系统，如燃油供应系统等。

除了上述 5 个主要部分之外，飞机上还装有各种仪表、通信设备、领航设备、安全设备和其他设备等。

3. 地效飞机

(1) 地面效应的发现

早在航空业发展初期，飞行员们就发现飞机(尤其是小展弦比、下单翼、宽翼展飞机)在着陆过程中，当飞行高度与飞机翼弦长度相近时，会出现一种附加升力，使飞机突然感到飘飘然，不太容易完成着陆，这就是所谓的地面效应作用，亦称“地面效应”或“地屏效应”，简称“地效”。

1935 年芬兰人 T.J.卡里奥研制成第一架地效飞机。自 20 世纪 50 年代末期开始，苏联就开始研制大型军用地效飞机，目前已装备部队使用。1991 年 9 月，俄罗斯首次公布了保密十几年的 140 吨级的 A·90·150“小鹰”实用型地效飞机，该机通常在距离水面 3.5～

14 米的空中飞行，速度可达 556 千米/小时。已公布的型号还有 400 吨级的“鸡鹞”、20 吨级的“雌鸭”以及众多中小型的民用地效飞机。

1998 年 11 月，我国第一艘地效飞行器(“天翼一号”)在湖北荆门试飞成功。我国已成为世界上地效飞行器研制中最先进的国家之一。

(2) 地效飞机及其原理

所谓的地面效应是飞行器由于地面或水面干扰的存在，飞行器升力面(通常指机翼)的下洗作用受到阻挡，使地面或水面与飞行器升力面之间的气流受到压缩，即机翼下面的压力升高，因而增大了机翼升力，同时减少阻力(即机翼诱导阻力因气流流过的条件改变而减小)的空气动力特性，如图 2-31 所示。

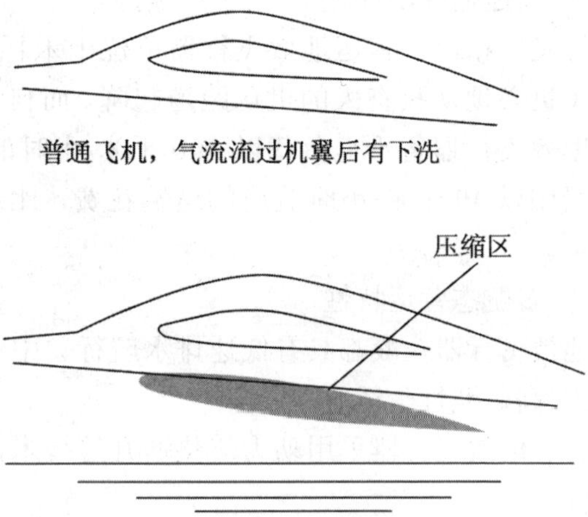

图 2-31　地面效应

地效飞机借助于地面效应，贴近水面(或地面)实现高速航行，也就是说，地效飞机是利用地面效应提供支承力而飞行的运载工具(见图 2-32)。与相同排水量的船艇相比，由于它在巡航飞行阶段不与水面直接接触，从而大大减少了航行阻力，具有更高的巡航速度和远航性能；与常规的飞行器(包括水上飞机)相比，它的载运重量远远高于同级的飞机，节省燃料且具有更远的航程。因而地效飞行器将飞机的高速性和海上舰船的高承载性完美地结合到一起，地效飞机是介于船和普通飞机之间的新型水上快速交通工具，适用于海上和内河快速运输。

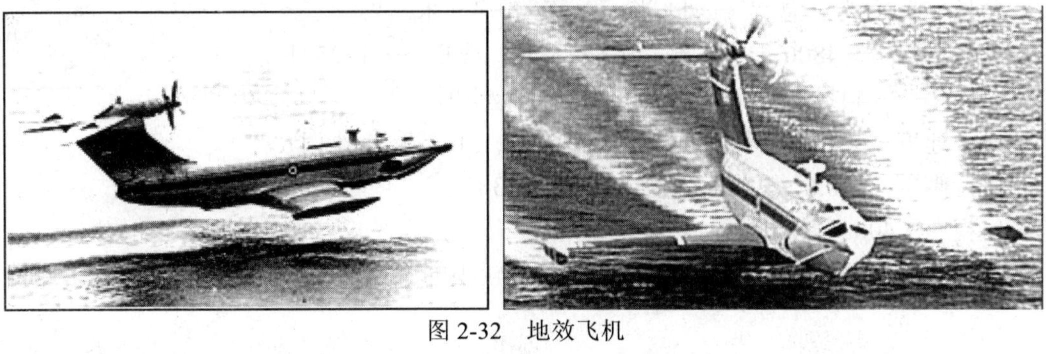

图 2-32　地效飞机

(3) 地效飞机的独特性能

① 高承载性与高速性

地效飞行器的载运量可达自重的 50%，而著名的波音 747 飞机载运量仅为其自重的 20%；它可完全脱离水面或地面航行，需要克服的阻力只有水的 1/800，因此其飞行速度比一般船艇速度高 9～14 倍，比大多数高速船也快 2～4 倍。

② 高运输经济性

与飞机相比，客运地效飞行器单位千米耗油量基本上与现代先进飞机相当，但它却不像飞机必须从投资大的机场跑道起降，而自身具有一定的爬坡登岸能力。与船艇相比，货运地效飞行器每千克负载以 500 千米/小时的航速运送 5000 千米的运输费用仅相当于常规船舶以 40 千米/小时航速的运输花费，比速度在 900 千米/小时的飞机的运输费至少少一半。

③ 多航态营运特性

地效飞行器一般都具有低速排水航行、中速气垫状态航行和高速离水航行等特性。

④ 高耐波性与适航性

由于地效飞行器采用动力气垫增升等技术，大多都能在浪高小于 3 米时稳定安全地巡航航行。

两栖性地效飞行器不仅可在水面、冰面、雪地上低空掠行，且具有一定的爬坡、登岸能力，它不受航道环境和码头条件限制，可以快速将人员和货物运往滩头。

⑤ 多用途性

地效飞行器不仅可用于客、货运输，还可用于资源勘探、搜索救援、旅游观光、远洋渔船和钻井平台换员运输、通信保障与邮递等。在军事领域，地效飞行器除可用于攻击敌舰艇及实施登陆作战外，也可用于执行运送武器装备、快速布雷、扫雷等任务，还可为海军部队提供紧急医疗救护。

(4) 中国第一艘地效飞行器“天翼一号”的主要性能及参数

- 总长——16 米，总宽——11 米，总高——4.9 米；
- 起飞重量——4800 千克、载员——15 人、载重——1125 千克；
- 总功率——447 千瓦、耗油量——14 千克/小时；
- 最大速度——200 千米/小时、巡航速度——165 千米/小时；
- 飞行高度——0.6～1.2 米、适航海况——3 级；
- 航程——400 千米。

“天翼一号”适应于江、河、湖和沿海波浪较小的水域，以及草地、戈壁、冰雪原等。

4. 无人机

无人驾驶飞机简称“无人机”，英文缩写为“UAV”，是利用无线电遥控设备和自备的程序控制装置操纵的不载人飞机。从 1917 年世界上第一架无人机问世至今，无人机发展已经有近百年历史，但无人机的民用应用，近二十年才开始兴起。与有人驾驶飞机相比无人机具有低成本、零伤亡等特点。随着社会的发展，无人机将会越来越多地应用于国民经济的各个领域，如物流快递、影视拍摄、工程施工等。

无人机送货就像无人驾驶一样，未来会在生活中占据很重要的位置。在国外，谷歌、亚马逊、UPS 等大力投入无人机送货；在国内，京东、顺丰等也积极地推进着自己的无人机服务，而且中国的电商和快递业在无人机用于快递服务方面的脚步是领先于全球的。在美国的电商们还在做测试的时候，中国的无人机送货已经在农村地区成功运营了。

UPS 测试用的无人机来自其合作伙伴 Workhorse Group，命名为 HorseFly，机重约 4.31 千克，有 8 个旋翼，可以连续飞行 30 分钟，最大载重量约为 4.54 千克。京东已开发出包括多旋翼、垂直起落以及电动、油动或油电混合动力等多形态、多动力的无人机机型，能够执行最大 30 千克载货量、30 千米飞行距离的配送任务。

(1) 无人机系统组成

无人机系统组成一般由三部分组成：飞行系统、任务载荷系统、地面控制系统，如图 2-33 所示。

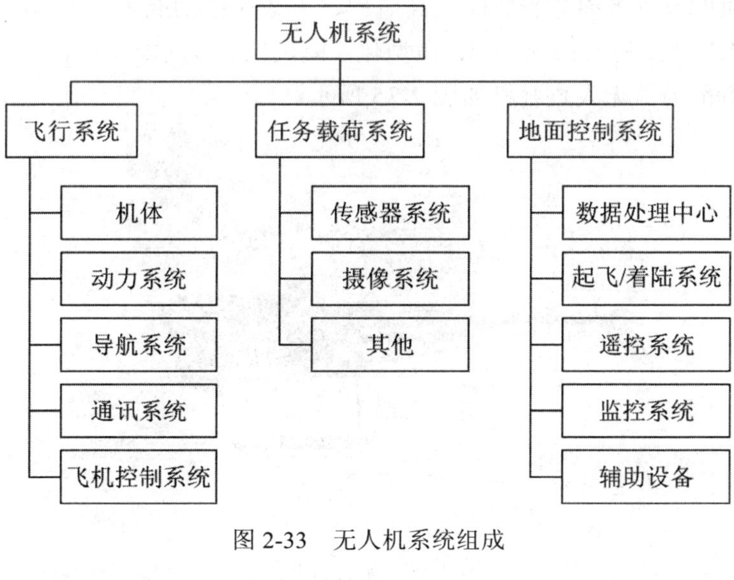

图 2-33　无人机系统组成

无人机从技术角度定义可以分为：无人直升机、无人固定翼机、无人多旋翼飞行器、无人飞艇、无人伞翼机等。无人机按应用领域，可分为军用与民用。

(2) 无人机的分类

目前主流的无人机有固定翼、直升机、多旋翼。

① 固定翼

固定翼技术已经成熟。优点是飞行过程非常安全、自稳定(飞行的气流会让其更稳)的飞行平台、距离远、航程大。缺点是起降限制多，不能悬停，巡航条件下速度过快、要求高度过高，降落的失事率比较高。无论是伞降、撞网还是滑跑降落都比较危险。撞网和伞降相当于“轻度坠机”，对机体寿命有不可逆的负面影响，其寿命仅有几十个架次因此应用不多。固定翼无人机如图 2-34 所示。

图 2-34　固定翼无人机

② 直升机

传统的无人直升机平台，应用广泛。无人直升机的优点是起降方便，航速适中，可以做到随时悬停，载荷续航都能令人满意。如果飞控性能足够可靠，甚至可以进行超过 20 千米半径的飞行。

无人直升机的发展方向是长航时、高航程、大载荷；功能多、用途广、高度智能化；新材料、新技术、新结构的拓展应用；微型化、模块化、多功能一体化，方便运输、维护；具备全天候飞行能力。无人直升机如图 2-35 所示。

图 2-35　无人直升机

③ 多旋翼

多旋翼是一种新型的主流飞行器，应用多种多样。优点是起飞降落像直升机一样方便，技术简单，成本低廉，操作简单，飞行震动非常小，而且可以进行更广泛的创造性应用。缺点是由于多旋翼结构本身效率就比较低，动力源只能是电池；受限于能量密度，即使装满电池不装设备，续航时间受限制；多旋翼结构，不能自稳定；在有 GPS 信号遮蔽或者是风切变的复杂地形，其失事率比较高。多旋翼无人机如图 2-36 所示。

图 2-36　多旋翼无人机

(3) 无人机物流的成本优势

数据分析表明，亚马逊 86%的包裹都在 2.27 千克以下，25%的包裹其递送距离都在无人机可处理的范围内。这样，假设一台无人机每天可以递送约 30 件 16 千米内的包裹，如果所有这些符合要求的包裹都用无人机递送，则需要大约 3 万～4 万台无人机。而亚马逊使用的 Prime Air 无人机每台成本在 1000～3000 美元之间。这样，将无人机的硬件成本电池、软件、基础设施、燃料、人工管理成本等分摊到每架次无人机包裹递送上，成本就只有 0.88 美元。

在美国，2016 年的“未来零售业”调查显示，79%的消费者愿意让无人机递送他们的包裹，只要这能使他们在一个小时内收到包裹；73%的被调查者愿意为快速的无人机送货服务付费 10 美元。可见，基于派送站往外派无人机的模式，利润很大(如果政策允许，技术足够靠谱)。

中国电商物流调研发现，从配送站到村庄直线距离往往小于 10 千米，但因为地形原因，需要翻山、过河，配送员进行一次配送有时需要半天以上时间。同时，中小件货物的平均重量和体积都不高，非常适合采用无人机批量完成从配送站到乡村推广员的商品配送。该模式具有很高的操作性。

(4) 无人机的应用面临两大问题

① 技术难题

技术难题包括障碍感知和规避、自动导航、自助航迹规划、多机协同等技术方面的技术难题。比如，UPS的HorseFly在实际送货中会采用自己的线路整合优化导航系统(ORION)规划路线。这个导航系统会结合空域、地形、天气、风速风向等数据，并整合无人机上的感应装置传输来的数据，例如来自GPS指南针、光学雷达(LIDAR)和用于降落的红外摄像机的数据，对飞行路线进行规划。这种系统非常复杂和昂贵，是普通民用无人机的系统所无法比拟的。此外，运送快递时，对无人机的可靠性和避开障碍的能力要求很高，也需要传感器等昂贵的配件来捕捉和传递数据。

② 政策问题

政策方面最大的挑战来自于美国联邦航空管理局(FAA)。FAA严格规定，无人机不可以飞出操作员的视线外。也就是说，目前还不能将无人机直接从仓库中放出去，而要从开到递送地点的卡车上起飞无人机。在我国也同样有着严格的空域管理政策。

阅读材料2-7 配送服务升级 京东无人机“双十一”期间多地完成首单配送

2016年11月10日上午，一架京东M系列机型的无人机飞到西安市长安区西樊村的上空，在1米高的位置悬停，抛下一件包裹后迅速升空离去，等待接货的乡村配送员随即打开包裹，将一件件商品送往各户。

进入“双十一”以来，京东无人机在宿迁、西安、北京等多地同时投入运营，这意味着继今年“6·18”首飞之后，京东无人机在成熟应用领域又进了一步。京东CEO(首席执行官)刘强东于近日表示，无人机已获四省飞行许可，规划了大量的航线。京东无人机助力“双十一”，不仅为广大农村客户带来便捷和惊喜，同时也体现了京东无人机技术给电商物流行业带来的巨大变革，用户的购物体验将进一步提升。

自2016年6月8日，京东在中国宿迁正式开展无人机试运营完成首单配送以来，无人机项目发展进入快车道，已实现一次又一次重大技术突破和应用落地。截至目前，京东无人机已完成超过1万分钟的飞行总时长、近万千米的飞行里程、超过1000架次的飞行次数。目前京东无人机已获得四地的飞行许可，已勘测确定超过10条航线，并将在近期正式投入日常配送任务。技术方面，京东已开发出包括多旋翼、垂直起落以及电动、油动或油电混合动力等多形态、多动力的无人机机型，能够执行最大30千克载货量、30千米飞行距离的配送任务。

随着2016年“双十一”全国购物季的帷幕拉起，农村用户也迫切地希望能够享受到与城市同质同价的好货和优质服务。而无人机，正是为解决广大农村最后一千米配送难题而生，京东无人机已开始多地配送订单。

目前，京东正致力于加快完善无人机 360°自主避障、智能航线规划，并对自主装卸货起降平台、飞行平台安全性和稳定性进行技术上的提升和改造，同时简化运营流程，让无人机与京东物流系统实现无缝对接，全面提升物流配送效率。

(资料来源：中国新闻网，http://www.chinanews.com/it/2016/11-11/8059885.shtml，2016 年 11 月 11 日)

阅读材料 2-8　亚马逊要在万米高空建仓库

亚马逊一份提交审核的专利文件被曝光，显示亚马逊设想使用无人机通过一个“空中仓库”实现规模化运作。目前这项专利已被美国专利商标局通过。

亚马逊这个计划的名称为 airborne fulfillment centers(AFC)，其形状如一个大飞艇，将浮动在大约 13 000 千米以上的高空。其可以存储一定量的物品，通过无人机可实现预定运送或者随叫随送。即客户下订单时，无人机或无人驾驶飞行器(UAV)将飞行并发送包裹。亚马逊认为这将需要很少的电力，因为无人机将滑翔而不是起飞和降落。专利申请中说明：“当 UAV 离开 AFC 时，除了将 UAV 引导到其输送目的地和/或在 UAV 下降时稳定 UAV 之外，它可以使用很少或没有功率从 AFC 的高海拔下降。”

亚马逊的文件揭示了空中仓库的几个用途。其中引用的一个实例是体育盛会。如果下面正在进行一场冠军争夺赛，飘在上空的亚马逊 AFC 可以装满零食和球队纪念品。文件也提到，AFC 可以飞到体育场附近，在各种盛会的时候播放音频或者展示巨大的室外广告牌。专利展示了帮助空中运输的复杂网络系统。

除了空中仓库和附属无人机，亚马逊还展示了可以在 AFC 和地面之间来回运送人员、燃料，物资和无人机的摆梭装置。无人机也可以在空中仓库飞艇上充电。文件也揭示了摆梭装置和无人机可以形成网格网络，在不同的高度给彼此传递天气、风速、路线数据等。当然，所有这些组件可以用存货管理系统和其他的软件以及远程计算连接起来，人在空中或地面对其进行管理。

目前，亚马逊已在英国成功进行了首次商业无人机递送服务。亚马逊表示，将在天气许可的情况下每周七天在日间进行无人机递送，每次运送的包裹重量不得超过 2.27 千克。该公司一位发言人表示，目前亚马逊网站上出售的 87%的商品重量低于 2.27 千克。

(资料来源：科技联播网，http://lianbo.qinbaol.com/zixun/dongtai/4980.html，2016-12-31)

2.5.2 管道运输设备

1. 管道运输设备概述

管道运输是一种以管道输送货物的方法，而货物通常是液体和气体。有时候，气动管也可以做类似工作，将压缩气体输入固体舱，而内里装着货物。管道运输石油产品比水运费用高，但仍然比铁路运输便宜。大部分管道都是被其所有者用来运输自有产品。就液体与气体而言，凡是在化学上稳定的物质都可以用管道运送。因此，废水、泥浆、水甚至啤酒都可以用管道传送。另外，管道对于运送石油与天然气也十分重要——有关公司多数会定期检查其管道，并用管道检测仪做清洁工作。

目前，各国主要利用管道进行国内和国际的流体燃料运输，有不少国家在国内已建成油、气管道网。大型国际管道已横跨北美、北欧、东欧乃至跨越地中海连接欧非两大陆。年输送原油量亿吨以上和天然气百亿立方米以上的管道相继建成，对加速流体燃料运输起着重要作用。

管道运输是原油和成品油运输的重要方式，其所占货物周转量比例越来越大。2016年中国管道货物运输量为7亿吨，同比增长5.3%。到“十三五”末，中国长输油气管道的总里程将超过16万千米。

天然气的长距离运输目前只有两种方法：一是管道运输，二是将天然气液化后用油轮运输。其中管道运输占绝对优势。

2. 管道运输的优缺点

(1) 管道运输的优点

① 运量大，劳动生产率高。一条管径为720毫米的管道年输原油量约2000万吨，相当于一条铁路的全部运量；一条管径为1220毫米的管道年输原油量可达1亿吨以上，而每100千米管道的操作人员仅为铁路运输的一半，为公路汽车运输的1/9。

② 运费低、能耗少。据国外资料统计，管输成本约为铁路输送成本的22%。在美国，长输管输油的能耗约为铁路运输的1/12～1/7。由于我国管道工程尚处发展阶段，优势未能充分发挥，在降低运输成本方面还有提高的空间。

③ 投资省，占地少。管道大部分埋设于地下，占地少，受地形地物的限制少，一般不需绕行，可以缩短运输距离，占地只有铁路的1/9。

④ 较安全、可靠，对环境污染小。管道由于深埋地下、密闭输送，能够长期、连续、稳定运行，不受气候和其他交通事故的影响，油气损耗小，无噪音，对环境污染小。

⑤ 易于全面实现自动化管理。易于实现远程集中监控，便于管理。现代化管道运输系统的自动化程度很高，劳动生产率高。

⑥ 管道运输建设周期短、费用低，投资与施工周期仅为铁路的一半以下。

(2) 管道运输的缺点

① 灵活性较差，承运的货物比较单一，一般只适用于定点、量大的流体单向运输。管道运输不如其他运输方式(如汽车运输)灵活，除承运的货物比较单一外，它也无法随便扩展管线。对一般用户来说，要实现“门到门”的运输服务，管道运输常常要与铁路运输或汽车运输、水路运输配合才能完成全程输送。此外，运输量明显不足时，运输成本会显著增大。

② 经济输量范围小，如直径 1020 毫米的管道最佳输送量为 4 200 万吨，增加或减少输送量均会使成本增加。

③ 管道输送量的极限受泵的能力、加压站间距、管道强度及直径等限制，临时增减输送量较为困难，且不能停输、反输。

④ 管道运输起输量高，导致油田开发初期因产量低而难于采用管道输送。

本章小结

本章首先介绍了物流运输设备的发展现状，分别详细介绍了公路、铁路、水路、航空、管道运输的基本概念和特点，以及各种常见的运输设备。学习时应该结合 5 种运输方式的特点，系统掌握物流运输设备的功能。

思考题

1. 简述公路运输的特点。
2. 铁路车辆有哪些？
3. 常见的水路运输设备有哪些？
4. 管道运输的优缺点是什么？
5. 航空运输的优点是什么？
6. 无人机的应用于物流面临哪几个问题？

第3章 物流装卸搬运设备

学习目标

通过本章的学习，应该掌握物流装卸搬运的基本概念、特点和各种典型设备，如叉车、轻型装卸搬运设备、起重设备、连续输送机械。

核心要点

- 物流装卸搬运的概念、特点及分类。
- 各种物流装卸搬运设备的特点、类型。

在物流过程中，装卸搬运活动是需要反复进行的，它出现的频率明显高于其他物流活动，而且每次装卸搬运活动都要花费较长的时间，所以往往成为决定物流速度的关键。据统计，火车货物运输以 500 千米为分界点，运输距离超过 500 千米时，运输在途时间多于起止的装卸时间；运输距离小于 500 千米时，装卸时间则超过了实际运输时间。例如，美国与日本之间的远洋船运输，往返需要 25 天，其中运输时间 13 天，装卸时间就需要 12 天。

装卸搬运活动所消耗的人力也很多，所以装卸搬运费用在物流成本中所占的比重也较高。以我国为例，在铁路运输的始发和到达过程中，装卸搬运作业费用大致占运输费用的 20%左右，船运则占到 40%左右。因此，要想降低物流费用，装卸搬运是个重要环节。

但是，在装卸搬运操作过程中需要接触到货物，这是物流过程中造成货物破损、散失、损耗、混合等损失的最主要的环节。例如，袋装水泥纸袋破损主要发生在装卸搬运过程中，玻璃、机械、器皿、煤炭等产品也最容易在装卸搬运时造成损失。

由此可见，装卸搬运活动是影响物流效率、决定物流技术经济效果的重要环节。

3.1 物流装卸搬运概述

3.1.1 物流装卸搬运的概念

物流装卸搬运是指在一定的区域内(通常指某一个物流结点，如车站、码头、仓库等)，以改变物品的存放状态和位置为主要内容的活动。它是伴随输送和保管而产生的物流活动，是对运输、保管、包装、流通加工、配送等物流活动进行衔接的中间环节。在某些特定场合，单独称“装卸”或“搬运”，同样也包含了“装卸搬运”的完整含义。

在实际操作过程中，装卸与搬运密不可分，两者是伴随发生的。因此，在物流科学中不强调两者之间的差别，而是把两者作为同一种活动。

物流装卸搬运设备机械化、自动化发展迅速，这对于加强现代化物流发展具有非常重要的作用。其作用具体体现在以下几个方面。

(1) 节约劳动力，改善装卸搬运工人的劳动条件。

(2) 提高装卸搬运效率，缩短作业时间，加速车辆周转，加快货物的送达和发出。

(3) 降低装卸搬运作业成本。

(4) 采用机械化作业，加速货位周转，减少货物堆码的场地面积，提高货位利用率。

3.1.2　物流装卸搬运的特点

为了更好地组织装卸搬运操作活动，首先应充分理解装卸搬运的特点，其特点主要表现在以下几个方面。

1. 装卸搬运是衔接性的活动

物流过程中每一项活动都要发生装卸搬运，但是这项由始至终存在于物流整个流程中的环节往往得不到重视，被认为是附属于其他物流活动的一部分。因此，装卸搬运成为整个物流活动的“瓶颈”，是物流各功能之间能否形成有机联系和紧密衔接的关键。

2. 装卸搬运作业量大

根据我国对生产物流的统计，机械工厂每生产 1 吨成品，需进行 252 吨次的装卸搬运，其成本为加工成本的 15.5%。

3. 装卸搬运方式复杂

货物品种繁多，尤其是各种货物的性质、形态、重量、体积、包装各不相同，因此，每种货物的装卸搬运方法都不一样。在设施较为齐全的场所，可采用自动化装卸搬运，而在技术比较落后的区域，要用机械或者人工来装卸搬运。

4. 对装卸搬运的安全性要求很高

装卸搬运作业工作量大，工人的劳动强度大，情况变化复杂，人员素质高低不同，导致装卸搬运过程中可能会发生意外事故，造成很大的损失。因此，要更加重视装卸搬运的安全作业，现场工作人员要提高安全意识，定期检查、维护设备，针对不同的货物采取相应的搬运方法，不同环境的场地要采取安全、稳妥的方式操作。

3.1.3 物流装卸搬运设备的分类

装卸搬运的货物来源广、种类多、外形和性质各不相同，比如箱装货物、袋装货物、桶装货物、散货等。因此，对装卸搬运设备的专业化、多样化、适应性等要求就越来越高。为了更好地满足各种货物的装卸搬运要求，就要设计出各式各样的装卸搬运设备，在此，对其进行分类，以便管理和运用。

1. 按主要用途划分

按主要用途划分，装卸搬运设备可以分为：

(1) 起重设备。

(2) 连续输送机械。

(3) 专用装卸搬运设备，也就是带有专用取物装置的设备。例如，集装箱专用装卸搬运设备、托盘专用装卸搬运设备、船舶装卸搬运设备。

(4) 装卸搬运车辆。

2. 按装卸搬运货物的类别划分

按装卸搬运货物的类别来划分，装卸搬运设备可以分为：

(1) 集装箱货物装卸搬运设备。小吨级(1吨)集装箱一般选用叉车作业。大吨级(5吨及以上)集装箱采用龙门起重机或旋转起重机进行装卸搬运作业，同时还可以使用叉车、集装箱牵引车、集装箱搬运车等。

(2) 件包装货物装卸搬运设备。件包装货物一般采用叉车进行装卸搬运作业，同时使用托盘辅助作业。

(3) 散货装卸搬运设备。散货一般采用装卸机、输送机等进行装卸搬运。

(4) 特殊形体货物装卸搬运设备。例如，长大货物一般采用轨行式起重机和自行式起重机进行装卸搬运作业。

3.2 叉车

3.2.1 叉车的概念

叉式装卸车简称叉车，又名铲车，是指用货叉或其他工作装置自行装卸货物的起升车辆，属于物料搬运机械。

叉车起源于20世纪初，在“二战”之后开始被广泛使用。现在，叉车已经逐渐向系列化、专业化方向发展。日本、美国的产量最高，欧洲其次。

叉车在装卸搬运机械中应用最为广泛，一般应用于车站、港口、机场、工厂、仓库等场所，是机械化装卸、堆垛和短距离运输的高效设备。叉车不仅可以将货物进行垂直堆码，而且可以将货物进行水平运输。

叉车的主要技术参数是额定载重量和最大起升高度。叉车不但工效高，而且换装方便，近年来发展较快，已广泛采用的可换装的工作装置有 30 多种。例如，换装侧夹装置可搬运油桶、捆包；换装串杆装置可搬运钢卷、水泥管；换装起重臂、吊钩可吊装各种重物；换装铲斗可装卸搬运散料等。叉车机动灵活，适应性好，作业效率高，应用叉车可实现装卸搬运作业的机械化，减少货物破损，提高仓库容积的利用率和作业安全程度，故而被广泛采用。

3.2.2　叉车的特点

在物流装卸搬运作业过程中，叉车在港口和其他起重运输机械一样，能够减轻装卸搬运工人的劳动强度，提高装卸搬运效率，缩短船舶与车辆在港停留时间，降低成本。不仅如此，叉车还具有以下特点。

(1) 机械化程度高。叉车是装卸搬运一体化的设备，取物方便，能够有效提高效率，减少工人的体力劳动。

(2) 通用性好。在物流的各个领域叉车都有所应用，比如港口码头、火车站、汽车站场都要使用叉车进行装卸搬运作业，与此同时，辅以托盘一起使用，还能大大提高作业效率。

(3) 机动灵活性好。叉车的外形体积小、重量轻，能够非常灵活地穿梭于作业区域内，而且很多情况下无法使用其他起重运输机械时，叉车仍可以任意调度。

(4) 能够提高仓库容积的利用率，叉车的堆码高度可以达到 3～5 米。

(5) 有利于开展托盘成组运输和集装箱运输。

(6) 节约劳动力。

3.2.3　叉车的类型

叉车按其动力装置不同，可以分为电瓶叉车和内燃叉车；按其结构和用途不同，可以分为平衡重式、插腿式、前移式、侧面式、跨车以及其他特种叉车等。

1. 平衡重式叉车

平衡重式叉车(见图 3-1)，用内燃机或电池作为动力，是叉车中应用最广泛的形式，大约占叉车总数的 4/5。其特点是车体本身较重、依靠自身重量与货叉上的货物重量相平衡，防止叉车装货后向前倾翻。为了保持叉车的纵向稳定性，在车体尾部配有平衡量。这种叉车操作简单、机动性好、效率高。

图 3-1 平衡重式叉车

2. 插腿式叉车

插腿式叉车(见图 3-2)的特点是叉车前方带有小轮子的支腿能与货叉一起伸入货板叉货，然后由货叉提升货物。由于货物中心位于前后车轮所包围的底面积之内，叉车的稳定性好。插腿式叉车一般采用蓄电池作能源，起重量在 2 吨以下。

3. 前移式叉车

前移式叉车(见图 3-3)的货叉可沿叉车纵向前后移动。取货、卸货时，货叉伸出，叉货后带货移动时，货叉退回到接近车体的位置，因此叉车行驶时的稳定性好。

前移式叉车一般以蓄电池作动力，起重量在 3 吨以下。前移式叉车的车身小，重量轻，转弯半径小，机动性好，不需要专门在货堆之间留出空处，前轮可以做得很大。由于其运行速度很慢，因此主要在室内和狭窄的通道内进行装卸搬运作业。

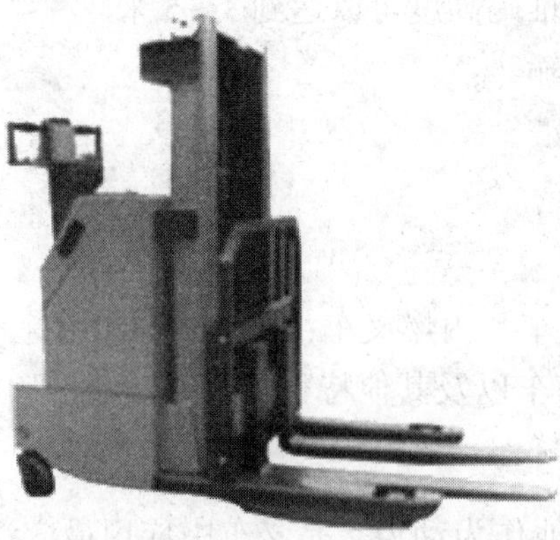

图 3-2 插腿式叉车

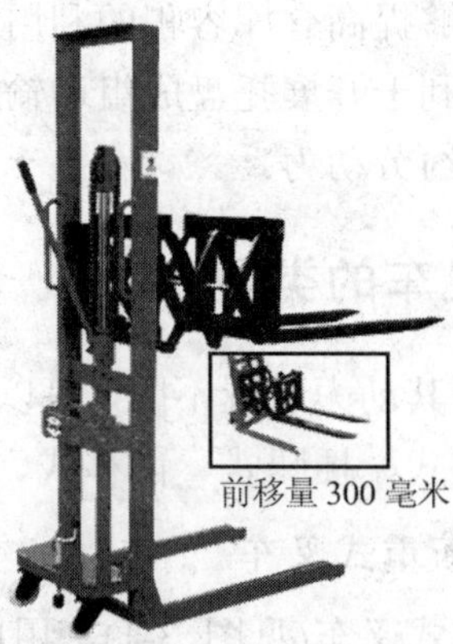

图 3-3 前移式手动叉车

4. 侧面式叉车

侧面式叉车(见图 3-4)的门架和货叉分布在车体的侧面，侧面还有一个货物台。当货叉取货物时，货叉沿门架上升到大于货物台的高度后，门架沿导轨缩回，降下货叉，货物便放在叉车的货物台上。侧面式叉车主要用于搬运长、大件货物，且多以柴油机驱动，最大起重量为 40 吨。

5. 跨车

跨车即跨运车(见图 3-5)，是由门形车架和带抱叉的提升架组成的搬运机械。一般以内燃机驱动，起重量在 10～50 吨。在作业时，门形车架跨在货物上由抱叉托起货物，进行搬运和码垛。在港口，跨车可用来搬运和堆码钢材、木材和集装箱等。

跨车起重量大，运行速度较快，装卸快，甚至可以做到不停车装载，但跨车本身重量集中在上部，重心高，空车行走时稳定性较差，要求有良好的地面条件。

图 3-4　侧面式叉车

图 3-5　跨车

6. 其他叉车

除了上述介绍的几种叉车外，还有低位拣选叉车、高位拣选叉车、固定平台搬运车、集装箱叉车等，如图 3-6～3-10 所示。

图 3-6　低位拣选叉车

图 3-7　高位拣选叉车

图 3-8　固定平台搬运车

图 3-9　集装箱叉车

图 3-10　集装箱叉车工作示意图

3.3　轻型装卸搬运设备

3.3.1　手推车

手推车轻便灵活，广泛用于物流中心、配送中心、工厂、仓库、商场、超市、机场等。手推车是一种以人力为主，在路面上水平运输货物的小型搬运车辆。由于大多数手推车没有垂直提升能力，因此承载能力一般低于 0.5 吨。

因为输送货物的种类、性质、形状、重量等不同，手推车的样式也不相同(见图 3-11)。选择手推车时应该考虑货物的形状和性质。当需要搬运的货物品种很多时，应考虑采用通用性的手推车，否则需选用专用性的手推车。

(a) 嵌板手推车

(b) 平台手推车

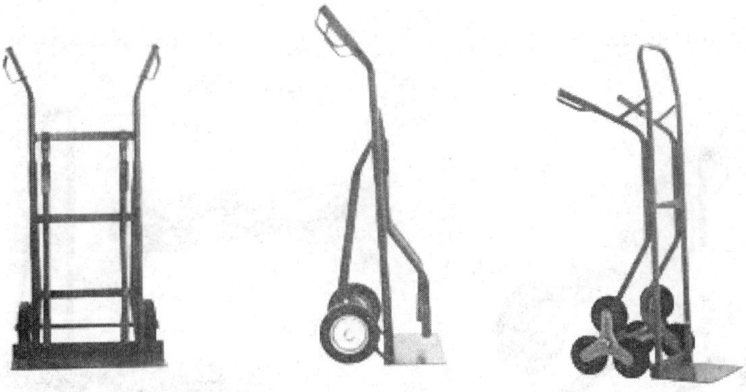

(c) 手推车

图 3-11　不同样式的手推车

3.3.2　手动搬运车

手动搬运车(见图 3-12)是一种小型的搬运设备。它有像两个货叉似的叉腿，搬运货物时，可以直接插入托盘底部，而且能够承载“C”形截面货叉，强度更高，更加持久、耐用，货叉的最大载重为 3 吨。这种手动托盘搬运车被广泛应用于仓库、商场、码头或工厂各工序间不需要堆垛的搬运作业。

(a) 手动搬运车

(b) 快速升起搬运车

(c) 电子秤搬运车

(d) 电动搬运车

(e) 剪式搬运车

(f) 户外搬运车

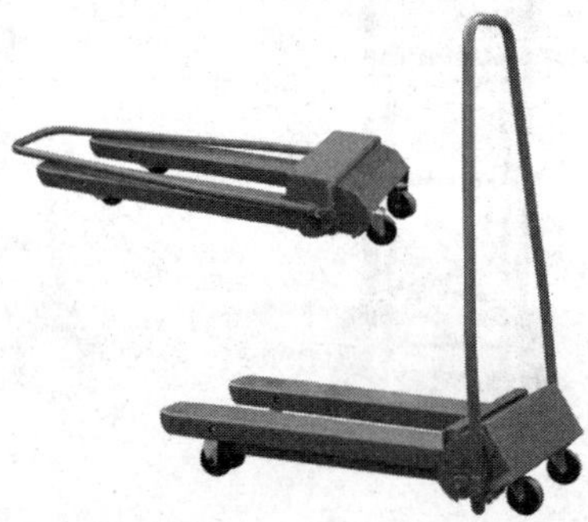

(g) 机械搬运车

图 3-12 不同样式的手动搬运车

3.3.3 堆高车

目前，堆高车(见图 3-13)设备的发展非常迅速，除了最常见的手动堆高车外，还有半自动堆高车、全自动堆高车和前移式堆高车。手动堆高车是利用人力推拉运行的简易式叉车，这种装卸搬运设备主要用于工厂车间和仓库内部，装卸效率不高但需要堆垛的场合。

(a) 手动堆高车

(b) 半自动堆高车

(c) 全自动堆高车

(d) 前移式堆高车

图 3-13　堆高车

3.3.4　牵引车和平板车

牵引车(见图 3-14)和平板车(见图 3-15)都是港口件货水平运输的主要工具。牵引车拖带载货平板车进行水平运输，一般都有内燃机驱动，基本构造与汽车相似，不同之处是牵引车结构紧凑、外形小巧，主要在狭窄场所工作。

平板车有载货平台，自身无法运动，需要用牵引车拖带。通常几辆平板车由一辆牵引车拖带进行搬运工作。

图 3-14 牵引车

图 3-15 平板车

3.3.5 自动导引搬运车

自动导引搬运车(automated guided vehicle，AGV)，如图 3-16 所示，又称自动导向车，是采用自动或人工方式装载货物，按设定的路线自动行驶或牵引着载货台车至指定地点，再用自动或人工方式装卸货物的工业车辆。

图 3-16 自动导引搬运车

按日本 JISD 6801 的定义，AGV 是以电池为动力源的一种自动操纵行驶的工业车辆。自动导引车只有按物料搬运作业自动化、柔性化和准时化的要求，与自动导引系统、自动装卸系统、通信系统、安全系统和管理系统等构成自动导引车系统(AGVS)才能真正发挥作用。

根据美国物流协会定义，AGV 是指装备有电磁或光学导引装置，能够按照规定的导引路线行驶，具有小车运行、停车装置、安全保护装置以及各种移载功能的运输小车。

我国国家标准《物流术语》中对 AGV 的定义为：能够自动行驶到指定地点的无轨搬运车辆。对 AGVS 的定义为：一种使车辆按照给定的路线自动运行到指定场所，完成物料搬运作业的系统。

1. 自动导引车系统的特点

(1) 机电一体化。

(2) 自动化。

(3) 柔性化。

(4) 准时化。

2. 自动导引搬运车的分类

按照导引原理的不同，AGV 可以分为外导式和自导式两大类。

(1) 外导式(固定路径导引)：是在运行路线上设置导向信息媒介，如导线、色带等，车上的导向传感器检测并接收到导向信息(如频率、磁场强度、光强度等)，再将此信息实时处理后用以控制车辆沿运行线路正确运行。

(2) 自导式(自由路径导引)：采用坐标定位原理，即在车上预先设定运行作业路线的坐标信息，并在车辆运行时，实时地检测出实际的车辆位置坐标，再将两者比较、判断后控制车辆导向运行。

计算机硬件技术、并行与分布式处理技术、自动控制技术、传感器技术以及软件开发环境的不断发展，为 AGV 的研究与应用提供了必要的技术基础。人工智能技术的发展，使 AGV 向智能化和自主化方向发展，如理解与搜索、任务与路径规划、模糊与神经网络控制技术。AGV 的研究与开发集人工智能、信息处理、图像处理为一体，涉及计算机、自动控制、信息通信、机械设计和电子技术等多个学科，成为物流自动化研究的热点之一。

阅读材料 3-1　新松公司参与制定的自动导引车(AGV)国家标准正式发布

近日，由中国科学院沈阳自动化研究所持股公司——沈阳新松机器人自动化股份有限公司(以下简称新松公司)作为主要起草单位，参与制定的“GB/T 30029—2013 自动导引车(AGV)设计通则”以及“GB/T 30030—2013 自动导引车(AGV)术语”中华人民共和国国家标准正式发布，这两项国家标准已于2014年3月1日正式实施。

AGV是自动导引车统称，隶属移动机器人范畴。AGV作为自动、智能移动的载体，是物流自动化领域不可或缺的，越来越广泛的行业会选择AGV同其他物流设备结合，形成一个完整的物流智能系统。

新松公司早在20世纪70年代末就对AGV进行基础性研究，1991年为沈阳华晨金杯汽车公司研制应用了基于AGV的底盘合装系统。2007年拥有自主产权的AGV出口到美国、加拿大、俄罗斯、韩国、印度等国外市场，开创国产机器人出口的先河。经过20多年的发展、研究与创新，新松公司AGV产品已走上产业化发展的道路，先后开发出磁导航、激光导航、惯性导航及非接触式供电等AGV产品，设计开发出叉车式搬运型、汽车合装型、推挽移载型、重载运输型、智能巡检型等类型产品。截至目前，新松AGV已成功应用于汽车制造、电力计量、烟草、图书出版、机械加工等众多行业。总体看来，AGV的市场空间还很大，随着国内劳动力成本提高，国内企业出于管理方面考虑对信息化、自动化水平的高要求等因素，AGV需求将会逐渐提高。

参与制定自动导引车相关国家标准是体现新松公司AGV产品行业技术地位以及市场地位的又一力证。截至目前，新松公司已参与制定了5项国家及行业标准。此次自动导引车国家标准的制定，有效地规范了产品生产，行业产品质量将显著提升，对指导行业企业和谐有序发展、推动可持续发展将起到积极作用。

(资料来源：中国科学院，http://www.cas.cn/ky/kyjz/201403/t20140317_4054887.shtml 2014-03-18)

3.4 起重机械

3.4.1 起重机械的概念和分类

在物流作业中，常用的起重机械是一种周期性循环、间歇运动的机械，用来垂直升降货物或兼作货物的水平运动，以满足货物的装卸、转载等作业要求。起重机械是现代企业实现物流作业机械化、自动化，改善物料装卸搬运条件，减轻工人劳动强度，提高装卸搬运效率不可缺少的重要机械设备，在各个领域如港口、仓库、车站等被广泛运用。

起重机械按功能和结构特点可以划分为三类。

(1) 轻小型起重设备。其具有轻巧方便、结构紧凑、作业动作简单、作业范围较小的特点。

(2) 起重机。其具有将挂牵在起重吊钩或其他取物装置上的重物实现垂直升降和水平移运的特点。

(3) 升降机。其特点是重物或取物装置只能沿导轨升降。

3.4.2　典型起重机械

1. 门式和桥式起重机

门式起重机(见图 3-17)和桥式起重机(见图 3-18)是搬运长、大、笨重货物的主要装卸机械。因此，它们在露天货场、料场、集装箱码头和仓库等场所比较常见。

图 3-17　门式起重机

图 3-18　桥式起重机

2. 悬臂式起重机

悬臂式起重机(见图 3-19)主要利用臂架的边幅绕垂直轴线回转配合升降货物，动作比较灵活。

图 3-19 悬臂式起重机

3.4.3 升降机

升降机是一种多功能起重装卸机械设备，能够垂直运送人或物，使载人或载物的起重平台自一个高度升至另一个高度，常用在车站、码头、机场、工厂和仓库等地。一般采用液压驱动，故称液压升降台。升降台自由升降的特点目前已经广泛运用于市政维修，码头、物流中心货物运输，建筑装潢等。常用的升降机有以下几种。

1. 固定式升降机

固定式升降机(见图 3-20)是适用范围较广的货物举升设备。主要有以下用途：在有高度差的生产流水线之间运送货物；物料上线、下线；工件装配时调节工件高度；高处给料机送料；大型设备装配时举升部件；大型机床上料、下料；在仓储装卸场所与叉车等搬运车辆配套进行货物快速装卸等。固定式液压升降机升起后不得移动。

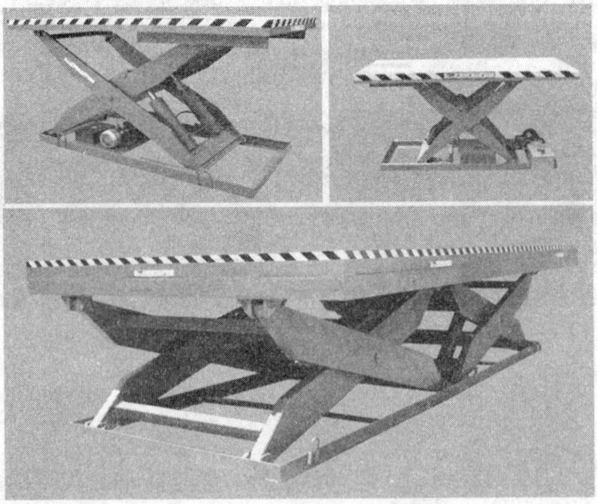

图 3-20 固定式升降机

2. 移动式升降机

移动式升降机能够在不同的高度快速、慢速行走，可以在空中的操作平台连续完成上下、前进、后退、转向等工作。

移动式升降机产品种类很多，大致可分为牵引式、自行式、手推式等。

牵引式升降机的代表产品有二轮牵引式和四轮牵引式，如图 3-21 和图 3-22 所示。牵引式升降机可利用拖车或柴油机做牵引动力进行移动并可做液压升降动力，该系列升降机具有移动灵活、升降平稳、载重量大、操作方便的特点。

图 3-21　二轮移动式液压升降平台

图 3-22　四轮移动式液压升降平台

自行式升降机(见图 3-23 和图 3-24)可选用三相电源或电瓶控制行走，也可以在不外接电源的情况下，手柄控制行走。自行式升降机速度可调，移动灵活、操作方便、升降自如。其主要特点就是使用人员不需要下升降台。

图 3-23　曲臂自行式高空作业平台

图 3-24　自行式液压升降机

手推式升降机属于中小型机械，可采用二相、三相、电瓶或柴油机作为移动和升降动力，特殊场所也可选用防爆电机、电器等。该液压升降机的控制方式为电动上、下控制升降，手、电两用器控制，在停电时仍可使用，方便灵活，安全可靠，如图 3-25 所示。

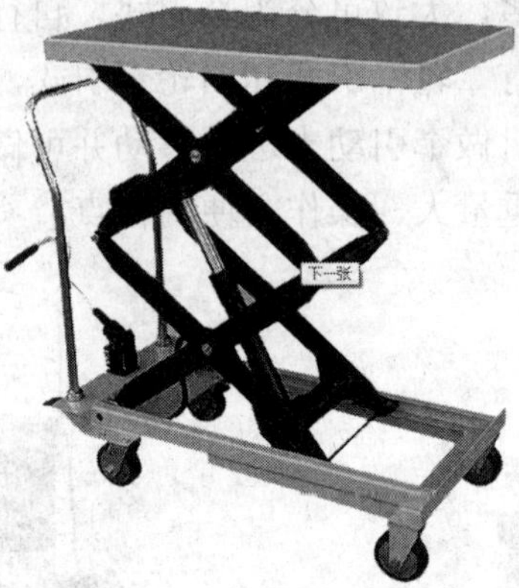

图 3-25　手推式液压升降机

3. 车载式升降机

车载式升降机是为提高升降机的机动性，将升降机固定在电瓶搬运车或货车上，它可以选配汽车引擎动力或蓄电池动力，实现车载式升降机的升降功能，以适应厂区内外的高空作业。图 3-26 和图 3-27 分别为电瓶车式升降台和车载式升降台。

图 3-26　电瓶车式升降台

图 3-27　车载式升降台

4. 剪叉式升降机

剪叉式升降机(如图 3-28 所示)是用途广泛的高空作业专用设备。它的剪叉机械结构，使升降台起升有较高的稳定性，宽大的作业平台和较高的承载能力，使高空作业范围更大、并适合多人同时作业。它使高空作业效率更高，安全更有保障。

固定式升降台(双叉)　　固定式升降台(单叉)

图 3-28　剪叉式升降机

5. 曲臂式升降机

曲臂式升降机(见图 3-29)是用于高空作业的升降设备，具有伸缩臂，能悬伸作业，可跨越障碍进行高空作业，平台升降到任何位置时，均可边行走边作业，结构紧凑，转向灵活，可 360 度旋转，平台载重量大并可搭载一定的设备。

图 3-29　曲臂式升降机

6. 套缸式升降机

套缸式升降机(见图 3-30)由伸缩油缸直接顶升，当启动电机时，由电机带动齿轮泵供油，油液经单向阀及电磁通道输入油缸，伸缩油缸则逐节上升。当平台升到最大高度时系统压力也就达到了额定工作压力，平台便停留在最大的工作位置。平台可根据现场的作业高度在最大高度以下任意位置停留。平台下降靠自重将油液经电磁阀换向阀压入油箱。

套缸式升降机分为移动式、固定式、车载式。

图 3-30　套缸式升降机

3.5　连续输送机械

3.5.1　连续输送机械的特点及分类

连续输送机械是沿给定线路连续输送散粒物料或成件物品的机械，可以分为有挠性牵引构件(如胶带、链条)和无挠性牵引构件两类。

连续输送机械与间歇动作的起重机械相比，其特点是可以沿一定的路线不停地连续输送货物，装载和卸载都是在运动过程中完成的，不需要停车，启动、制动少。连续输送机械输送的货物一般是散货，这些货物以连续的形式分布在承载部件上，被输送的成件货物也同样按一定的次序以连续的方式运送。

采用连续输送机械可以加快货物的输送速度，提高生产率。而且这种设备自重小、外形尺寸小、成本低、功率小、结构紧凑，便于维修保养，易于实现自动化控制，工作过程中受载均匀。

连续输送机械也存在着某些缺陷，例如，只能按照一定的路线输送，每种机型只能用于一定类型的货物，而且不适合运输较重的货物，大多数连续输送设备不能自行取货，需要采用一定的供料设备。

目前，连续输送设备在现代化物流搬运系统中被大量使用，尤其是在自动化立体仓库、物流配送中心、大型货场等场所，是必不可少的机械。

3.5.2　典型输送机械

在现代化的物流装卸搬运系统中，典型的输送机械主要有带式输送机、链式输送机、斗式提升机、辊道式输送机、螺旋式输送机等。

1. 带式输送机

带式输送机(见图 3-31)是一种摩擦驱动以连续方式运输物料的机械。采用这种设备，可以将物料从最初的供料点沿着一定的输送线输送到最终的卸料点，并形成一种物料的输送流程。它既可以进行碎散物料的输送，也可以进行成件物品的输送。除进行纯粹的物料输送外，还可以与各工业企业生产流程中的工艺要求相配合，形成有节奏的流水作业运输线。因此，带式输送机广泛应用于各种现代化的工业企业中。

普通带式堆垛机的输送长度受输送本身强度和运动稳定性的限制。输送距离越长，驱动力越大，输送带所承受的张力就越大，对输送带本身的强度要求就越高。

图 3-31　带式输送机

2. 链式输送机

链式输送机(见图 3-32)的特点是：用绕过若干链轮的无端链条作牵引构件，由驱动链轮通过轮齿与链结的啮合将圆周牵引力传递给链条，在链条上输送货物。

图 3-32　链式输送机

3. 斗式提升机

斗式提升机(见图 3-33)属于输送机的一种。其特点是在垂直或接近垂直的方向上连续提升粉粒物料。斗式提升机的优点是结构紧凑、横向尺寸小、占地面积小，不扬灰尘，利于环境保护。斗式提升机的生产率一般小于 600 吨/小时，提升高度受牵引构件强度的限制，一般在 80 米以下。近年来，由于夹钢绳芯胶带的发展，使得牵引构件的强度大大提高。国外有采用夹钢绳芯胶带做牵引构件并以小提升机对大提升机进行定量供料的例子，使得斗式提升机的生产率达到2000吨/小时，提升高度达到350米。

4. 辊道式输送机

辊道式输送机(见图 3-34)结构比较简单，是使用最为广泛的输送机械之一。它由一系列以一定间距排列的辊子组成，用于输送成件货物或托盘货物。每台辊子输送机由一台齿轮传动式电机驱动，在需要的地方设有电磁制动器。辊子的运动是借助一条带有防护的链条实现的。每一个单元均装在一个预制的框架上，此框架装在输送机系统的支持钢结构上。

运行控制由输送控制系统集中控制。辊道升降台是输送机系统的关键设备，主要作用是改变货物在输送机系统上的运行方向。辊道升降台有两个传动机构，移载机构与辊道输送机相同，升降机构采用电机减速机带动曲柄连杆机构实现升降过程。

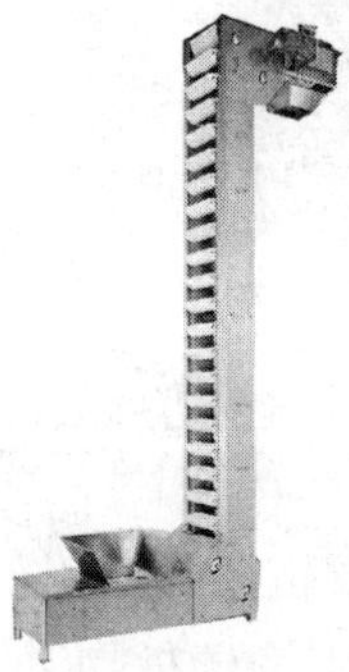

图 3-33　斗式提升机

图 3-34　辊道式输送机

5. 螺旋式输送机

螺旋式输送机(见图 3-35)体积小、重量轻、密封性好，工艺布置灵活，输送效率高，装拆移动方便。螺旋式输送机大都用于倾角输送，广泛适用于输送粉状、粒状及小块物料，不宜输送易结块、黏性大的物料。

图 3-35　螺旋式输送机

3.6　托盘码垛机器人

托盘码垛机器人(见图 3-36)是能将不同外形、尺寸的包装货物，整齐地、自动地码(或拆)在托盘上的机器人。为充分利用托盘的面积和保证码堆物料的稳定性，机器人具有物料码垛顺序、排列设定器。

机器人码垛机是机、电一体化高新技术产物，可按照要求的编组方式和层数，完成对料袋、胶块、箱体等各种产品的码垛。

机器人码垛工作站系统，包括工业机器人、控制器、编程器、机器人手爪、自动拆/叠盘机、托盘输送及定位设备和码垛模式软件。还可配置自动称重、贴标签和检测及通讯系统，并与生产控制系统相连接，形成一个完整的集成化包装生产线。

生产线末端码垛的简单工作站：该柔性码垛系统从输送线上下料并将工件码垛、加层垫等，紧跟着有一输送线将码好的托盘送走。

码垛/拆垛工作站：该柔性码垛系统可将三垛不同货物码成一垛，机器人还可抓取托盘和层垫，一垛码满后由输送线自动输出。

生产线中码垛：工件在输送线定位点被抓取并放到两个不同的托盘上，层垫也被机器人抓取。托盘和满垛通过线体自动输出或输入。

生产线末端码垛的复杂工作站：工件来自三条不同的线体，它们被抓取并放到三个不同的托盘上，层垫也被机器人抓取。托盘和满垛由线体上自动输出或输入。

机器人自动装箱、码垛工作站可应用于建材、家电、电子、化纤、汽车、食品等行业。

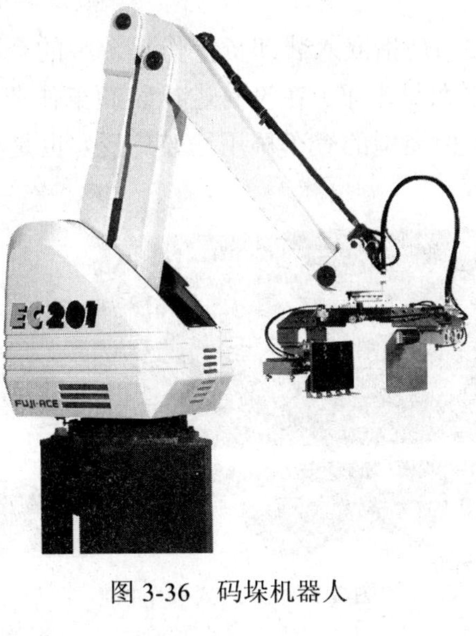

图 3-36　码垛机器人

3.7 登车桥

登车桥是实现货物快速装卸的专用辅助设备，它的高度调节功能使货车与库房的货台之间架起一座桥梁，叉车等搬运车辆通过它能直接驶入货车内部进行货物的批量装卸，仅需单人作业，即可实现货物的快速装卸。

3.7.1 固定式登车桥

固定式登车桥(见图 3-37)的主要作用是在货台与运输车辆之间搭起一座桥，使叉车便利地行驶达到装卸货的目的。该设备一端与货台等高，另一端为活动的，并可以搭在车厢后缘上，根据不同的车型及装车过程中车厢的变化，自动调整高度。固定式登车桥可以提高工作效率，节省劳动力，减轻劳动强度。

图 3-37 固定式登车桥

1. 嵌入式登车桥

嵌入式登车桥(见图 3-38)是指嵌入装卸货操作平台中的登车桥，安装好的登车桥主板面与装卸货操作平台的上平面呈水平。在没有进行装卸车作业时，嵌入式登车桥不会影响平台上的其他作业任务。此种类型的登车桥用途较广泛，也是相对最为快捷的一种登车辅助设备。

图 3-38 嵌入式登车桥

2. 台边式登车桥

台边式登车桥直接安装于装卸货平台前端边沿位置，无须在装卸货操作平台上开挖或是预留坑位，对建筑结构基本无改动。如果在建筑施工时没有考虑到登车装卸作业因素，台边式登车桥作为一种补救方案，同样能够达到进入卡车车厢装卸货作业的要求。台边式登车桥亦根据不同现场情况设计有多种结构形式，可以在一定范围内向上(货台以上)或是向下(货台以下)调节，能够满足大多数装卸货平台的安装使用。

3.7.2　移动式登车桥

移动式登车桥(见图 3-39)广泛用于无装卸设备的货台及流动装卸场所，是与叉车配合使用的货物装卸辅助设备。借助移动式登车桥，叉车能直接驶入汽车集装箱内部进行批量装卸作业。它可使企业减少大量劳动力，成倍提高装卸作业效率，加快货物流通速度，获取更大的经济效益。

图 3-39　移动式登车桥

本章小结

本章首先从物流作业效率、劳动力、成本的角度论述了物流装卸搬运设备的作用。然后介绍了物流装卸搬运的基本概念和特点，并对物流装卸搬运设备进行了分类。最后详细介绍了叉车、轻型装卸搬运设备、起重设备、连续输送机械的基本概念、特点和各种典型设备。

学习时，应该在了解物流装卸搬运设备分类情况的基础上，掌握物流装卸搬运的基本概念以及各种装卸搬运设备的特点。

思考题

1. 简述物流装卸搬运的概念和特点。
2. 物流装卸搬运设备的分类有哪些？
3. 叉车有哪些类型？
4. 简述连续输送机械的特点及分类。
5. 什么是自动导引搬运车？
6. 装卸时，如何使用登车桥？

第4章 物流仓储设备

学习目标

通过本章的学习，掌握仓库、货架的概念、作用和分类，理解自动化立体仓库的概念和优势，掌握堆垛机的概念，了解托盘、仓储笼、周转箱等常见的仓储辅助设备。

核心要点

- 仓库的概念、种类。
- 货架的定义、作用和分类。
- 自动化立体库的优势。
- 堆垛机的概念。
- 常见的仓储辅助设备。

4.1 物流仓储设备概述

仓储活动的基本功能包括物资的保管功能、调节物资的供需功能、实现物资的配送功能和节约物资的功能。仓储设备是指仓库进行生产和辅助生产作业以及保证仓库和作业安全所必需的各种机械设备和设施的总称。

物流仓储设备主要包括仓库以及与其相关的配套设备，如货架、托盘、立体化仓库、仓储笼、登高车、零件盒等。

仓储设备的主要特点如下。

(1) 在物流据点内工作，其作业场所比较固定，工作范围相对较小，运行线路比较固定。

(2) 安全性、节能性、环保性和经济性要求高。

(3) 机械化、自动化程度高。

(4) 专业化和标准化程度高。

4.2 仓库

仓库是供储存物品之用的建筑。仓库在我国的历史源远流长，《诗经》中已有记载。

4.2.1 仓库的定义和作用

1. 仓库的定义

简单来说，仓库是储藏、保管物品的场所的总称。

在我国，最初“仓”和“库”是两个概念，“仓”是指储藏粮食的地方，“库”是指储藏兵器的库房；后来人们将二者合一，凡是储存物品的场所均称为仓库。在日本，仓库被定义为“防止物品丢失、损伤的工作场地，或为防止物品丢失或损伤作业而提供的土地、水面等用于物品储藏保管的场所”。

在现代物流中，仓库是保管、储存物品的建筑物和场所的总称。仓库更多地考虑经营上的收益而不仅仅为了储存，其功能已经从单纯的物资存储保管，发展到具有担负物资的接收、分类、计量、包装、分拣、配送、存盘等多种功能。

仓库主要由储存物品的库房、运输传送设施(如吊车、电梯、滑梯等)、出入库房的输送管道和设备以及消防设施、管理用房等组成。

2. 仓库的作用

仓库在物流活动中发挥着不可替代的作用。

(1) 缩短供货时间。仓库可以设置在靠近目标顾客的位置，这样可以更好地防止顾客采购货物的短缺，缩短顾客预购货物的时间，为顾客提供满意的仓储服务。

(2) 调整供求。有的商品集中生产，却是持续消费，如粮食；有的商品是持续生产，却是集中消费，如皮装等季节性商品。诸如此类的商品都要靠仓库调节市场供求。

(3) 降低价格波动的风险。市场经济条件下的商品价格变化莫测，经常给商家或是生产企业带来价格风险，厂家和商家可以在他们认为价格合适的时候采购或是储备，在原材料价格上涨前或商品价格下降时大量储存，减少损失。

(4) 避免缺货损失。有时，某些商品的缺货会在经济和信誉上带来巨大的损失，其中有些损失是直接的，有些损失是间接的。为了对市场需求作出快速反应，企业必须保持一定的存货来避免缺货损失。另外，为了避免战争、灾荒等意外引起的缺货，国家也要储备一些生活物资、救灾物资及设备。

4.2.2　仓库的分类

仓库可以按不同的标志进行分类，以便对不同类型的仓库实行不同的管理。

1. 按仓库在社会再生产过程中所处位置不同分类

按仓库在社会再生产过程中所处位置的不同，可以把仓库分为生产领域仓库、流通领域仓库和储备型仓库。

① 生产领域仓库。包括原材料仓库，半成品、在制品和产成品仓库。

② 流通领域仓库。包括物流企业中转仓库和商业企业的自用仓库，主要用于商品的保管、分类、中转和配送。

③ 储备型仓库。这种类型的仓库以物资的长期保管或储备为目的，货物在库时间长，周转速度慢，如国家粮食储备库。

2. 按仓库的使用范围分类

根据使用范围的不同，仓库可以分为企业仓库、营业仓库和公用仓库。

① 企业仓库。指企业自己投资兴建，用于保管自己生产经营所需货物的仓库。

② 营业仓库。指面向社会提供仓储服务而修建的仓库。这类仓库以出租库房和仓储设备，提供装卸、包装、流通加工、送货等服务为经营目的，功能比较齐全，服务范围比较广，进出货频繁，吞吐量大，使用效率较高。

③ 公用仓库。指由国家或一个主管部门修建的，为社会物流业务服务的公用仓库，如车站货场仓库、港口码头仓库等。其特点是公共、公益性强，功能比较单一，仓库结构相对简单。

3. 按仓库保管的条件分类

根据保管条件的不同，可以把仓库分为普通仓库、恒温保温仓库、冷藏仓库、特种仓库和水面仓库。

① 普通仓库。设施一般，只能保管无特殊要求的货物。

② 恒温保湿仓库。这种库房始终能保持一定的温度和湿度。

③ 冷藏仓库。有冷冻设备使库房保持一定低温的仓库。

④ 特种仓库。用于存放有特殊要求，如易燃、易爆、有毒的货物。

⑤ 水面仓库。对圆木、竹排等能够在水面上漂浮的物品来说，它们可以储存在水面仓库。

4. 按仓库建筑的结构分类

根据建筑结构的不同，可以把仓库分为简仓、单层仓库、多层仓库、立体仓库、露天堆场和罐式仓库。

① 简仓。用于存放散装的小颗粒或粉末状货物的封闭式仓库，这种仓库一般被置于高架上，经常用来存储粮食、水泥和化肥等，如图4-1所示。

② 单层仓库。单层仓库构造较为简单，造价较低，一般只有一层，不设楼梯，有效高度不超过6米，适宜于人工操作，各项作业也较为方便简单，如图4-2所示。

图4-1 水泥厂简仓

图4-2 单层仓库

③ 多层仓库。多层仓库指两层及两层以上的仓库，它可以减少土地占用，使分摊的地价便宜，但进出库需要采用机械化或半机械化作业，日常装卸搬运费用比较高。图4-3所示为多层仓库图。

④ 立体仓库。立体仓库是当前经济发达国家较普遍采用的一种先进仓库，主要采用电子计算机进行管理和控制，实行机械化、自动化作业，如图4-4所示。

图4-3 多层仓库

图4-4 立体仓库

⑤ 露天堆场。露天堆场是在露天堆放货物的场所，一般堆放大宗原材料，或者不怕受潮的货物，如图4-5所示。

⑥ 罐式仓库。罐式仓库的构造特殊，或球形，或柱式，像一个大罐子，主要用于储存石油、天然气和液体化工产品等，如图 4-6 所示。

图 4-5　漏天堆场

图 4-6　罐式仓库

5. **按仓库所处的位置分类**

按仓库所处位置的不同，可以分为港口仓库、车站仓库、汽车终端仓库、工厂仓库和保税仓库。

① 港口仓库。是以船舶发到货物为储存对象的仓库，一般仓库地址选择在港口附近，以便进行船舶的装卸作业。

② 车站仓库。是以铁路运输发到货物为储存对象的仓库，通常在火车货运站附近建库。

③ 汽车终端仓库。是指在汽车货物运输的中转地点建设的仓库，为汽车运输提供方便。

④ 工厂仓库。是在企业内建设的仓库，如原材料仓库、产成品仓库、半成品仓库等。

⑤ 保税仓库。是存放保税货物的仓库。为满足国际贸易的需要，保税仓库设置在一国国土之上，但在海关关境之外。

4.3　货架

在仓储设备中，货架是指专门用于存放成件物品的保管设备，在物流及仓库中占有非常重要的地位。随着现代工业的迅猛发展，物流量大幅度增加，为实现仓库的现代化管理，改善仓库的功能，不仅要求货架的数量多，还要具有多种功能，并能实现机械化、自动化的要求。

4.3.1　货架的作用

货架在现代物流活动中起着相当重要的作用，仓库管理的现代化与货架的种类、功能有直接的关系。

货架的功能有以下几方面。

(1) 货架是一种架式结构物，可充分利用仓库空间，提高库容利用率，扩大仓库储存能力。

(2) 存入货架中的货物互不挤压，物资损耗小，可完整保证物资本身的功能，减少货物的损失。

(3) 货架中的货物存取方便，便于清点及计量，可做到先进先出。

(4) 货架可以采取防潮、防尘、防盗、防破坏等措施，以提高物资存储质量。

(5) 很多新型货架的结构及功能有利于实现仓库的机械化及自动化管理。

4.3.2 常见的货架

1. 轻量型货架

轻量型货架(见图 4-7)结构简单、外形美观、安装拆卸方便；层高以 50 毫米为节距任意调节，每层在均匀分布状态下最大承重可达 150 千克。轻型冲孔货架是一种通用性很强的结构系统，可广泛应用于组装轻型料架、工作台、工具车、悬挂系统、安全护网及支撑骨架。冲孔角钢的长度可按刻度快捷切割，可用螺丝任意组装、修正并重新安装，这样既可满足经过周密计划的使用需要，又可满足紧急使用的需要，广泛应用于超市、企业仓库。

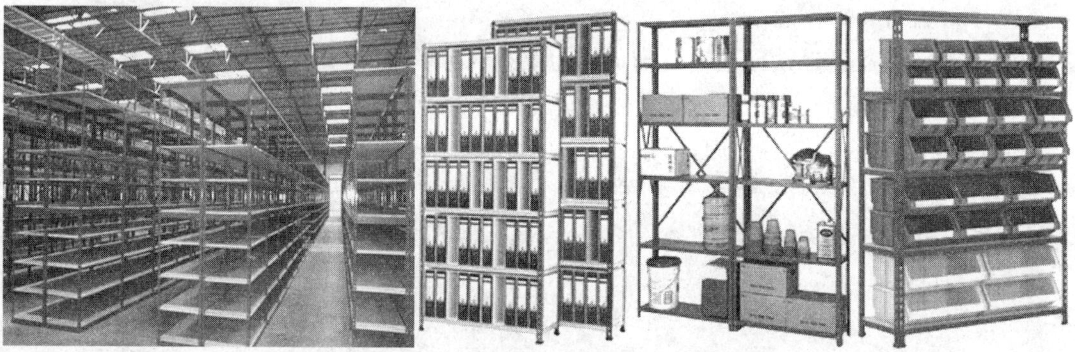

图 4-7 轻量型货架

2. 中量型货架

(1) 中量 A 型货架。中量 A 型货架(见图 4-8)为组合式结构，不用任何螺栓，外形美观，结构科学，安装拆卸方便；层高以 50 毫米为节距任意调节，每层在均匀分布状态下承重最大可达 400 千克。货架表面采用静电喷塑处理，防腐防锈、坚固耐用，广泛应用于超市、企业仓库及事业单位。

图 4-8 中量 A 型货架

(2) 中量 B 型货架。中量 B 型货架(见图 4-9)为插接组合式结构，采用柱片与横梁挂接使货架增加了坚固性和稳定性，安装拆卸方便；层高以 50 毫米为节距任意调节，每层在均匀分布状态下承重最大可达 800 千克；层板可选用钢板、木板、橡胶板等板料。

图 4-9 中量 B 型货架

3. 货位式货架

货位式货架(见图 4-10)又称横梁货架、托盘货架，采用插接组合装配式结构，优化型截面设计，承载能力强；配以各种型号的堆高设备，可实现货物的快捷存取；经过不同的变形和组合，可以适应多种物料的储存，是各行各业最常用的货物存储系统。

货位式货架的设计参数有：叉车的型号或参数；货物的重量及堆垛高度；托盘的规格及进叉方向；储库区的平面尺寸及可利用净高；货物进出库的物流走向及要求。

图 4-10　货位式货架

4. 阁楼式货架

阁楼式货架(见图 4-11)采用货架做楼面支撑，可设计成多楼层(通常 2～3 层)，并设有楼梯和货物提升电机等；适用于库房较高、货物轻小、人工存取、储货量大的情况。阁楼式货架可充分利用空间，节约库房面积，广泛应用于汽车、电子器材、机械零配件等物品。

5. 汽配库货架

汽配库货架(见图 4-12)又称 4S 店货架、配件库货架。依据汽车品牌特点、库房面积及要求，一般采用阁楼或中型货架。此外，根据一部分汽车配件的特殊形状及存放形式，设计了适合其储存的专用货架(如玻璃架、翼子板架、减震器架等)，外形美观。根据汽车 CI 标志要求，汽配库货架表面喷塑可配置不同色彩。

图 4-11　阁楼式货架

图 4-12　汽配库货架

6. 悬臂式货架

悬臂式货架(见图 4-13)具有结构轻巧、载重能力好、空间利用率高等特点。悬臂式货架使用专用型材立柱，配有高强度悬臂(悬臂可以为单面或双面)，并设计背拉增加稳定性。加了搁板后的悬臂式货架，特别适合空间小、高度低的库房，管理方便，视野宽阔，与普通搁板式货架相比，利用率更高。根据承载能力的不同，可以把悬臂式货架分为轻量型、中量型、重量型三种，适合长物料、板材、环型物料和不规则的货物存储。

图 4-13　悬臂式货架

7. 贯通式货架

贯通式货架(见图 4-14)又称通廊式货架、驶入式货架。叉车可直接进入货道内存储货物，适合批量大、品种少、储存密度大的货物存储；采用不同的设计方式，贯通式货架可实现货物先进后出和先进先出的管理。

图 4-14　贯通式货架

8. 抽屉式货架

抽屉式货架(见图 4-15)又称模具货架，主要用于存放各种模具物品；顶部可配置移动葫芦车(手拉或电动)，抽屉底部设有滚轮轨道，承载后依然能用很小的力自如地拉动。抽屉式货架附加定位保险装置，安全可靠。抽屉式货架根据承载能力可分为轻量型、重量型两种。

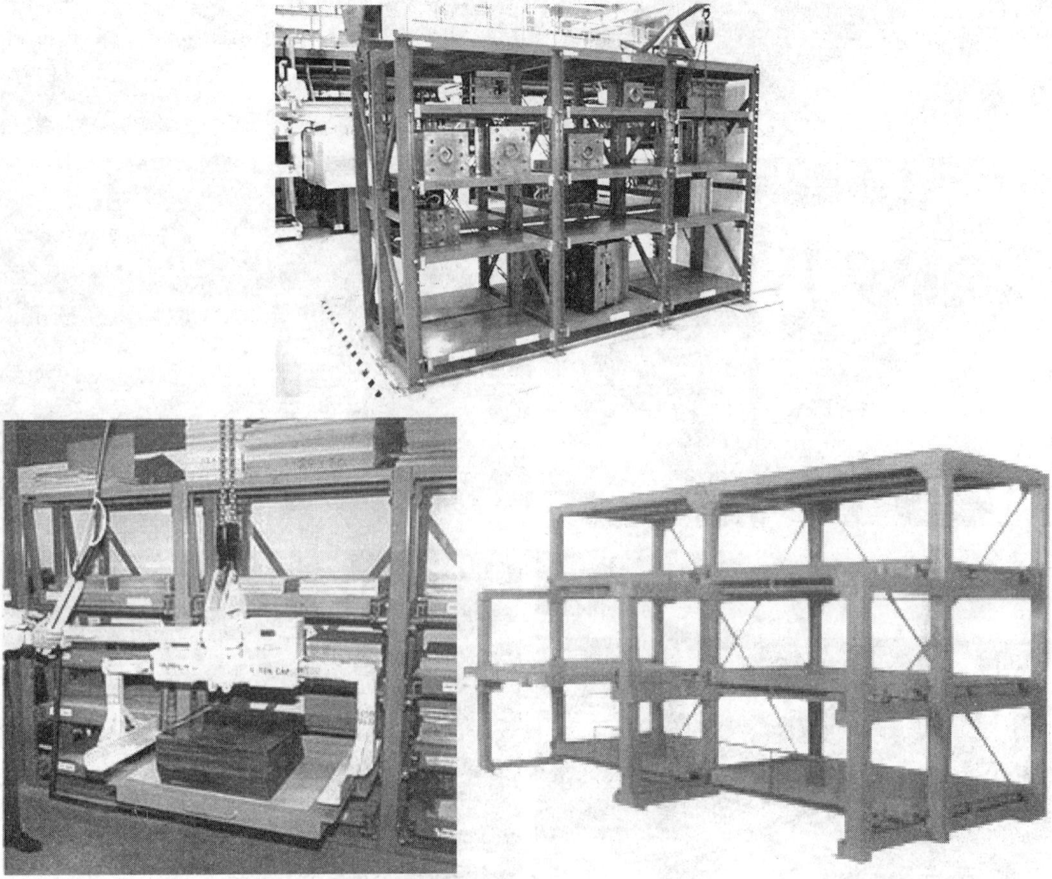

图 4-15　抽屉式货架

9. 辊轮式货架

辊轮式货架(见图 4-16)又称重力式货架。货物从带有斜度，具有定位、定向的流利条上端存入，当在低端取货时，货物借助自身重力自动下滑，从而达到储存的目的，同时实现货物的先进先出，使存取迅速、方便。辊轮式货架适用于生产装配线、医药、电子、超市配发中心等场所。

图 4-16 辊轮式货架

10. 压入式货架

压入式货架(见图 4-17)依据先进后出的原则，将托盘(或料箱)置于台车上，后储存的货物会将先存入的货物推往里面；台车跨于倾斜轨道上，当外侧货物被取走时，里面的台车会自动滑下，进货和出货在同一侧面；台车可喷涂不同颜色，更易于视觉存储。

图 4-17　压入式货架

11. 移动式货架

移动式货架(见图 4-18)是将固定式货架底部加装底盘组件组合而成的货架。这种货架仅需设一条通道，便于堆垛机或叉车进入存取货物，空间利用率高；转动机构采用精密轴承，转动灵活、平稳，根据需要可自由调整层高；货架设有控制装置与操作开关盘用以操作。

图 4-18　移动式货架

12. 线棒货架

线棒货架(见图4-19)采用线棒(也称为覆塑管)与连接件组合而成；具有轻便、结实、表面洁净、耐磨、加工简单、可适应不同尺寸和造型等特点；能适应生产现场不断改善的需要，符合人机工程原理，使现场工作人员操作准确、舒适，对环境的构思和创意得以迅速实现；已广泛用于家电、汽车、轻工电子等行业的工厂中，是物流一体化的必备工具。

图4-19 线棒货架

13. 钢平台

钢平台(见图 4-20)为全组合式结构，楼面平整，整体性强，承载能力强而均匀。钢平台系统通常包括楼梯、扶手、安全入口。

图 4-20　钢平台

4.4　自动化立体仓库

自动化立体库(见图 4-21)由高层货架、有轨巷道堆垛机、出入库输送机系统、自动化控制系统、计算机仓库管理系统及其周边设备组成。它具有高速运转、操作简单、充分利用空间的特点，最适合大型生产性企业的采购件、成品件仓库以及大型流通、配送中心的货物存储。在 20 世纪 90 年代后期及 21 世纪的若干年内，智能自动化仓储将是自动化技术的主要发展方向。

自动化技术在仓储领域(包括主体仓库)中的发展可分为五个阶段：人工仓储阶段、机械化仓储阶段、自动化仓储阶段、集成化仓储阶段和智能自动化仓储阶段，下面分别介绍这五个阶段。

图 4-21　自动立体化仓库

第一阶段是人工仓储技术阶段。物资的输送、存储、管理和控制主要靠人工实现，实时性和直观性是其明显的优点。人工仓储技术在初期设备投资的经济指标也具有优越性。

第二阶段是机械仓储技术阶段。物料可以通过各种各样的传送带、工业输送车、机械手、吊车、堆垛机和升降机来移动和搬运，用货架托盘和可移动货架存储物料，通过人工操作机械存取设备，用限位开关、螺旋机械制动和机械监视器等控制设备的运行。机械化满足了人们对速度、精度、高度、重量、重复存取和搬运等的要求。

第三阶段是自动化仓储技术阶段。自动化技术对仓储技术的发展起了重要的促进作用。20 世纪 50 年代末和 60 年代，相继研制和采用了自动导引搬运车、自动货架、自动存取机器人、自动识别和自动分拣等系统。20 世纪 70 年代和 80 年代，旋转体式货架、移动式货架、巷道式堆垛机和其他搬运设备都加入了自动控制的行列，但这时只是各个设备的局部自动化并各自独立应用，被称为“自动化孤岛”。随着计算机技术的发展，工作重点转向物资的控制和管理，要求实时、协调和一体化。计算机之间、数据采集点之间、机械设备的控制器之间以及它们与主计算机之间的通信可以及时地汇总信息，仓库计算机及时地记录订货和到货时间，显示库存量，计划人员可以方便地作出供货决策，他们知道正在生产什么、订什么货、什么时间发什么货，同时，管理人员也可以随时掌握货源及需求。信息技术的应用已成为仓储技术的重要支柱。

第四阶段是集成化仓储技术阶段，在 20 世纪 70 年代末和 80 年代，自动化技术被越来越多地用到生产和分配领域，显然，“自动化孤岛”需要集成化，于是便形成了“集成系统”的概念。在集成化系统中，整个系统的有机协作，使总体效益和生产的应变能力大大超过各部分独立效益的总和。

集成化仓库技术作为计算机集成制造系统(computer integrated manufacturing system，CIMS)中物资存储的中心受到人们的重视。虽然人们在 20 世纪 80 年代已经注意到系统集成化，但至今在我国已建成的集成化仓储系统还不多。在集成化系统里包括了人、设备和控制系统，且该阶段以前三个阶段为基础。

20 世纪 70 年代初期，我国开始研究采用巷道式堆垛机的立体仓库。

1980 年，由北京机械工业自动化研究所等单位研制建成的我国第一座自动化立体仓库在北京汽车制造厂投产。从此以后，立体仓库在我国得到了迅速发展。

第五阶段是智能自动化仓储技术。经过 30 多年的研究，目前机器人已发展到第三代——智能机器人。它装有多种传感器，能识别作业环境，能自主决策，具有人类大脑的部分功能，且动作灵活，是人工智能技术发展到高级阶段的产物。目前，全世界已有各种类型、各种用途的机器人达百万台。随着人工智能技术和机器人技术的飞速发展，机器人将在仓储领域得到广泛应用。例如，用于仓库作业，从事搬运和各种危险作业。美国奥德蒂斯公司研制的“章鱼”式六腿机器人，在静止时能托起 935 千克的载重，行走时能搬运 409 千克重的弹药；还可在战场上执行多种后勤保障任务，在比较危险的环境中前送后运作战物资。

在 21 世纪，人工智能技术在仓储中会有进一步开发应用，将出现各种智能化仓储机械，如在自动导向车中应用专家系统确定行走路线和运行方案；在物料存取过程中，应用专家系统指挥机器人进行入架和出架操作；将多媒体技术和专家系统应用于仓储机械人员培训、操作指导、远程现场监视、异地故障分析和诊断等。随着时间的推移，智能化仓储设备将更多、更加趋于完善，仓储机械将更安全、更可靠。

随着物联网、机器人、仓储机器人、无人机等新技术的应用，智能物流仓储系统已成为智能物流方式的最佳解决方案。据不完全统计，截止到 2015 年度，我国已累计建成自动化立体库 2600 多座，烟草、医药零售、电商是主要应用领域。

电子商务的兴起促进了智能物流云仓系统的蓬勃发展。云仓是伴随电子商务而产生的有别于传统仓储方式的智能化仓储模式，它以智能物流硬件设备与 WMS 软件系统的集成为特征，依托仓储设施实现在线交易、交割、融资、支付、结算等一体化服务。传统的仓储是根据配送需要到不同的仓储去分别取货，而云仓却可以通过相关技术自动拣选，这是最适合电商的一种配送模式。

阅读材料 4-1 智能物流仓储进入快速发展期

智能物流仓储系统是以立体仓库和配送分拣中心为产品的表现形式，由立体货架、有轨巷道堆垛机、出入库托盘输送机系统、检测阅读系统、通信系统、自动控制系统、计算机监控管理等组成，综合了自动化控制、自动输送、场前自动分拣及场内自动输送，通过货物自动录入、管理和查验货物信息的软件平台，实现仓库内货物的物理运动及信息管理的自动化、智能化。智能物流仓储系统可广泛应用于医药、食品饮料、冷链物流、电子商务、跨境电商、快消品及保健品等行业。

智能物流仓储自动化是整个自动化中增长最稳定、成长空间最大的子板块之一。

(1) 下游市场更稳定：受益于现代物流业的快速发展，下游物流投资的确定性比一般制造业投资更高，因此自动化物流受经济周期的扰动相对较小。

(2) 适应新型物流方式的需求：第三方物流、电子商务、全冷链生鲜配送等新兴物流方式正在深刻地改变着下游市场。客户除了需要节约不断上涨的人工成本，对于处理速度、管理效率和用户体验的需求在急剧上升。自动化物流仓储系统是适应新兴物流方式的最佳解决方案。

(3) 技术快速进步：随着物联网、机器视觉、仓储机器人、无人机等新技术的应用，物流仓储自动化技术正在以较快的速度发生变革。

仓储业相关自动化系统及设备投入规模由2007年的25亿元增长至2015年的453亿元，年均复合增长率约为43.64%。

2013—2015年我国自动化仓储系统的增速已经超过了工业自动化，预计在未来5年内国内物流仓储自动化市场仍可以维持较快的增长。截至2014年年底，全国累计建成的自动化立体库已经超过2500座，烟草、医药、零售是主要应用领域，汽车、烟草、医药行业的仓储自动化普及率分别是38%、46%、42%，远高于国际平均水平20%。中国物流与采购联合会统计和预测的几个行业未来的物流自动化改造空间，医药、乳业、纺织服装、轮胎、汽车分别为600亿、100亿、200亿、300亿、120亿。未来几年中国物流仓储自动化还有很大的发展空间，自动化立体仓库市场规模预计可以在150亿~200亿元之间。

(资料来源：智能物流仓储进入快速发展期. 中国投资咨询网. http://www.ocn.com.cn/chanye/201602/fzlzd19092716.shtml，2016-02-19)

4.5 堆垛机

堆垛机是整个自动化立体仓库的核心设备，通过手动操作、半自动操作或全自动操作把货物从一处搬运到另一处。它由机架(上横梁、下横梁、立柱)、水平行走机构、提升机构、载货台、货叉及电气控制系统构成。堆垛机是一种仓储设备，分为桥式堆垛机和巷道式堆垛机两种。

使用堆货机的仓库一般都很高，最高可达 40 多米。而且堆货机只能在立体仓库里面使用，必须配备其他设备搬运货物进出仓库。

图 4-22　堆垛机

4.5.1　巷道式堆垛机

巷道式堆垛机(见图 4-23)是自动化立体仓库中重要的运输设备，是随着立体仓库的出现而发展起来的专用起重机。巷道式堆垛机的主要用途是在高层货架的巷道内来回穿梭运行，将位于巷道口的货物存入货格，或者将货格中的货物取出并运送出巷道。这种使用工艺对巷道式堆垛机的结构和性能提出了严格的技术要求。堆垛机的额定载重量一般为几十千克到几吨，其中 0.5 吨的使用最多。行走速度一般为 4～120 米/分钟，提升速度一般为 3～30 米/分钟。

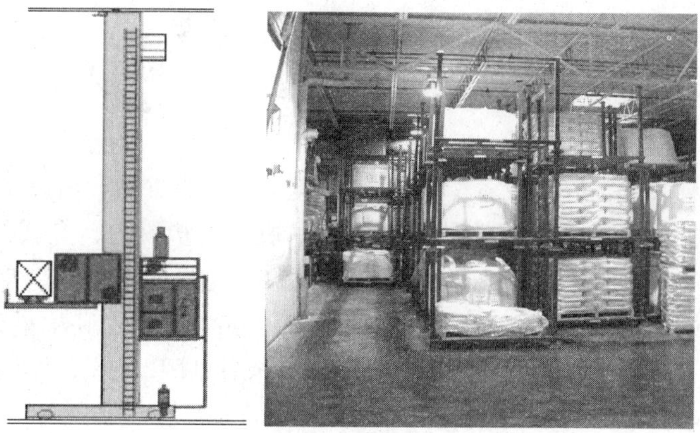

图 4-23　巷道式堆垛机

4.5.2　桥式堆垛机

桥式堆垛机(见图 4-24)就像起重机一样，有能运行的桥架结构和设置在桥架上能运行的回转小车，桥架在仓库上方的轨道上纵向运行，回转小车在桥架上横向运行；桥式堆垛机还和叉车一样，有固定式或可伸缩式的立柱，立柱上装有货叉或其他取物装置，可在垂直方向移动。因此，桥式堆垛机可以完成三维空间内的取物工作，可以同时服务于多条巷道。

图 4-24 桥式堆垛机

桥式堆垛机一般安装在仓库的上方，在仓库两侧面的墙壁上安装固定的轨道，同时要求货架和仓库顶棚之间留有空间，以保证桥架正常运行。桥式堆垛机通常适用于 12 米以下的中等跨度的仓库，而且巷道三维宽度较大，方便长、大、笨重货物的搬运和堆垛。

4.6 仓储辅助设备

1. 托盘

托盘是用于集装、堆放、搬运和运输作为单元负荷的货物和制品的水平平台装置。按制作托盘使用的材质来分，托盘的种类主要有木质的、塑料的、金属的等。托盘是仓储、运输业广泛使用的消耗品，随着中国物流业的发展，托盘的使用量越来越大，品种也越来越丰富。目前，中国国内托盘的流通量每年约为 8 000 万个，其中港口出口用托盘 2000 万个。常见的托盘有塑木托盘(见图 4-25)、木质托盘(见图 4-26)、塑料托盘(见图 4-27)、钢制托盘(见图 4-28)等。

图 4-25 塑木托盘

图 4-26 木质托盘

图 4-27　塑料托盘

图 4-28　钢制托盘

2. 置物架

置物架(见图 4-29)的层高以 25 毫米为节距任意调节，可任意组合、延伸，具有结构独特、灵活多变、用途广泛、受力极大、装卸简便等特点。

图 4-29　置物架

3. 登高车

登高车(见图 4-30)一般采用优质钢材制造，并配以优质脚轮，具有安全可靠、结构简单、方便快捷的特点，特别适合于工厂、仓库等环境下轻小型物料的人工登高拣货作业。

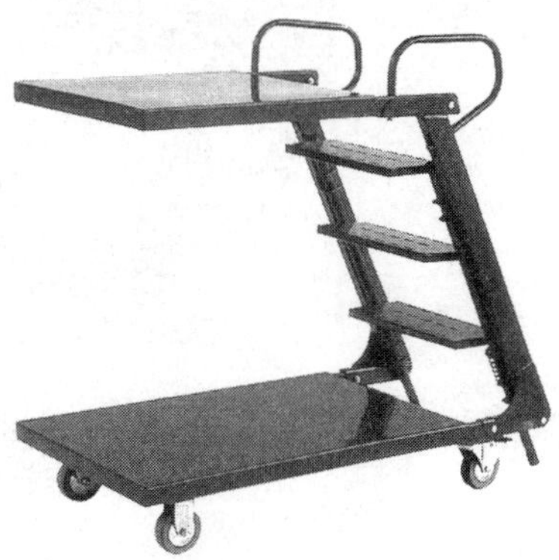

图 4-30　登高车

4. 仓储笼

仓储笼又称储物笼(见图 4-31)，采用强力钢丝焊接而成，底部以 U 形焊接补强，具有可折叠、可安装万向轮、外形美观、结构坚固、移动方便、装载能力大的特点。仓储笼最高可叠四层，以实现仓储的立体化，广泛应用于生产制造企业和大型仓储式超市中。采用国际标准，仓储笼可与集装箱配套使用，是木质包装箱的换代产品。

图 4-31　仓储笼

5. 周转箱

周转箱(见图 4-32)自重轻，使用寿命长，可分为敞开型、带盖型、折叠型三种。在流通领域可替代纸质包装，到达企业工厂后，不必变更包装形式，可直接进入加工、装配工位或仓库。周转箱可重复、周转使用。

图 4-32　周转箱

6. 零件盒

零件盒(见图 4-33)自重轻，使用寿命长，可分为背挂式、组立式、储存式三种。零件盒广泛应用于加工、装配、检测、维修等工位存放轻型、小型零部件，也适用于保管多品种、轻小型物料的仓库。

图 4-33　零件盒

除了上述仓储设备外，也有相关书籍将仓储设备分为计量设备、养护设备、安全设备等，本书不再一一赘述。

本章小结

本章介绍了有关仓储设备的基本知识，详细介绍了仓库、货架、托盘、自动化立体仓库的概念、特点及常用的各种类型的仓库、货架等，并介绍了托盘、仓储笼、周转箱等其他典型仓储辅助设备的特点。

学习时，应该重点了解物流仓储设备的基本概念和各种仓储设备的特点。

思考题

1. 货架的分类有哪些？
2. 货位式货架适用于哪些地方？
3. 什么是托盘标准化？
4. 什么是自动化立体仓库？
5. 什么是堆垛机？

第5章 物流分拣技术与装备

学习目标

通过本章的学习，应该掌握分拣技术的分类与特点，理解自动分拣的作业流程，重点掌握摘取式和播种式拣选的特点，掌握自动分拣系统的一般特点、构成及其性能，了解常见的自动、半自动分拣装备。通过实例，对目前流行的分拣系统有初步了解。

核心要点

- 分拣技术的分类和特点。
- 分拣装备。
- 自动分拣的作业方式与流程。
- 自动分拣系统。

5.1 物流分拣概述

商品在从生产场地流向顾客的过程中，总是伴随着商品数量和商品集合状态的变化。因此，有必要将集装化的货物单元解体，重新分类，形成新的供货单元。

分拣是指为进行运输、配送，把很多货物按品种、地点和单位分配到所设置的场地的作业过程。分拣对物流的各环节都起到了非常关键的作用。按照分拣手段的不同，可以将其分为人工分拣、机械分拣和自动分拣三大类。人工分拣基本上靠人力搬运，或者可以利用最简单的器具和手推车等，这种分拣方式劳动强度非常大，但是分拣的效率却非常低。机械分拣大多指利用机械(如输送机)为主要的输送工具，通过在各分拣位置配备作业人员进行分拣。这种分拣方式投资不多，也可以在一定程度上减轻劳动强度，提高分拣的效率。自动分拣则是指货物从进入分拣系统到指定的位置为止，所有的作业均是按照人的指令自动完成。因此，这种分拣方式的分拣处理能力相当强，分拣的货物品种和数量也非常大。

分拣设备是进行物件自动快速分拣作业的设备，其技术水平是物料配送作业现代化的重要标志之一。

分拣作业就是根据顾客的要求，迅速、准确地将货物从其储位拣取出来，并按照一定的方式进行分类、集中，等待配装送货的作业过程。在物流配送作业的各环节中，分拣作业是非常重要的一环，它是整个配送作业系统的核心。根据美国对物流成本的数据统计，一件商品最终售价中的30%来源于物流成本，而在物流成本的结构分析中，拣货作业和配送作业所占的比重又最大，分别为40%和39%，两项合计，商品价格中几乎1/4的费用来自于物流作业中的拣货和配送。在配送搬运成本中，分拣作业的搬运成本大约占30%，分拣时间约占整个配送中心作业时间的30%～40%。因此，合理规划分拣作业系统，对提高配送中心的作业效率和服务水平具有决定性的作用。此外，提高拣货的准确率和订单处理能力，也是物流配送中心工作的重点。

现代物流的分拣配送体系要求物流商品在分拣配送中心停留的时间尽量缩短，以至于出现“通过式仓库”的概念。在信息处理量逐渐增加的情况下，如何提高货物处理的速度和精度，降低物流配送中心的营运成本，是摆在物流企业尤其是物流运作面前的难题。

阅读材料 5-1 中国快递企业雇机器人分拣包裹，省一半人工

香港《南华早报》2017年4月11日发表文章“中国公司雇机器人大军，日拣包裹20万件，人工减少一半”。一段显示中国东部某仓库一支橙色小机器人大军分拣包裹的视频在社交媒体上迅速传播。

这段视频中的自动充电机器人大军场景，出自中国的快递巨头——申通快递的一个分拣中心。从视频上看，浙江省杭州市的这个大型仓库的地板上，数十台圆形的橙色海康机器人——每个有坐垫大小——往来穿梭。

在视频中一名工人正给机器人放包裹，再由机器人把包裹送到分拣中心的不同位置，最后翻转盖子将包裹卸到地板下的凹槽里从而完成货物分拣工作。据悉，这些机器人能智能扫码识别每个包裹的目的地，从而将分拣错误降到最低限度。它们一天能分拣多达20万个包裹，而且还会自动充电，这意味着它们能昼夜不停地运行。

申通快递的一名发言人表示，机器人能帮助公司节省一半的人工成本，能提高分拣效率约30%，并能最大限度地提高准确度。申通快递目前在杭州的两个分拣中心使用这些机器人，并打算推广到全国使用，特别是在更大的中心。尽管这样的机器人能够全天24小时运行，但目前它们只从下午6时开始使用，每次工作6～7个小时。

中国各地的生产企业如今越来越多地以机器人取代人工。2016年中国的工业机器人产量增加30.4%。在最新的五年规划中，中央政府设定了到2020年此类机器人年产量达

10 万台的目标。

(资料来源：莎拉·张. 港媒：中国快递企业雇机器人分拣包裹，省一半人工. 环球时报，http://oversea.huanqiu.com/article/2017-04/10460666.html)

5.2 自动分拣技术与作业方式

5.2.1 自动分拣技术

分拣系统按识别方式分可以分成两类，一类根据被分拣对象的固有属性(如重量、外形尺寸、外形、硬度等)就可以将它们分拣开的，这类分拣机识别方式一般采用传感器、摄像头等，能直接获取对象的属性，然后由控制器根据获取的属性数据控制机械和电气系统动作，达到分拣目的；另一类根据被分拣对象的固有属性不能或者很难将它们分拣开来的(如邮件、包裹等)，对于这些对象必须给它们外加上一个统一的身份标识(如条形码等)，当它们通过这个身份标识识别装置(如条形码阅读器等)的时候识别出它们的身份，然后由控制器发出分拣指令，控制机械和电气系统动作，达到分拣的目的。

自动分拣采用的身份标识技术有条码技术和电子标签技术。

1. 条码技术

在物流分拣作业中，尤其是在配送中心，条码技术发挥着重要的作用。总部或配送中心接受客户的订单后，将订货单汇总，并分批发出印有条码的拣货标签，这种条码包含有这件商品要发往的连锁店的信息。分拣人员根据计算机打印出来的拣货单，在仓库中进行拣货，并在商品上贴上拣货标签(在商品上已有包含商品基本信息的条码标签)。将已经拣出来的商品运到自动分类机，旋转于感应输送机上。激光扫描器对商品上的两个条码进行自动识别，检验所分拣的货物是否有差错。如果没有差错，商品即分别流入按分店分类的滑槽中。然后将不同分店的商品装入不同的货箱中，并在货箱上贴上印有条码的送货地址卡，这种条码包含有商品到达区域的信息。由于条码的应用，大大提高了信息传递的速度和数据的准确性，提高了拣货的效率，从而可以实时跟踪整个配送中心的运营状况。

2. 电子标签技术

另一种比较常见的分拣技术是电子标签技术。电子标签与单纯的条码标签的最大不同是，条码必须单个地识别，而电子标签却可以批量地被识别。例如，超市使用电子标签结账，顾客可以将贴有电子标签的商品放在购物篮中集中通过识别器，而不必一件件分别通过识别器，收款机即时就显示合计，大大方便了顾客付款，减少了排队等候的时间。虽然目前电子标签单位成本在 1 美元左右，还没有进入批量应用的阶段，但是这种技术在物流领域中的应用前景还是很广阔的。例如，在产品的周转箱上使用电子标签，对于货物分拣就非常适合。拣货时，在操作台上把客户的订单输入电脑，存放各种商品的货架上的货位指示灯和品种显示器会立刻显示出拣选商品在货架上的具体位置及所需数量，作业人员便可以从货架上取出相应的商品，放入周转箱，配齐订单商品的周转箱由输送带送入自动分拣系统。电子标签自动引导作业人员进行拣选作业，从而可以大大提高处理速度，减轻作业强度，而且可以使差错率大幅度下降。图 5-1 为某企业的电子标签拣货系统。

图 5-1　电子标签拣货系统界面

电子标签拣货系统又分为摘取式分拣和播种式分拣两类。电子标签拣货系统的分拣方式如图 5-2 所示。

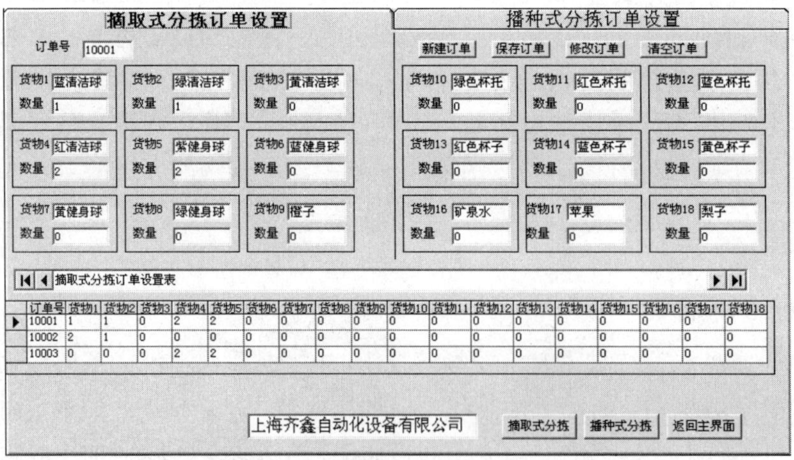

图 5-2　电子标签拣货系统分拣方式

其中，摘取式分拣和播种式分拣的拣选流程，分别如图 5-3 和图 5-4 所示。

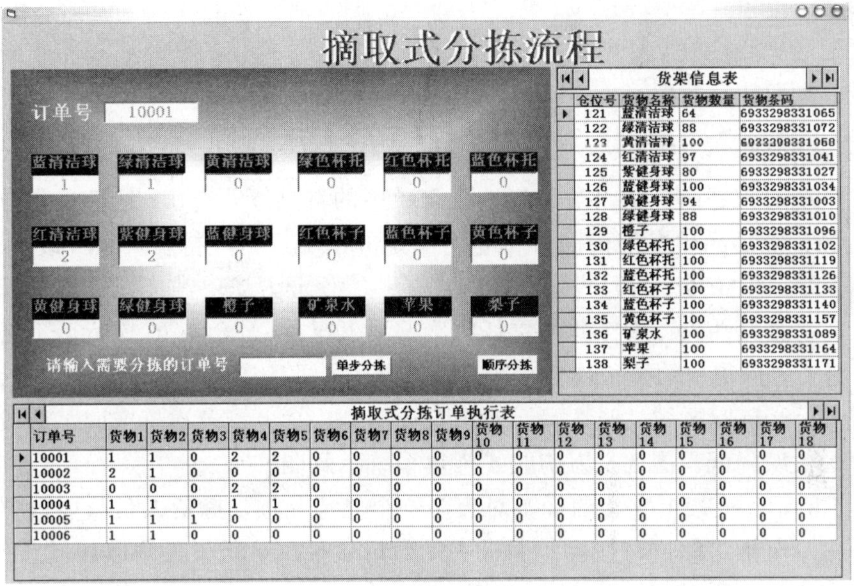

图 5-3　摘取式拣选流程

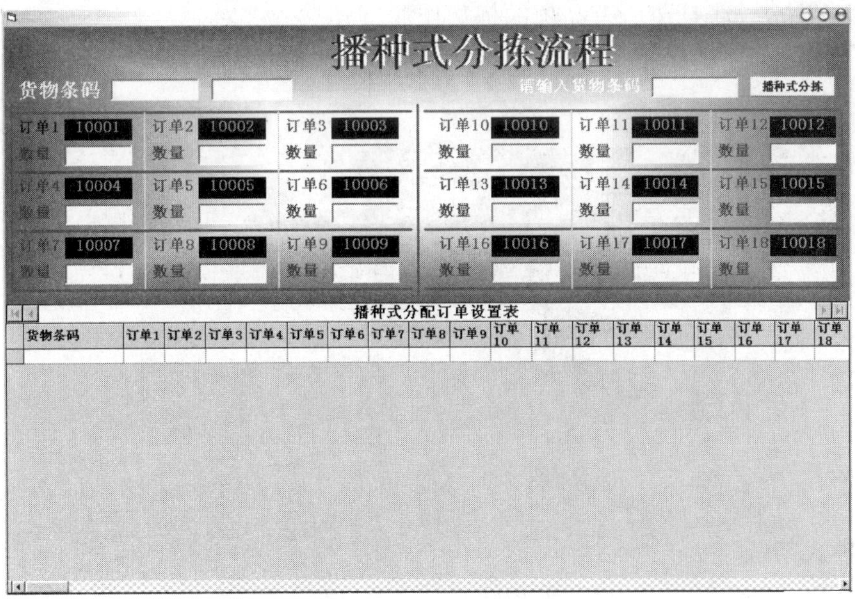

图 5-4　播种式拣选流程

5.2.2 自动分拣作业方式

在物流配送中心，根据订单和拣取商品的对应关系、操作流程，可以将作业方式分为以下两大类：摘取式拣货(pick-to-light)、播种式拣货(put-to-light)。

1. 摘取式系统

摘取式系统通常是由拣货人员将每一张订单中的货品逐一选出。这种拣货方式多应用于多订单配送、货品品项多但商品储位相对固定的情形，一般拣货 SKU(最小存货单位)小于货品总 SKU 的 50%。摘取式系统的优点是：①作业方法单纯；②订单处理前置时间短；③导入容易且弹性大；④作业员责任明确，派工容易、公平；⑤拣货后不必再进行分类作业，适用于多拣货单的拣货作业处理。缺点是：①商品品项多时，拣货行走路径较长，拣取效率降低；②拣取区域大时，搬运系统设计困难；③少量多次拣取时，造成拣货路径重复、费时，效率降低。图 5-5 为摘取式拣货系统示意图。

如图 5-5 所示，货架上安装的标签对应至一个储位品项，拣货人员只要根据电子标签点亮的灯号指示至指定储位，按标签面板上的数量显示，从货架上拿取相同数量的商品，并放置在该客户订单所对应的承载物(纸箱、物流箱或栈板等)中，再于标签上进行确认动作，即可完成品项的拣取作业。在拣货过程中，拣货人员可完全通过电子标签的作业指示，轻松、迅速地完成一张订单所有品项的拣货作业。

图 5-5 摘取式系统

2. 播种式系统

播种式系统指的是把多张订单根据商品品项数合并成一批，之后进行拣取，再依据客户订单分配。播种式系统通常适合处理客户数量多、商品种类少、商品储位经常移动的情况，一般拣货 SKU 大于货品总 SKU 的 50%。播种式系统的优点是：①适合订单数量庞大而商品品项少的系统；②可以缩短拣取时行走搬运的距离；③货品量越少、配送次数越多，批量拣取就越有效。缺点是：对订单的到来无法作出及时的反应，必须等订单达到一定数量时才做一次处理，因此会有停滞时间(只有根据订单到达的状况作等候分析，决定适当的批量大小，才能将停滞时间减至最低)。

5.3　自动分拣系统

5.3.1　自动分拣系统作业描述

随着互联网及电商时代的到来，我国物流业迅猛发展，传统的以人工分拣为主的物流企业越来越力不从心，人力成本不断上升，运营成本持续增加，所以使用自动分拣系统(automated sorting system)也显得尤为重要。目前，物流快递公司都在使用自动分拣系统。该系统的作业过程可以简单描述如下：物流中心每天接收成百上千家供应商或货主通过各种运输工具送来的成千上万种商品，在最短的时间内将这些商品卸下，并按商品品种、货主、储位或发送地点进行快速、准确的分类，将这些商品运送到指定地点(如指定的货架、加工区域、出货站台等)。同时，当供应商或货主通知物流中心按配送指示发货时，自动分拣系统在最短的时间内从庞大的高层货架存储系统中准确找到要出库的商品的位置所在，并按所需数量出库，将从不同储位上取出的不同数量的商品按配送地点运送到不同的理货区域或配送站台集中，以便装车配送。

5.3.2　自动分拣系统的特点

自动分拣系统的主要特点如下。

1. 能够连续、大批量地分拣货物

自动分拣系统不受时间、气候、人力等的限制，每台设备的日分拣量超过 30 万件，每天 24 小时无故障不间断运行，是人工分拣效率的 3 倍，出错率仅为万分之一；如果人工，分拣人员也不能在这种劳动强度下连续工作 8 小时。

2. 分拣误差率极低

自动分拣系统的分拣误差率大小主要取决于所输入分拣信息的准确性大小，这又取决于分拣信息的输入机制，如果采用人工键盘或语音识别方式输入，误差率会在 3%以上；如果采用条形码扫描输入，除非条形码的印刷本身有差错，否则不会出错。因此，目前自动分拣系统主要采用条形码技术来识别货物。

3. **分拣作业基本实现无人化**

在国外，建立自动分拣系统的目的之一就是为了减少人员的使用，减轻人员的劳动强度，提高人员的使用效率，因此，自动分拣系统能最大限度地减少人员的使用，基本做到无人化。分拣作业本身并不需要使用人员，人员的使用一般在以下工作：

(1) 送货车辆抵达自动分拣线的进货端时，由人工接货。

(2) 由人工控制分拣系统的运行。

(3) 分拣线末端由人工将分拣出来的货物进行集载、装车。

(4) 自动分拣系统的经营、管理与维护。

如美国一家公司配送中心面积为10万平方米左右，每天可分拣近40万件商品，仅使用大约400名员工，这其中部分人员都在从事上述(1)(3)(4)项工作，自动分拣线做到了无人化作业。

5.3.3 自动分拣系统的组成

自动分拣系统一般由控制装置、分类装置、输送装置及分拣道口组成。

控制装置的作用主要是识别、接收和处理分拣信号，根据分拣信号的要求指示分类装置按商品品种、商品送达地点或货主的类别对商品进行自动分类。这些分拣需求可以通过不同方式，如条形码扫描、色码扫描、键盘输入、重量检测、语音识别、高度检测及形状识别等方式，输入到分拣控制系统中去，根据对这些分拣信号的判断，来决定某一种商品该进入哪一个分拣道口。

分类装置的作用主要是根据控制装置发出的分拣指令对商品进行分类。当具有相同分拣信号的商品经过该装置时，该装置动作，使其改变在输送装置上的运行方向进入其他输送机或进入分拣道口。分类装置的种类很多，一般有推出式、浮出式、倾斜式和分支式几种，不同的装置对分拣货物的包装材料、包装重量、包装物底面的平滑程度等有不完全相同的要求。

输送装置的主要组成部分是传送带或输送机，其作用主要是使待分拣商品鱼贯通过控制装置、分类装置。同时，输送装置的两侧一般要连接若干分拣道口，使分类好的商品滑下主输送机(或主传送带)以便进行后续作业。

分拣道口是已分拣商品脱离主输送机(或主传送带)进入集货区域的通道，一般由钢带、皮带、滚筒等组成滑道，使商品从主输送装置滑向集货站台。在那里由工作人员将该道口的所有商品集中后或是入库储存，或是组配装车并进行配送作业。

以上四部分装置通过计算机网络联结在一起，并且配合人工控制及相应的人工处理环节构成一个完整的自动分拣系统。

5.3.4　自动分拣系统的包装要求

自动分拣机只适于分拣底部平坦且具有刚性的包装规则的商品。袋装商品、包装底部柔软且凹凸不平、包装容易变形、易破损、超长、超薄、超重、超高、不能倾覆的商品不能使用普通的自动分拣机进行分拣。因此，为了使大部分商品都能用机械进行自动分拣，可以采取以下两条措施：一是推行标准化包装，使大部分商品的包装符合国家标准；二是根据所分拣的商品统一的包装特性定制特定的分拣机。但要让所有商品的供应商都执行国家的包装标准是很困难的，定制分拣机又会使硬件成本上升，并且越是特别定制的分拣机其通用性就越差。因此，要根据经营商品的包装情况来确定是否建或建什么样的自动分拣系统。

5.3.5　电商智能分拣系统

随着电子商务行业不断发展，如何提高物流的运行效率和用户体验已成为全行业关注的重要问题。电商企业正在不断通过技术对业务进行着强有力的驱动，自建物流体系提高核心竞争力为购物狂欢节提供了有力的保障。在物流大环节中，分拣订单最为烦琐，用时长、分拣差错率将会直接影响用户的购物体验。

智能分拣中心是一套全智能化、机械化操作的平台，它拥有独立的场院管理系统及 AGV 操作台，其完善的远程实时监控体系有效地实现了整个业务操作流程的可视化。智能分拣机和龙门架的引入实现了智能收货和发货，脱离人工操作，让分拣环节更加自动化和智能化，保证包裹分拣正确率达到 99%，促进了包裹的高速运转；自动称重设备有助于快速、精确地对包裹进行称重，并准确计算物流费用；视觉扫描仪可以实现漏扫描包裹影像照片的调取，通过人工补码方式完成系统数据录入，实现扫描率 100%；智能分拣柜采用立体分拣结构，结合 LED 灯光完成包裹实物分拣和系统数据同步流转；工位管理系统能够对员工智能排班和岗位管理，有效提升运营效率；智能看板和远程视频，实现对分拣场地的实时流程控制，有效提升对现场的管控力度；AGV 机器人自动沿规定的导引路径行驶，将包裹自动移载到特定的位置，极大地节省了人力和运输时间。

智能分拣中心促进电商物流的标准化、精细化、可视化，在节约成本的同时，提升了物流的运转效率。

5.3.6　机场行李分拣系统

大型机场每天都会处理、管理上万件甚至几十万件到达、出发和中转乘客的行李，为提供效率较高的行李管理服务，机场必须使用行李的自动分拣系统，该系统通常包括 10

余千米的输送机、值机岛设备、多台自动分拣机、水平分流器及垂直分流器等设备。

行李自动处理设备运行流程如下：值机输送机——收集输送机——普通输送机(实现值机与分拣设备连接及输送机备份的作用) ——自动分拣机(通常一备一用) ——离港行李转盘或离港输送机(某航班某时段单独使用)。

分拣机是整个自动分拣系统的核心设备，所有的行李均经过分拣机自动分拣到相应的离港转盘，分拣机安装的质量至关重要。一般大型机场采用托盘式行李分拣机，这样的分拣机单台分拣速度超过6000件/小时。

与以往的机械运输和人工运输所不同，使用行李自动分拣技术，能够正确、准时地将行李传输到目的地，使行李运输中出现问题的情况越来越少，并且大幅度地减少人工劳动，使机场的物流效率大幅提升。而在设计的时候必定会涉及系统控制、工程管理、计算机以及PLC(program logic control)等各个领域。

PLC是能够和计算机连接，并且能够和通信系统相结合的，一种可编程的逻辑控制自动化中央处理系统。PLC通过与其他设施相连接能够达成多样性的自控控制功能，如机场的实时通信、火灾警报、行李安检等系统都会将PLC技术运用其中。

机场行李自动分拣系统是一个十分庞大且复杂的系统，为了使数据处理起来流畅且快速，平稳并且适应能力较强，大型机场的行李自动控制系统通常都会应用PLC。运用计算机网络PLC技术可以达成如下三个目标：①使用户的需求得到满足，达成控制对象的目标。②简便易操作，降低成本，便于维修和护理。③安全并且可靠性较高。

5.3.7 药品自动分拣设备

药品自动分拣的概念最早出现于20世纪80年代，发达国家较早开展了药品自动分拣技术的研究。信息技术、自动化技术和医疗保障体系的发展，促进了药品自动分拣技术的不断进步和成熟。近年来，国内、外各种形式的药品自动分拣设备不断涌现，从应用领域分类有面向医药配送中心、医院药房、零售药店3类，从自动化程度上分有人工辅助、半自动、全自动3类。

目前，德国、美国、日本等国家已开发出了多种与其国情相适应的药品自动分拣设备，其中用于医药配送中心的主要有有轨巷道堆垛机、A字机、电子标签分拣系统等；用于医院药房和零售药店的主要有直角坐标式拣选机械手、斜槽式自动分拣机、片剂分包机、注射剂摆药机等。

我国对药品自动分拣技术的研究虽然处于起步阶段，但也开发出了多种药品自动分拣设备，如深圳三九药业有限公司研发的“盒装药品自动售药机”，苏州艾隆科技有限公司开发的“自动化药房”等。但总体说来，目前国内开发的药品自动分拣设备尚未形成完整的系列，其市场占有率也较低。

1. 药品整件分拣

药品整件分拣即以药品入库时的最大原始包装形态为单位进行的分拣作业，其设备常见的有托盘到托盘分拣(P—P)，指托盘到包装箱分拣(P—C)和包装箱到包装箱分拣(C—C)等。

1) 托盘到托盘分拣(P—P)

药品以托盘为单位进行存储、输送和分拣，订单信息由上位机通过仓库管理系统(WMS)传输到自动仓储系统的计算机上，后者控制堆垛机或叉车将整托盘药品从储位取出，经由输送机或穿梭车将整托盘药品输送到指定的发货位置。由于现实中很少会有客户一次性需要这么大量的药品，因此托盘到托盘分拣主要是一种播种式分拣手段，作为药品按线路配送的前期预分拣来使用。

2) 托盘到包装箱分拣(P—C)

药品以托盘为单位进行存储和输送，但是以包装箱为单位进行分拣，可使用多自由度关节式机器人进行分拣，相当于拆盘作业，具有机动灵活、适应性强的优点；也可以采用框架式直角坐标式拣选机械手，针对某一特定药品包装，具有结构简单、成本低的优点。分拣出来的成箱药品可以由机器人直接码垛，也可以采用输送机汇集到指定的位置。

3) 包装箱到包装箱分拣(C—C)

药品以包装箱为单位进行存储、输送和分拣，一般使用各种输送式分拣设备(如斜辊式分拣机、摆臂式分拣机、堆块式分拣机等)将分拣出来的成箱药品利用输送机汇集到指定的发货位置。

药品整件分拣主要适用于药品配送中心，配送中心类型不同，整件分拣所占作业量的比例也有差别。以某物流企业为例，批发为主的配送中心整件分拣量要占到总分拣量的80%以上；以快速配发为主的配送中心整件分拣量大约在 30%以下。

2. 药品拆零分拣

药品拆零分拣即以上一级包装之内的次一级包装物品为单位进行的分拣作业，该次一级包装之内可以含有更次一级的包装，也可为单品。药品拆零分拣广泛适用于医药配送中心、医院药房和零售药店等场合。目前，用于药品拆零分拣的设备主要有电子标签分拣系统、垂直旋转货柜、A 字机、直角坐标式拣选机械手、斜槽式自动分拣机、片剂分包机、自动分拣药库等。将常见设备的介绍及其性能比较归纳如下。

1) 电子标签分拣系统与垂直旋转货柜

电子标签分拣系统在药品分拣领域较早得到了应用，虽然其本质是属于计算机信息系统辅助下的人工分拣系统，但由于实现了信息自动处理，节省了人工进行判断、识别的时间，从而极大降低了拣货错误率，提高了拣货效率，因而目前仍在广泛使用。由于该设备靠人工完成分拣作业，所以特别适合处理一些不规则形态、大包装、贵重及易碎药品。

将垂直旋转货柜与电子标签分拣系统相结合，可进一步减少分拣作业时人员的走动距离，大幅度降低作业人员的劳动强度，提高分拣效率。垂直旋转货柜还具有占地面积小、空间利用率高、可实现药品的封闭式存储等特点。

2) A 字机与立式药品分拣机

A 字机是一种目前比较常见的通用分拣设备，主要用于分拣外形规则的小件物品，在医药分拣领域应用也比较广泛。传统形式的药品分拣 A 字机由两侧连续排列的储药槽、槽底部的分拣机构、连续输送机构及控制系统等组成。在接收到订单(处方)后，通过计算机上的控制系统下达分拣指令，槽底部的分拣机构动作，拣出所需的药品，药品通过过渡板滑到连续输送机构上，然后输送到指定位置。A 字机具有制造成本低，分拣速度快，使用、维护方便等特点，但由于一般采用人工补货，当遇到分拣量大的情况时，补货压力亦较大，往往影响分拣效率。因此比较适合频次较低，多品种、小批量药品的分拣。

在实际应用中，也可只保留单侧储药槽，称为立式机或柜式机，立式药品分拣机如图 5-6 所示。

图 5-6 立式药品分拣机

3) 直角坐标式拣选机械手

直角坐标式拣选机械手是将抓取药品的机械手安装在垂直面上的直角坐标移动装置上，实现机械手的上、下、左、右移动，从矩阵式分布的药品储位上拣取药品。机械手可以抓取瓶装药品和盒装药品。其工作原理是，当需要取药时，控制系统发出指令，机械手在直角坐标移动机构带动下移动到指定药瓶的储位，然后电磁铁通电吸合将药瓶吸出，实现拣取动作。

4) 斜槽式自动分拣机

斜槽式自动分拣机是利用在垂直方向上呈矩阵排列的倾斜滑槽储放盒装药品，在每个滑槽的低端出口安装分拣机构实现药品的分拣。当排在前面的药盒分拣出去后，后面的药盒在重力作用下立即补充上去。分拣机构按有无动力分类可有主动式和被动式两类。斜槽式自动分拣机较直角坐标式拣选机械手的分拣效率要高得多，适合于发药频次最高、出库量最大的药品的自动分拣作业

5) 片剂分包机

片剂分包机可为医院住院药房的患者提供按每次服用量分包的药品分拣服务。其工作原理是将药片或胶囊散装在特制的罐体中，罐体的底部有闸板控制药片的漏出，每台设备上可安装上百个罐体，能储存上百种药品。通过控制系统控制罐体底部闸板的动作实现药品的自动分拣，分拣出的药品自动装入塑封袋封口，并贴上带有患者姓名和用法用量等信息的标签。

6) 注射剂摆药机

注射剂摆药机主要针对注射剂类药品分拣。其主要由供筐机、摆药机、电脑控制系统、打印系统和自动码筐机等组成，系统运行后根据医嘱单将药品自动摆入药筐，再通过排出装置送入自动码筐机完成摆药的全过程。该设备提高了药品的发放准确率，确保了患者用药安全，且方便药品管理，提高工作效率。

3. 自动分拣药库

自动分拣药库可以看作是在斜槽式自动分拣机或直角坐标式拣选机械手的基础上进一步发展而来的，其具有更大的储药量，增加了自动补药装置，有相对封闭的存储空间，是集药品储存与分拣于一体的现代医药物流装备，可实现药品的自动入库和按订单(处方)要求分拣出库。自动分拣药库有望成为未来大型医院和药店的主流配置设备。

4. 药品分拣管理系统

药品分拣管理系统是自动分拣设备的神经中枢，是集信息、控制、管理于一体的复杂系统。该系统具有药品信息采集、通信管理、设备状态监控、格口记数、报表打印、与其他网络互通、系统维护等功能。医院药品分拣管理系统一方面要实现与医院信息系统(HIS)对接，实时接收来自 HIS 的处方信息；另一方面要实现上药、出药、分拣的协调动作。该管理系统可对药品名称、规格、生产厂家、批号、生产日期、有效期等药品基本信息进行设置，对分拣货位进行编码并存储在系统的数据库中，使系统有效追踪药品位置。在分拣药品时，分拣管理系统接收人工输入订单信息或 HIS 传达的医嘱信息，将其转换为对应的药品的识别数码、分拣目的位置等一系列分拣控制信息和指令，输送给分拣控制器，并根据货位布局确定拣选顺序和拣选路径，打印相应的清单、文件和药品标签。分拣控制器对

照分拣信息和指令确认该药品分拣要求，识别其在分拣线上的准确位置，由此产生控制指令传输给控制输送和分拣装置的可编程控制器(PLC)，将药品准确输送到分拣格口。当药品完成分拣被输送并经过激光扫描或射频识别(RFID)等识别系统装置时，该药品的分拣信息被提取并修改库存信息。系统通过自动补货算法，确保设备存货量，提高空间利用率。

5.4 分拣装备

自动分拣输送技术和装备在我国已有多年的应用历史，近年来，各专业厂商根据用户物件规格差异、场地布局及主要技术指标需求等因素，研制出了许多不同类型、规格的分拣设备。为便于区分和管理，这些设备可按不同的原则进行分类。

按照用途分，分拣装备可分为片状类分拣机，扁平类分拣机，箱、包类分拣机，如表5-1所示。

表5-1 分拣设备按用途分类

按照用途分类	分拣设备名称	备注
片状类分拣机	半自动信函分拣机	处理物件规格 长度(L)：90 ～ 230毫米 宽度(B)：55 ～ 140毫米 厚度(T)：0.2 ～ 5毫米 重量(W)：≤ 150克
	自动信函红框理信机	
	自动信函分拣机	
	理分合一自动信函分拣系统	
	票据排序机	
	纸钞分类机	
	社保卡分类排号机	
	其他薄片类分拣机	
扁平类分拣机	扁平信函分拣机	处理物件规格 长度(L)：90 ～ 230毫米 宽度(B)：55 ～ 140毫米 厚度(T)：5 ～ 20毫米 重量(W)：≤ 1500克
	期刊、书籍配数分拣机	
箱、包类分拣机	邮袋分拣机	处理物件规格 长度(L)：200 ～ 800毫米 宽度(B)：100 ～ 500毫米 高度(T)：10 ～ 500毫米 重量(W)：≤ 30千克
	包裹分拣机	
	图书总包分拣机	
	成品烟箱分拣机	
	条烟配数分拣机	
	周转箱路向分拣机	
	其他包类分拣机(邮袋、服装类)	

按结构技术分，可分为吸气式分离信函分拣机、摩擦式信函分拣机、横推式路向分拣机、悬挂推式路向分拣机、底带水平旋转式分拣机、交叉带式分拣机等。此处不再一一赘述。

分拣装备的技术指标如下。

(1) 分拣效率：指整个系统装备能达到的最大分拣效率，实际使用效率一般为最大效率的 70%。

(2) 运行速度：指主分拣线的运行线速度。

(3) 处理物件规格：表示系统装备能处理的物件形状规格的限定范围。

(4) 分拣格口数量：表示系统装备应具备的最多分拣路向数量。

(5) 供件席位数量：指分拣系统达到最大分拣效率时应具备的最少供件席位数量。

(6) 分拣差错率：系统因各种因素引起的物件错分拣率(邮政系统的分拣差错率一般为万分之一)。

(7) 运行噪音：距设备约 1 米、分点测试后取得的最大值或平均值。

5.4.1　半自动分拣机

半自动分拣机是一种广泛应用于烟草配送行业的新型分拣机，其分拣速度快、精度高、结构简单、维护容易，以单元组为单位，每个单元有 20 个通道组，每个通道可以存储大量的物件。半自动分拣机常根据不同的订单，给众多下属单位配送高频度的小件，其结构有很好的通用性。

阅读材料 5-2　安徽中鼎集团的半自动立式分拣机和电子标签分拣机

1. 新一代半自动立式分拣机

如图 5-7 所示，新一代半自动立式分拣机(型号：ZF—L600)结合了国内外分拣设备的优点及国内的使用特性，采用中央控制器，是集机、光、电、计算机网络、通信软件、分拣控制软件于一体的多功能、集成、高效、高精度的卷烟半自动分拣系统。系统通过计算机网络控制软件从烟草公司的销售系统中导入销售数据，经软件优化后导出待分拣烟的品种、数量等资料，分拣时通过计算机和 PLC 指令控制各机械部件，高效、准确地实行分拣作业，实现高度自动化。

新一代半自动立式分拣机主要由以下模块组成。

(1) 分拣模块。分拣模块为分拣设备最重要的模块之一，本模块采用组合立式结构，由上烟通道和出烟装置组成，综合客户所销售品牌的数量给整机设立 80～120 个分拣通道。

图 5-7 安徽中鼎半自动立式分拣机

(2) 喷码模块。高速、自动、准确的在线喷码系统，可以按客户的要求配备激光或喷墨喷码机，无须对系统做任何更改，方便、快捷；喷印内容一户一码，符合国家烟草局“一号工程”的标准要求，有利于增强防伪保密性。

(3) 堆垛模块。经分拣机分出来的卷烟经主输送、整形输送、喷码后，进行3～25条卷烟的任意整理叠加，实现叠加卷烟的预码垛功能，从而极大地提高自动包装效率。

(4) 输送模块。分拣出来的条烟经主传送、减速整形、喷码到堆垛区，由堆垛装置完成分拣条烟的堆垛并输出，由人工完成打包装箱或自动装箱。同时，在包装区留有自动包装的接口，以便实现自动堆垛包装，提高整机的自动化程度。

新一代半自动立式分拣机的优点如下。

(1) 设备分拣速度为180～200件/小时。

(2) 实现了按品牌、数量和批次的方式出烟，完全解决了以往设备分拣时卷烟品牌混乱的现象。

(3) 特有的语音广播系统，实现卷烟分拣的报数、报错、特种烟提示、设备运行提示、缺烟提示、任务完成提示等功能，方便了分拣操作。

(4) 客户可以根据需要，选择配备专用标准箱自动装箱机构(每箱25条)，从而大大提高了自动化程度，节省了人力资源成本，降低了长期的运营成本。

2. 中鼎电子标签分拣机

如图5-8所示，中鼎电子标签分拣机(型号：ZF—M4802)的专利名称“户籍化卷烟喷码配送流水线”(专利号：02258195.2)是根据国家烟草专卖局推出的“电话访销、网上配货、电子商务、现代物流”的运营模式开发的，是集分拣、喷码为一体的专利产品。

该分拣系统的特点是：设计人性化、应用科学化、功能系统化、操作简单化、识别专业化、应用经济化。其主要模块构成如图5-9所示。

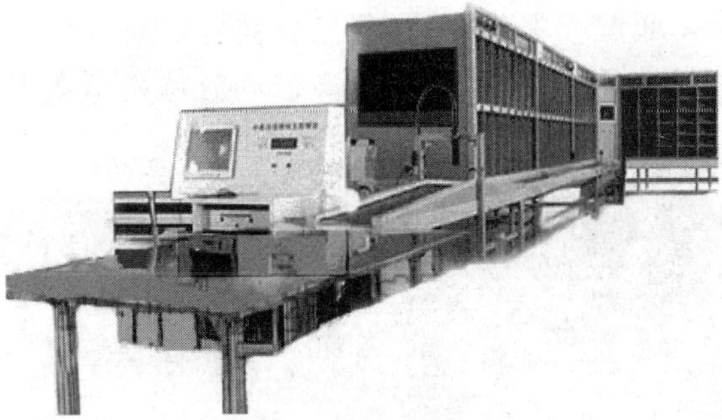

图 5-8　电子标签分拣机

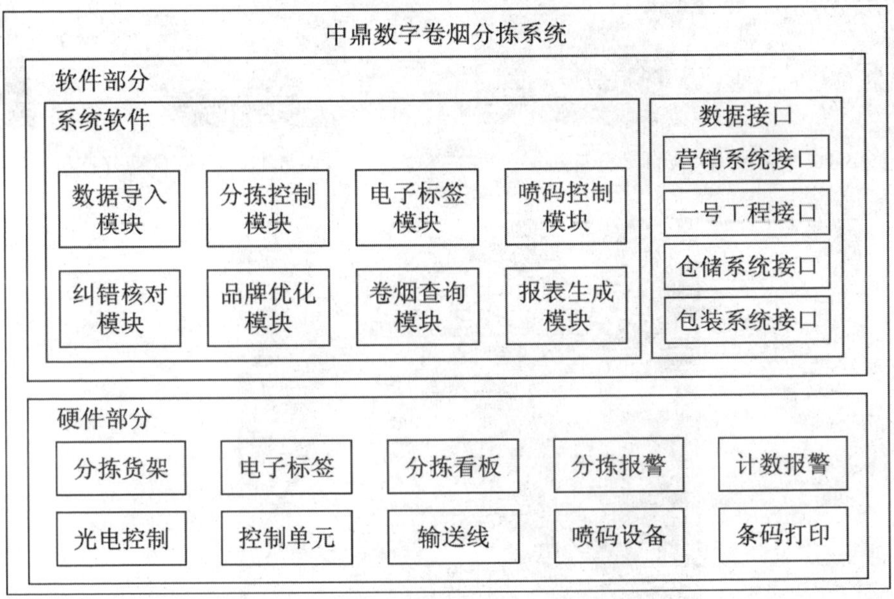

图 5-9　分拣系统构成图

(资料来源：合肥中鼎信息科技股份有限公司. http://www.zd315.net/pro_info_fjj2.asp；http://www.zd315.net/pro_info_fjj.asp)

5.4.2　自动分拣机

自动分拣机一般由输送机械部分、电器自动控制部分和计算机信息系统联网组合而成。它可以根据用户的要求、场地情况，对条烟、整箱烟、药品、货物、物料等，按用户、地名、品名进行自动分拣、装箱、封箱的连续作业。机械输送设备根据输送物品的形态、体积、重量而设计定制。分拣输送机是工厂自动化立体仓库及物流配送中心对物流进行分类、整理的关键设备之一，通过应用分拣系统可实现物流中心准确、快捷的工作。图 5-10 为大型滑块式自动分拣机示意图，图 5-11 为小型自动分拣机示意图，图 5-12 为迷你自动分拣机示意图。

图 5-10 大型滑块式自动分拣机

图 5-11 小型自动分拣机

图 5-12 迷你自动分拣机

三种分拣机的差别在于分拣、搬运搬送物的尺寸和重量不同。大型自动分拣机的搬送速度在 120 米/分，搬送物长度为 300 毫米、物体之间的距离为 450 毫米；小型自动分拣机搬送速度在 100 米/分，搬送物长度为 150 毫米、物体之间的距离为 600 毫米。

图 5-13 为托盘式分拣机，这种分拣机兼用于包裹和印刷品的分拣，采用先进的可编程控制器件，可实现上位机联网、条码扫描、故障显示等；可分拣大、重包裹。该包裹分拣机分拣效率高、功能齐全，性能稳定。图 5-14 为自动化邮件分拣机。

图 5-13　托盘式邮件分拣机

图 5-14　自动化邮件分拣机

5.4.3　自动分拣输送系统

拣货作业系统的规划是整个分拣物流配送中心规划的重中之重，也就是说，拣货作业系统是物流配送中心的“心脏”。一个拣货作业系统的成功与否往往决定了一个物流配送中心效率的高低，尤其是在商品呈现多品项、多批次的情况下，拣货作业的困难度随之升高。

在以往依靠手工进行的分类和拣选作业的系统中，导入可以迅速、精确进行分类的各种分类器具和便于使用的拣选系统，不仅可以大大提高工作效率，大幅缩短作业时间，降低劳动强度，而且可以显著降低拣选误差，将物流服务提高到一个崭新的水平。此外，还可以迅速对多种物品进行分类，灵活对应多样化的交货需求。图 5-15 为大福自动化物流设备(上海)有限公司的自动分拣输送系统。

图 5-15　自动分拣输送系统

图 5-16 所示的滑轨式高速自动分类装置，可以快速、平稳、精确地对任何形状的商品进行分类。

广州市傲派自动设备有限公司提供的自动分拣输送系统(见图 5-17)具有以下特点：对物料形状没有特殊要求，各种形状的物料均可进行平稳分类；单侧或双侧分流，物料受冲击小，分拣动作比较柔和，适用于分拣易翻倒或易碎物品；双向滑块式可向两侧分拣物品，节约占地面积；模块化设计、维护简便；可与其他输送设备根据工作现场自由布置，组成柔性化的物流输送、分拣体系；分拣作业前端输入分拣命令的方式简单、快捷、多样，可以人工输入或者条码(RFID 电子标签)自动获取；分拣速度高、准确，分拣最高效率高达每小时几千件且分拣差错率低；分拣能力强，分拣数目可达数十个；对分拣物品的形状、重量、大小、包装形式等适应性强。这种自动分拣输送系统适用于各种箱包、袋、扁平件等无滚动物件的分拣；系统输送的最高速度可以达到 120 米/分钟，并可在 60～120 米/分钟的范围内无级自动调节，既可满足高峰时的生产效率，又能满足一般作业时的低噪音、低能耗，延长设备的使用寿命。

图 5-16　滑轨式高速自动分类系统装置

图 5-17　自动分拣输送系统

5.5　自动分拣系统实例

5.5.1　RF 拣选系统

条码扫描检验系统可以实现精确管理，支持实时作业。图 5-18 为日本大福自动化物流设备(上海)有限公司的 RF 拣选系统。

图 5-19 为上海佰川物流设备有限公司的 RF 拣选系统，该系统的特点是：分拣输送系统是一种物料搬运系统，能够将随机的、不同类别、不同去向的物品，按其要求进行分类(按产品类别或产品目的地不同来分)；能连续、大批量地分拣货物，分拣误差率极低，分拣作业基本实现无人化；分拣方式可分为滑块式、滚轮式、翻盘式、交叉式、垂直式等。

图 5-18　大福自动化物流设备公司的 RF 拣选系统

图 5-19　上海佰川物流设备有限公司的 RF 拣选系统

图 5-20 为通过语音进行拣选的设备，由上海市浦东新区的德马泰克公司提供。目前，解放双手、双眼的语音拣选设备已经在短时间内成为全球首选的订单履行解决方案。该方案通过提高工作效率和节省拣选纠错成本，每天可节约上千美元。

图 5-20　德马泰克公司的语音拣选系统

5.5.2 电子标签拣货系统

电子标签拣货系统(electronic labeling system)在日本、欧美等国家的集中式配货运作中已被广泛采用。目前，上海联华集团配货中心、上海光明乳业集团配货中心、上海医药配送中心等率先引进了电子标签拣货系统。电子标签具有弹性控制拣货流程、即时现场控制、紧急订单处理功能，并能降低拣货错误率，加快拣货速度，免除表单作业，节省人力资源。

电子标签拣货系统通过固定在货架上的电子标签分拣货物，由后台计算机系统控制的电子标签自动显示货物数量，分拣员只需要按照数量提取货物并按确认按钮就可以完成分拣工作，这是一种具有广泛用途的数字化分拣设备，无论是少量、多品种还是大量、少品种，都可以实现分拣的自动提示和自动记录。图 5-21 为大福自动化物流设备(上海)有限公司的电子标签拣货系统，图中的数字显示器可以显示商品的拣选位置和数量。

图 5-21 大福自动化物流设备(上海)有限公司的电子标签拣货系统

阅读材料 5-3 诺瓦电子标签分拣物流系统

上海诺瓦科技有限公司开发的配货物流管理系统，针对配货中心的日常运作，提供了多种电子标签拣货的运作模式。下面着重介绍摘取式和播种式分拣系统。

1. 诺瓦摘取式电子标签分拣系统功能介绍

(1) 支持多种拣货工作流程方式

在配货作业流程中，无论是摘取式还是播种式分拣系统，一般可分为统一的整体拣货和分区域的并行拣货。整体拣货是以仓库为单位，规定各拣货区的流程顺序，拣货作业单逐次进入各拣货区，并行拣货是将领用单按拣货区分解成各拣货区的拣货单，以各拣货区为独立单位进行拣货。并行拣货无疑是一种高效的拣货运作模式，但是对拣货计划要求较高，在多单队列中如何避免碰撞，并尽可能地保证同一出库单的多拣货单能够在相近的时间完成，都是首先要解决的问题。拣货时它是一个多元的并行工作队列，使得拣货时的工作瓶颈较小，负荷均匀，效率最高。在实际工作中，整体拣货和并行拣货往往是交叉进行的。上海诺瓦科技有限公司开发的配货物流管理系统针对配货中心这两种日常运作模式提供了多种拣货运作方式，并且可以由用户自己规划变更运作模式和相应的库区以及工作模式间的转化。

区域拣货包括分区、订单分割、订单分类、订单分批列队这四步程序。诺瓦公司的拣货系统完全实现了这一过程的计算机化，可以按照客户的配货单的时间顺序以及客户优先级别进行排列，如在遇到同一配货区域有多配货单时或同一配货单有多配货区域时，系统将根据配货要求的时间、配送客户优先等级、配货单整体配送的状态、配送车辆的情况等进行智能排序。在拣货的同时，还可以根据实际的需要调整拣货顺序、插单和挂起特定的拣货单。这样不但降低了配货过程中的劳动强度，还使得每笔配货单的配货时间大大缩短，减少错误的发生。

(2) 拣货过程的实时监控

使用电子标签系统可以实现对整个拣货过程的监控，无论是待拣、在拣中、缺货、拣货完成、盘货等状态都可以直接看到库区中的每一个货架。

诺瓦公司的拣货系统为用户提供以库区、拣货单、被拣的货品为主体进行的动态监控和数据统计，包括各拣货单的完成度、拣货作业时间、各拣货区域的拣货单队列完成度、流利货架的货品数量等。

(3) 货架补货预警和实时的盘库

正因为电子标签系统可以实现对整个拣货过程的监控，因此，它还可以提供货架上被拣货品的精确数量。诺瓦公司的拣货系统还可对货架上货品的数量进行实时的统计，根据被拣货品的拣货单阶段时间内的出货量合计数对流离货架上的货品数进行监控和预计，使得流离货架上的货品数及时得到补充。

由于电子标签系统可以支持双向的数据传输，因此，利用这一特点诺瓦公司的拣货系统还为用户提供实时的盘库功能。在遇到某一拣货区域空闲时，可转入盘库状态，此时电子标签上显示的是货品的数量，操作员可进行清点，利用电子标签的功能键输入盘存数，这样就可实现即时盘库，亦可在每一班次后进行实时盘库，减少不必要的意外误差。

(4) 强大的数据统计功能

一个严谨、专业且有效的物流配送中心是建立在对商品资料的全面分析上的。拣货系统是最底层的操作，通过对其数据的分析，诺瓦公司的拣货系统还能满足用户对拣货订单资料的分析、SKU 分布分析、拣货效能分析、人员工作量分析、商品订购频率分析等，为物流配送中心管理调整提供科学的依据，从而制定出符合企业实际要求的物流供应链解决方案。

2. 诺瓦播种式电子标签分拣系统功能介绍

播种式电子标签分拣系统的具体实现方法是将所有的客户按货位的数量分成若干配

货组(拣货区段)，配货区段中的每个储位代表每一客户(商店等)，每一储位都设置电子标签与其对应，每次只将一种货品对一组客户进行配货。操作员一般先通过条码扫描把将要分拣的货物信息输入系统中，对应客户配货位置的电子标签就会显示出该位置所需配货的数量，配拣员可根据这些信息进行快速分拣作业。因为DAS系统是依据商品和部件的标识号来进行控制的，所以每个商品上的条形码是支持DAS系统的基本条件。当然，在没有条形码的情况下，可以通过自制条码或后台依次触发来解决。

由于播种式是以货品为主体对每张客户订单进行货品的分配作业，所有订单要到最后一个货品分配完成后才几乎同时结束，因此一旦在整个作业过程中出现意外情况将影响整场的作业，这些意外情况包括：拣货过程中因瞬间掉电、通信线路、控制设备死机等导致的拣货中止。针对这一问题诺瓦公司在播种式电子标签分拣系统中还专门增加了复拣和紧急故障处理模块，该模块按客户要求恢复最后的拣货状态，进行拣货复核或恢复中断的拣货作业重新拣货。紧急故障处理也支持现场工作人员因突发事件而下达的拣货中断指令，所有的拣货中断事后都可以按不同的要求继续作业。通过这些方法，将作业中因人和设备发生的问题控制在极限范围内。

3. 实施效果

诺瓦公司的拣货系统结合物流工作领域的运作特点和现代化物流配送体系需要考虑的作业原则，实现了对物流拣货作业的科学、正确、快速、实时、连续的管理。根据统计资料，为物流配送中心带来以下的效率。

(1) 加快拣货速度(提高50%～200%)。

(2) 降低拣货错误率(正确率达到99.98%)。

(3) 免除表单作业(使工作效率提高了70%以上)。

(4) 人员训练容易且标准化(培训只需5分钟)。

(5) 促进管理升级(使用后业绩提高40%)。

(资料来源：上海诺瓦科技有限公司. http://www.novatech.com.cn/wl1.htm)

5.5.3 通道式分拣系统

通道式分拣系统(见图5-22)由多台通道推送分拣机和链板输送机等组成，用于分拣量大的、外形尺寸规范的商品，如条烟、纸包药品等，每台通道式分拣机可对大件商品进行分拣出货，在一定时间内只分拣且每次可分拣若干个(如5个)同一品牌的商品。

图 5-22　通道式分拣系统

本章小结

本章主要介绍了物流分拣过程中涉及的技术及装备。首先介绍了常见的自动分拣作业方式，包括摘取式拣选和播种式拣选，然后介绍了自动分拣系统的特点、组成及其性能，最后介绍了与物流分拣系统相关的装备，如分拣机、电子标签拣货系统、RF 拣货系统等，并通过企业实例介绍了常见的拣货系统的特点和功能。

思考题

1. 物流分拣作业流程是什么？
2. 常见的分拣方法有哪些？
3. 常见的分拣装备有哪些？
4. 简要描述电子标签拣货系统和 RF 拣货系统的优缺点。

第6章
物流包装技术与装备

学习目标

通过本章的学习，应该掌握包装的概念、分类和作用，了解常见的包装材料，理解包装合理化的内容，掌握包装技术与包装设备，了解包装标准的基本知识。

核心要点

- 包装的概念和作用。
- 包装的分类。
- 包装材料。
- 包装技术。
- 包装合理化。
- 包装标准。
- 包装设备。

6.1 物流包装概述

商品总是和一定的包装联系在一起的，有些商品的包装已经不仅仅是一件“外套”，而是商品本身的一个有机组成部分。在国际贸易中，包装更有其特殊的意义，是主要贸易条件之一。商品的包装还是提升商品附加值和企业品牌形象的有效手段。包装作为实现商品价值和使用价值的手段，是商品生产、流通、销售中不可或缺的环节。而随着时代的发展和人们对产品审美要求的提高，包装已经告别了原来单一的使用功能，成为传播商品信息、提升商品价值、占领市场的必胜法宝。传统的商品包装大都“傻大黑粗”，既不实用，又不美观，极大地影响了商品的市场价值；现在的企业已经意识到通过商品包装设计，不但可以提升商品本身的附加值、增加企业的利润，更能使企业的整体品牌形象得到提升。

无论是产品或是材料，在搬运、输送以前都要经过某种程度的包装、捆扎或装入适当容器，以保证产品完好地运送到消费者手中，所以包装被称为生产物流的终点，同时也是社会物流的起点。物流系统的所有构成要素均与包装有关，同时物流也受包装的制约。作为搬运、运输的基础步骤，包装应尽可能地满足物品的搬运(方便搬运工具对包装的操作)、装卸、运输(采用标准运输包装尺寸，进行集合包装，以配合单件货载尺寸、车厢尺寸和集装箱尺寸等，合理利用运输空间)、仓储(方便入库的堆垛与取用)的要求，按照集装与混装的标准化要求，以适合的包装材料和数量进行包装，使产品能直接进入搬运与运输作业，避免重复分装或组装，造成企业流通成本的增加，提高物流效率，降低成本。

6.2　包装的概念和功能

6.2.1　包装的概念

国际标准 ISO 和中国国家标准 GB/T 4122.1—2008《包装术语》第一部分对包装的定义是：包装(packaging)是指为在流通过程中保护产品，方便储运，促进销售，按一定技术方法而采用的容器、材料及辅助物等的总体名称。也指为了达到上述目的而采用容器、材料和辅助物的过程中施加一定方法等的操作活动。从该定义的表述中，我们不难理解包装的目的和意义，即包装一是为了保护产品；二是为了方便储运；三是为了促进销售。包装在维持产品的存在价值和实现产品的使用价值方面发挥着作用。

6.2.2　包装的功能

1. 保护货物功能

在物流系统中，包装的主要作用是保护商品，避免在移动和储存过程中发生货损货差。商品保护程度的高低，涉及包装是否满足了商品要求以及包装材料是否适合。由于商品需要在一定的环境中移动并储存，所以某一包装商品受损的敏感度直接与其所处的环境有关。包装受损常起因于运输、储存和所利用的管理系统。在物流系统中，四个最容易引起货损的原因是：振动、碰撞、击穿、挤压。

商品在储存时，堆码出了问题也会导致货损，从表面破损到压碎、变形和破裂都有可能出现。当物品在运输过程中，包装对货物的保护作用可使货损降低。

包装要求也会影响物流系统的设计。一般来说，在物流系统的设计中，必须对货损的外界自然环境因素(如温度、湿度及其他因素)的影响做出估计，事先决定如何使包装的物品不受环境影响。包装的货物保护功能主要包括以下几个方面。

(1) 防止商品破损、变形。要求包装能承受在装卸、运输、保管过程中各种力的作用，如冲击、振动、颠簸、压缩等，形成对外力破坏的防护作用。

(2) 防止商品发生化学变化。要求包装能在一定程度上起到阻隔水分、溶液、潮气、光线、空气中酸性气体的作用，起到对环境、气象的影响进行防护的作用。

(3) 防止腐朽、霉变、鼠咬虫食。要求包装有阻隔霉菌、虫、鼠侵入的能力，起到防护作用。

(4) 包装还有防止异物混入、污物污染，防止丢失、散失的作用。

2. 提高效率功能

所有物流系统的作业都会受到包装效果的影响。物流生产率是指物流活动的产出与投入之比，几乎所有的物流活动的生产率都能用包装所组成的货物单元来描述。

按照商品外形和标准订单数量包装商品有助于提高物流活动的生产率。减小包装尺寸，可以提高包装的利用率；通过将商品集中起来，或通过装运未装配的货物、成组的货物，并最小量地使用衬垫也可以减少包装内的无效空间。

包装成组化是指为了材料搬运或运输的需要而将包装成组化为一个受约束的载荷。集装化包括了将两个成组化包装捆在一起的成组化到使用专门的运输设备成组化的所有形式。所有类型的集装化都有一个基本目的，那就是提高效率。在非集装化物流中，大约一半的总成本是花费在车辆间的换装、运输、包装成本上，以及为防止货损货差所采取的措施和保险上。因此，通过集装化可提高效率是显而易见的。

便利作业是指包装的结构造型、辅助设施能适于装卸、搬运、多层堆码和有效而充分利用运载工具与库存容积。在包装的外部结构形式中，小型包装适于人工作业；大型的、集装的则适于叉车及各种起重机机械作业。包装的大小、形态、包装材料、包装重量等因素都影响着运输、保管、装卸等各项作业。

3. 传递信息功能

物品包装上的信息通常包括制造厂、商品名称、容器类型、个数、通用的商品代码等。在收货入库、拣选和出运查验过程中，包装箱上的信息可以用来识别商品，同时操作人员应能从各个方向、在合适的距离看到标签。物流包装能在收货、储存、取货、出运的各个过程中跟踪商品。

价格低廉的扫描设备和代码的标准化提高了跟踪能力和效率。物流包装提供有关装卸和防止货损的说明书，说明书对商品的装卸提出了容器、温度限制、堆垛要求、潜在环境等方面的要求。

6.3 包装的分类

6.3.1 按包装在流通中的作用分类

1. 商业包装

商业包装又称销售包装或内包装，是指以促进销售为主要目的的包装，主要作用是保护商品、方便使用、促进销售，但是也应该符合销售地国家的法律和法规。这种包装的特点是外形美观，有必要的装潢，包装单位适于顾客的购买量以及商店陈设的要求。在流通过程中，商品越接近顾客，越要求包装有促进销售的效果。

2. 运输包装

运输包装是指以强化输送、保护产品为主要目的的包装，又称外包装，其主要作用是保护商品、方便储运和节省费用。

运输包装的重要特点是在满足物流要求的基础上使包装费用越低越好。为此，必须在包装费用和物流时的损失两者之间寻找最优的方案。为了降低包装费，包装的防护性也往往随之降低，商品的流通损失就必然增加，这样就会降低经济效益。相反，如果加强包装，商品的流通损失就会降低，包装费用就必然增加。如果完全不允许存在流通损失，就必然存在所谓的“过剩包装”，物流及包装费用必然会大大增加，由此带来的支出的增加会大于不存在过剩包装时的必然损失。因此，对于普通商品，包装程度适中才会有最优的经济效果。

商品在运输过程中不一定都需要包装。随着运输、装卸技术的进步，越来越多的大宗颗粒状或液态商品，如粮食、水泥、石油等，都采用散装方式，即直接装入运输工具内运送，配合机械化装卸工作，既降低了成本，又加快了速度。另外有一类称为裸装的包装方式，这种方式适用于自行成件的商品，在运输过程中只需加以捆扎即可，如车辆、钢材、木材等。

但绝大多数商品，在长途运输过程中，需要进行运输包装。按其包装方式，可分成单件包装和集合包装。单件包装指货物在运输过程中作为一个计件单位的包装，常用的有箱、包、桶、袋、篓、罐等。集合包装是在单件包装的基础上，把若干单件组合成一件大包装，以适应港口机械化作业的要求。集合包装能更好地保护商品，提高装卸效率，节省运输费用。常见的集合包装方式有托盘、集装袋和集装箱。

6.3.2 按包装适用的广泛性分类

1. 专用包装

专用包装是根据被包装物特点进行专门设计、专门制造，只适用于某种专门产品的包装。

2. 通用包装

通用包装是不进行专门设计、制造，而根据标准系列尺寸制造的包装，通用包装可以包装各种标准尺寸的产品。

6.3.3 按包装容器分类

按包装容器的抗变形能力，可以把包装分为硬包装和软包装两类。硬包装又称刚性包装，包装体有固定形状和一定强度；软包装又称柔性包装，有弹性，包装体可有一定程度的变形。

按包装容器的形状可以把包装分为包装袋、包装箱、包装盒、包装瓶、包装罐等。

阅读材料 6-1 何谓包装袋

包装袋是柔性包装中的重要技术，包装袋材料有较高的韧性、抗拉强度和耐磨性。一般包装袋的结构是筒管状结构，一端预先封死，在包装结束时再封装另一端。包装操作一般采用充填操作。包装袋广泛应用于运输包装、商业包装、内装、外装。

(1) 集装袋。这是一种大容积的运输包装袋，盛装重量在1吨以上。集装袋的顶部一般装有金属吊架或吊环等，便于铲车或起重机的吊装、搬运。卸货时可打开袋底的卸货孔，即行卸货，非常方便。集装袋适于装运颗粒状、粉状的货物。集装袋一般多用聚丙烯、聚乙烯等聚酯纤维纺织而成。由于集装袋装卸、搬运货物都很方便，装卸效率明显提高，近年来发展很快。

(2) 一般运输包装袋。这类包装袋的盛装重量是0.5～100千克，大部分是由植物纤维或合成树脂纤维纺织而成的织物袋，或者由几层材料构成的多层包装袋，如麻袋、草袋、水泥袋等，主要包装粉状、粒状和个体小的货物。

(3) 小型包装袋(或称普通包装袋)。这类包装袋的盛装重量较小，通常用单层材料或双层材料制成。对某些具有特殊要求的包装袋也有用多层不同材料复合而成。小型包装袋包装范围较广，液状、粉状、块状和异型物等均可采用这种包装。

上述几种包装袋中，集装袋适于运输包装，一般运输包装袋适于外包装及运输包装，小型包装袋适于内装、个装及商业包装。

阅读材料 6-2　何谓包装盒、包装箱

包装盒是介于刚性和柔性包装两者之间的包装技术。包装材料不易变形，有较高的抗压强度，刚性高于袋装材料。包装结构是规则几何形状的立方体，也可裁制成其他形状，如圆盒状、尖角状，一般容量较小，有开闭装置。包装操作一般采用码入或装填，然后将开闭装置闭合。包装盒整体强度不大，包装量也不大，不适合做运输包装，适合做商业包装、内包装，且适合包装块状及各种异形物品。

包装箱是刚性包装技术中的重要一类。包装材料为刚性或半刚性材料，有较高强度且不易变形。包装结构和包装盒相同，只是容积、外形都大于包装盒。包装操作主要为码放，然后将开闭装置闭合或将一端固定封死。包装箱整体强度较高，抗变形能力强，包装量也较大，适合做运输包装、外包装，包装范围较广，主要用于固体杂货包装。

阅读材料 6-3　何谓包装瓶

包装瓶是瓶颈尺寸有较大差别的小型容器，是刚性包装中的一种。包装材料有较高的抗变形能力，刚性、韧性要求一般也较高，个别包装瓶介于刚性与柔性材料之间，瓶的形状在受外力时虽会发生一定程度的变形，但外力一旦撤除，仍可恢复原来瓶形。

包装瓶的瓶颈口径远小于瓶身，且在瓶颈顶部开口；包装操作是填灌操作，然后将瓶口用瓶盖封闭。

包装瓶的包装量一般不大，适合美化装潢，主要作为商业包装、内包装使用，用于包装液体、粉状货。包装瓶按外形可分为圆瓶、方瓶、高瓶、矮瓶、异形瓶等若干种。瓶口与瓶盖的封盖方式有螺纹式、凸耳式、齿冠式、包封式等。

阅读材料 6-4　何谓包装罐

包装罐是罐身各处横截面形状大致相同，罐颈短，罐颈内径比罐身内颈稍小或无罐颈的一种包装容器，是刚性包装的一种。

包装罐的包装材料强度较高，罐体抗变形能力强。包装操作是装填操作，然后将罐口封闭，可做运输包装、外包装，也可做商业包装、内包装。包装罐包括以下几种。

(1) 小型包装罐。这是典型的罐体，可用金属材料或非金属材料制造，容量不大，一般是做销售包装、内包装，罐体可采用各种方式装潢美化。

(2) 中型包装罐。中型包装罐的外形也是典型罐体，容量较大，一般做化工原材料、

土特产的外包装，起运输包装作用。

(3) 集装罐。这是一种大型罐体，外形有圆柱形、圆球形、椭球形等，卧式、立式都有。集装罐往往是罐体大而罐颈小，采取灌填式作业，灌填作业和排出作业往往不在同一罐口进行，而另设卸货出口。集装罐是典型的运输包装，适合包装液状、粉状及颗粒状货物。

按包装容器的结构形式，可以把包装分为固定式包装和拆卸折叠式包装两类。固定式包装尺寸、外形固定不变，可拆卸折叠式包装通过折叠拆卸在不需包装时缩减容积以利于管理及返运。

按包装容器的使用次数，可以分为一次性包装和多次周转包装两类。

6.3.4 按包装技术分类

按包装层次及防护要求，包装可以分为个装、内装、外装三类。

按包装的保护技术可以把包装分为防潮包装、防锈包装、防虫蚀包装、防腐包装、防震包装、危险品包装等。

6.4 包装材料

用于物流包装的材料很多，从传统的纤维纸板到最新的记忆性塑料，可谓应有尽有。按不同的用途，包装材料可分为以下几类：容器材料，用于制作箱子、瓶子、罐子，包括纸制品、塑料、木料、玻璃、陶瓷、各类金属等；内包装材料，用于隔断物品和防震，包括纸制品、泡沫塑料、防震用毛等；包装用辅助材料，如各类接合剂、捆绑用纫绳(带)等。

1. 木质包装

木材是最传统的包装材料，至今仍被广泛使用。由于木材资源的再生速度很慢，许多包装领域已用纸或塑料替代。但因木材具有良好的包装特性，在重物包装以及出口物品等方面还在使用。木材较多地用于制作木桶、木箱和胶合板箱三类容器。普通的密闭木箱可装200千克的货物；如果选用下设垫板的木箱，则可装运200千克以上的货物。为了承载重物，通常选用木垫板，可装载并固定60吨的重物。木材的另一个用途是制作托盘。图6-1为大件木质包装箱，图6-2为花格木箱。

图 6-1　大件木质包装箱

图 6-2　花格木箱

阅读材料 6-5　我国进出境货物木质包装检疫有新规

为确保我国外贸顺利进行，根据新修订的国际标准，国家质检总局对进出境货物木质包装检疫的要求有了相应的调整并已实施，与以前木质包装检疫要求相比，新检疫要求有以下变化。

一是缩小木质包装监管定义范畴。用于承载、包装、铺垫、支撑、加固货物的木质材料，新豁免了完全由薄木材(厚度 6 毫米或以下)制作的木质包装；完全由经过胶粘、加热、加压等方法生产的胶合板、刨花板、纤维板等制作的木质包装；在制作过程中经过加热处理用于存放散装葡萄酒或烈酒的木桶；用于包装葡萄酒、雪茄或其他商品的礼品盒，在其制作过程中经过加工或其他去除有害生物的处理；锯末、刨花木、丝；永久固定于运输车辆和集装箱上的木质配件等六种木质包装材料。

二是对树皮提出新的检疫要求。木质包装须使用去树皮木材制作，木质包装上单个树皮残留允许量应满足：宽度小于 3 厘米，或总面积小于 50 平方厘米。如使用溴甲烷对木质包装进行熏蒸处理，应在处理前去除树皮。进境木质包装如携带树皮不符规定的，将需检疫处理合格方可放行。

三是认可新的木质包装检疫处理方法。除使用热处理、溴甲烷熏蒸处理外，也可采用介电加热处理。

四是放宽木质包装上 ippc 标识加施要求。ippc 标识是输出国或地区检疫主管部门按照国际植物保护公约的要求进行除害处理的标记。标识的大小、使用的字体、加施的位置均可根据需要变化，但必须是矩形或正方形的，样式必须满足 ispm15 要求。标识的信息应当符合规定，不得增加商标、防伪符号等其他内容，这些内容可以在标识框外加注。

五是明确对木质包装重复使用的规定。未经修缮、再制造或其他改造的木质包装，经检疫合格的，可重复使用，不需要再进行检疫处理或重新标识。替换部件不超过三分之一的木质包装属于修缮木质包装，只需要对增加的木材进行检疫处理并加施相应的标识。对于替换部件超过三分之一的木质包装则应归于再制造的木质包装，需将原有的标识去除，并重新进行检疫处理加施标识。

为此，提醒出口企业务必严格遵守上述规定，出口货物携带木质包装的必须经处理并打印处理标识。同时，进口企业在进口商品启运前，一定要和国外发货商确认所使用的木质包装已进行过检疫除害处理，货主或其代理人在货物进境时要如实申报木质包装相关情况。

(资料来源：中国电子包材网. 进出境货物木质包装检疫有新规. http://www.zhongsou.net/%E7%94%B5%E5%AD%90%E5%8C%85%E6%9D%90%E7%BD%91/news/26739307.html，2014-09-02)

2. 纸质包装

纸的品种是很多的，有专用包装纸，一般指牛皮纸。牛皮纸的强度与每平方米纸张的重量有关，一般有75克、78克、81克、84克4种规格。它的特性项目包括抗拉强度、抗裂强度、伸长率、耐水率等，这些均有国家标准。纸袋多用强度较大的牛皮纸制成，是3～6层的多层叠合构造。如果需要，还可以对牛皮纸作防潮处理，把牛皮纸和塑料薄膜制成复合多层构造。大型纸袋通常用于水泥、肥料、谷物等粉粒状货物的包装。

纸板是指以牛皮纸浆、化学纸浆、旧纸浆等为原料制成的厚纸板的总称。根据不同用途纸板可分为瓦楞原纸、白板纸、黄板纸等，其中瓦楞原纸的用途最广泛，产量也最大。

3. 塑料包装

塑料在包装中被广泛使用，可用于单个包装、内包装、外包装，用于运输包装时可制成各种塑料容器。聚乙烯塑料袋是最常见的包装物，可以替代20～30千克包装用纸袋；聚乙烯和聚丙烯塑料编织袋(俗称蛇皮袋)可以替代包装用麻袋。在箱袋结合的运输包装中，将塑料制成各种盛液体的容器，以替代玻璃瓶、金属罐、木桶等，再把塑料容器放入瓦楞纸箱内。成型容器(塑料罐、箱)也是塑料包装的重要领域，受价格和成型难易程度的影响，成型容器多数用聚乙烯材料制成，且国家在容量、尺寸、强度等方面都有规定。另外，用于替代木箱的运输用塑料箱也被大量使用，一般用在食品、饮料等物品的运输和包装方面。

4. 金属包装

用作包装的金属容器有罐和桶，用镀锌铁板制成。罐有方形和圆形两种，主要用于食品、药品、石油类、涂料类及油脂类物品的包装；桶主要用于以石油为主的非腐蚀性半流体、粉末体、固体等物品的包装，容量为20～200升。

5. 其他包装

(1) 草制包装材料

草制包装材料是一种较落后的包装材料，是指用一些天然生的草类植物，编制成草席、蒲草袋等包装材料。其防水、防潮能力较差，强度也很低，已逐渐被淘汰。

(2) 纤维包装材料

纤维包装材料指用各种纤维制作的袋状容器。天然生的纤维有黄麻、红麻、麻、罗布麻、棉花等。经工业加工的有合成树脂、玻璃纤维等。

(3) 陶瓷与玻璃包装材料

此类包装材料的优点是耐风化、不变形、耐热、耐酸、耐磨等，尤其适合各种液体货物的包装；这种包装可回收复用，有利于降低包装成本，易洗刷、消毒、灭菌。缺点是易碎。

(4) 复合包装材料

复合材料就是将两种以上具有不同性质的材料复合在一起，以改进单一包装材料的性能。应用最广泛的合成材料是金属箔和塑料及玻璃纸复合；纸与塑料复合等。

(5) 绿色包装

绿色包装也称环保包装，指包装节省资源，用后可回收利用，焚烧时无毒害气体，填埋时占用耕地少并能生物降解和分解的包装。国外有人形象地把绿色包装归纳为 4R，即：Reduce(减少包装材料消耗量)，Refill(大型容器可再次填充使用)，Recycle(可循环使用)，Recovery(可回收使用)。所以，绿色包装应满足以下几个方面的要求。

① 包装用材料应当节约，包装要简化。严格控制包装材料用量，精细设计、选用包装方式及包装材料，节约包装、简化包装。

② 包装材料要可以回收或可循环使用。美国 20%的 FTE 饮料瓶在循环使用。

③ 包装用材料要可分解、可降解。日本在食品包装方面正努力用纸包装代替塑料包装；美国用旧报纸的再生纸浆和水制成可以再生的包装新型垫材，用来替代广泛使用的泡沫塑料垫材。

④ 改进包装质量。限制包装材料的重金属含量及其他部分如油墨、染料、料合剂、瓶盖等的用量；限制卤素及其他危险物质的使用；限制使用由氯漂白的包装材料。

⑤ 包装废弃物处理。避免使用聚苯乙烯泡沫、聚苯乙烯袋等作为包装材料；不能在纸箱上使用柏油、沥青等外刷涂料。

阅读材料 6-6　国家邮政局出台实施方案推进快递业绿色包装工作

国家邮政局日前出台《推进快递业绿色包装工作实施方案》(以下简称《方案》)，谋划快递业绿色包装工作，提高快件包装领域资源利用效率，降低包装耗用量，减少环境污染。

《方案》明确了快递业包装工作的总体目标，提出要稳步推进快递业包装的依法生产、节约使用、充分回收、有效再利用，实现“低污染、低消耗、低排放，高效能、高效率、高效益”的绿色发展。《方案》明确，要在绿色化、减量化、可循环上取得明显效果，“十三五”期间，力争在重点企业、重点地区的快递业包装绿色发展上取得突破。到 2020 年，基本淘汰有毒、有害物质超标的包装物料，基本建成社会化的快件包装物回收体系。

绿色包装的实现离不开科技的创新和应用。《方案》提出，“十三五”期间，快递业电子运单使用率年均提高 5%。预计到 2020 年，主要快递企业品牌协议客户电子运单使用率达到 90%以上，大幅降低面单纸张耗材用量；符合标准要求的环保箱、环保袋和环保胶带使用率大幅上升，并推广使用中转箱、笼车等设备，进一步减少编织袋和胶带的使用量。

《方案》还要求，在“十三五”期间基本建立快递业包装治理体系。快递业包装环保技术标准、统计监测、信用体系、用品用具管理制度和事中事后监管更加健全；绿色包装产学研体系更加完善，试点示范工程建设取得可复制、可推广经验；快递企业使用绿色包装、消费者参与包装分类回收再利用的环境保护意识明显增强。

针对快递用户反映较多的“过度包装”问题，《方案》提出，鼓励企业探索简约包装，减少二次包装。在邮政企业和若干家快递企业开展简约包装试点，鼓励试点企业在条件成熟时制定简约包装的企业标准并在业内推广。

(资料来源：国家邮政局出台实施方案推进快递业绿色包装工作[N]. 中国邮政报，2016 年 8 月 23 日，第 2499 期)

6.5 包装技术

包装技术可分为销售包装技术和物流包装技术，在此仅讨论后者。物流包装技术又分为包括容器设计和标记技术的外包装技术以及包括防震、防潮(水)、防锈、防虫等技术的内包装技术。

容器设计主要是容器尺寸和强度设计，标记技术是指把必要的注意事项标记在容器上的技术。以下着重介绍内包装技术。

6.5.1 防震包装技术

防震包装技术可以防止运输中因震动或冲击而造成的物品损伤，一般情况下，采取在内包装材料中插入防震材料以吸收外部冲击力的方法。防震包装设计的主题是确定防震材料的种类和厚度。在设计上，还应该同时考虑成本问题，选择不同的材料、设计不同的衬垫形状都会影响成本。

6.5.2　防锈包装技术

防锈包装的首选技术是使用防锈剂，防锈剂有防锈油和气化性防锈剂两类。各种防锈油是在矿物油中加入防锈漆加剂后制成的。气化性防锈剂是一种常温下就能挥发的物质，挥发出的气体附着在金属表面，从而防止生锈。此外，还有不使用防锈剂的防锈包装技术，此处不一一作介绍。

6.5.3　防霉包装技术

物品在流通过程中，因空气中的潮气侵蚀会变质、潮解、锈蚀、霉变。为防止上述现象的发生而使用的包装技术是防潮包装技术。防水包装技术指防止水侵入到包装物内部所采取的包装技术，可分为耐浸水包装和耐雨水、飞沫的耐散水包装两类。

防潮包装主要有两种方法：一是用透湿度低的材料包装；二是控制包装容器内的湿气。在防潮、防水材料中，有在纸等纤维材料上进行防潮加工的纸系材料，还有塑料薄膜及铝箔等。不同材料的透湿率是不同的，铝箔最小，小于 7，塑料薄膜次之，纸类最人。控制包装内湿气的方法主要还是使用干燥剂，有化学干燥和物理干燥两类，用于包装的主要是物理干燥。

6.5.4　真空包装与充气包装技术

1. 真空包装技术

真空包装技术是在容器封口之前抽成真空，使密封后的容器内基本没有空气的一种包装技术方法。目的是避免或减少氧化，抑制某些霉菌和细菌的生长。

2. 充气包装技术

充气包装技术也就是所谓的气体置换包装，是采用不活泼气体(氮气、二氧化碳等)置换包装容器中空气的一种包装技术。目的是通过改变密封容器中气体的组成成分，降低氧气的浓度从而抑制微生物的活动，达到防霉、防腐和保鲜的目的。

1) 气调包装定义

国际上将通过改变食品周围环境气氛(空气)达到防腐保鲜目的的包装技术都称为气调包装(modified atmosphere packaging / controlled atmosphere packaging，MAP / CAP)。

2) 食品气调包装范围

- 真空包装：要求残氧含量达到 0.5%～1%以下。
- 充氮包装：抽真空充入氮气后进一步稀释氧，降低残氧量。

- 充入保护气体包装：取代空气使食品防腐保鲜。
- 封入吸氧剂或二氧化碳/乙烯发射剂的包装：降低氧和产生气调。

3) 充混合气体气调包装技术保鲜基本原理

根据食品防腐保鲜特点用不同气体组成的保护气体取代空气，抑制微生物繁殖、保持新鲜色泽和降低植物呼吸速度，达到延长食品防腐保鲜期目的。

4) 常用气体种类及及其特性

(1) CO_2

抑菌范围：抑制大多数需氧腐败菌和霉菌，不能抑制厌氧腐败菌和酵母。

抑菌特点：最低 CO_2 抑菌浓度 20%～25%、浓度高抑菌效果高，但对产品风味有影响。

缺点：易溶解食品中的水分和脂肪并渗出汁液、易渗出塑料膜造成包装坍落。

(2) O_2

抑菌范围：抑制厌氧菌生长繁殖，维持新鲜果蔬需氧呼吸的新陈代谢活动。

抑菌特点：高氧(＞60%)可保持猪、牛、羊红色肉类的亮红色色泽；高氧(＞40%)能抑制细菌和霉菌，防鲜切蔬菜褐变。

缺点：引起食品油脂氧化酸败，有助于需氧菌繁殖。

(3) N_2

抑菌特点：置换空气延缓食品氧化反应；混合气体的充填气体；防止因 CO_2 渗出造成的包装坍落。

除了以上常用气体(CO_2、O_2、N_2)外，还有其他气体：Ar、NO_2、CO、SO_2 等用于食品气调包装。

5) 保护气体组成

空气组成：$21\%O_2+78.97\%N_2+0.03\%CO_2$(v/v%)

保护气体根据食品类型和保鲜要求由两种或三种气体以不同的气体百分比混合成混合气体，气体配比以体积百分比表示，如：

- $5\%O_2+90\%N_2+5\%CO_2$(v/v%)；
- $40\%N_2+60\%CO_2$(v/v%)；
- $30\%N_2+70\%O_2$(v/v%)。

6.5.5 收缩包装与拉伸包装技术

1. 收缩包装技术

收缩包装技术是用收缩薄膜将欲包装物品裹包，然后对收缩薄膜进行有关处理(如适当加热处理，使薄膜收紧且紧贴于物品)的包装技术方法。其作用主要有两方面，一是使内装物品形体突出，形象鲜明，质感好，有利于销售；二是有利于提高装卸搬运效率，如使用收缩包装技术把物品固定于托盘上，不仅有利于提高物流过程的效率，而且方便保管与使用。

2. 拉伸包装技术

拉伸包装技术是用机械装置在常温下将弹性薄膜拉伸后，将待包装件紧裹的一种包装技术方法。这种方法也可提高物流效率、方便仓储与使用。

6.5.6　现代集合包装技术

1. 集合包装

集合包装是指将若干包装件或商品组合在一起形成一个适合运输的单元。集合包装能促使装卸合理化，促使包装合理化；方便运输、保管作业及管理，能够有效利用运输工具和保管场地的空间，大大改善环境。

集合包装主要以集装箱为主，可以将装满货物的托盘和集装容器、集装货捆在一起装进大型的集装箱内，以便搬运、装卸和运输。

托盘包装，是为了有效地装卸、运输、保管，将其按一定的数量组合放置于一定形状的台面上，这种台面有供叉车从下部插入并将台板托起的插入口。以这种结构为基本结构的平板台板和在这种基本结构基础上所形成的各种形式的集装器具都叫托盘包装。

集装箱包装，是一种用于货物运输、便于用机械装卸的集合包装容器。集装箱是一个大型包装箱，具有安全、迅速、简便、节省等优点，是一种较好的运输方式。

2. 缠绕包装

缠绕包装技术是近年来在运输包装领域涌现出来的一种现代化的新技术，是推进集装化运输和物流产业化的基础。它采用特定配方与工艺技术制成的缠绕拉伸薄膜，通过应用先进电子技术和精湛的机械制造工艺制成缠绕包装机，将各种外形规则或不规则的产品包裹成一个整体，使货物能受到保护，防止擦伤、碰伤、破损、散失，减少因包装不善带来的经济损失。缠绕包装技术具有以下优势：

(1) 防晒、防水、防潮、防盗、保持货物(产品)清洁的作用，有效地保证货物(产品)在运输和仓储过程中不改变物理、化学性能，不降低使用价值。

(2) 提高单元载荷率，提高装卸、运输作业效率。

(3) 保证装卸人员、运输工具的安全，是发展集装化运输和物流产业的基础。

(4) 可使货物(产品)包装美观、漂亮，提高产品档次。

(5) 大大降低货物(产品)的包装费用，提高工业企业和物流企业的经济效益。

3. 危险品包装技术及其他

(1) 危险品包装技术

危险品包装技术就是按照危险品的性质、特点，根据有关法令、标准和规定专门设计的包装技术与方法。危险品的运输包装上必须标明不同性质、类别的危险货物标志以及装卸、搬运的要求标志。

对于易燃易爆物品，如过氧化氢有强烈的氧化性，遇到微量不纯物质或受热，就会急剧分解引起爆炸，要使用防爆包装技术。防爆包装方法是先用塑料桶包装，然后将塑料桶装入铁桶或木箱中。防爆包装每件净重不超过 50 千克，并有自动放气的安全阀，当桶内的压力达到一定气体压力时能自动放气。

对于腐蚀性物品，要注意避免物品与包装容器的材料发生化学作用。如金属类的包装容器，要在容器内壁涂上涂料，防止腐蚀。

对有毒物品防毒的主要措施是严密包装，使其不透气。包装上要有明显的有毒标志，并标明装卸、搬运的要求。

(2) 防虫、鼠害等包装技术

该包装方法是在包装主物品时，放入一定量的驱虫剂以达到防虫害的目的。包装物品的容器也应当做防虫处理。例如，竹片或条筐必须经过消毒或熬煮，所用浆糊应加放防腐剂，防止害虫孳生，注意不要把处理包装材料的药剂与所包装的物品直接接触。

6.6 现代化包装和集装化

6.6.1 包装合理化

包装合理化一方面包括包装总体的合理化，这种合理化往往用整体物流效益与微观包装效益的统一来衡量，另一方面也包括包装材料、包装技术、包装方式的合理组合及运用。

包装合理化的三要素如下。

1. 防止包装不足

包装不足指的是以下几个方面：①包装强度不足。从而使包装防护性不足，造成被包装物的损失。②包装材料水平不足。由于包装材料选择不当，材料不能很好地承担运输防护及促进销售的作用。③包装容器的层次及容积不足。缺少必要层次或所需体积不足，从而造成损失。④包装成本过低，不能保证有效的包装。

由于包装不足造成的主要问题是在流通过程中的损失及促销能力的降低。这一点不可忽视。我国曾经举行过全国包装大检查，经过统计分析，认定由于包装不足引起的损失，一年达 100 亿元以上。

2. 防止包装过剩

包装过剩指的是以下几个方面：①包装物强度设计过高。如包装材料截面过大，包装方式大大超过强度要求等，从而使包装防护性过高。②包装材料选择过高。如可以用纸板却不用而采用镀锌、镀锡材料等。③包装技术过高。包装层次过多，包装体积过大。④包装成本过高。一方面可能使包装成本支出大大超过减少损失可能获得的效益，另一方面包装成本在商品成本中比重过高，损害了消费者利益。

因包装过剩造成的浪费不可忽视，因为对于消费者而言，购买的主要目的是内装物的使用价值，包装物大多作为废物丢弃。此外，过重、过大的包装，有时适得其反，反而会降低促销能力，所以也不可取。根据日本的调查，目前发达国家包装过剩问题很严重，约在 20%以上。

在网络经济时代，由于现代物流技术，尤其是集装箱技术的广泛采用，包装不足已经不是主要问题，未来的主要问题是包装过剩问题，包装过剩占用了过多的物流成本。

3. 从物流管理角度，用科学的方法确定最优包装

由于物流诸因素是可变的，因此，包装也是不断发生变化的。

物流对包装的影响如下。

(1) 确定包装形式、选择包装方法，都要与物流诸因素的变化相适应。

(2) 在确定包装时，必须对保管的条件和方式有所了解。例如，采用高垛，就要求包装有很高的强度，否则就会压坏。如果采用低垛或料架保管，包装的强度就可以相应降低，以节约资源和费用。

(3) 输送工具类型、输送距离长短、道路情况都对包装有影响。例如，道路情况比较好的短距离汽车输送，就可以采用轻便的包装。同一种产品，如果进行长距离的车船联运，就要求采用严密、厚实的包装。

6.6.2　包装合理化的途径

包装合理化的途径有以下 5 种。

1. 包装的轻薄化

由于包装只是起保护作用，对产品使用价值没有任何意义，因此，在强度、寿命、成本相同的条件下，更轻、更薄、更短、更小的包装，可以提高装卸、搬运的效率。而且轻、薄、短、小的包装一般价格比较便宜，如果用作一次性包装还可以减少废弃包装材料的数量。

2. 包装的单纯化

为了提高包装作业的效率，包装材料及规格应力求单纯化和标准化，包装形状和种类也应单纯化。

3. 包装的标准化

包装的规格和托盘、集装箱关系密切，因此应考虑到包装与运输车辆、搬运机械的匹配，从系统的观点制定包装的尺寸标准。

4. 包装的机械化

为了提高作业效率和包装的现代化水平，各种包装机械的开发和应用是很重要的。

5. 包装的绿色化

绿色包装是指无害、污染少的符合环保要求的各类包装物品，主要包括纸包装、可降解塑料包装、生物包装和可食用包装等，这是包装合理化的发展主流。

6.6.3 包装设计合理化

包装设计需要运用专门的设计技术，将物流需要、加工制造、市场营销及产品设计等要求结合起来综合考虑，尽可能满足多方面的需要，当然这是很难的。由于在此讨论的是物流包装，因此，设计中考虑的首要因素是对货物的保护功能。包装设计基本上决定了货物的保护程度。包装设计不能忽视费用问题，过度的包装会增加包装费用，包装设计应正好符合保护货物的要求；包装的尺寸大小会影响运输工具和仓库容积的使用率，这也是一个重要的影响费用的因素。

6.7 包装标准

6.7.1 包装标准的构成

包装标准是为了取得物品包装的最佳效果，根据包装科学技术、实际经验，以物品的种类、性质、质量为基础，在有利于物品生产、流通安全和力行节约的原则上，经有关部门充分协商并经一定审批程序，而对包装的用料、结构造型、容量、规格尺寸、标志以及盛装、衬垫、封贴和捆扎方法等方面所作的技术规定，从而使同种、同类物品所用的包装逐渐趋于一致和优化。

由于包装标准是国家的技术法规，因而具有权威性和法制性。因此，一经批准颁发的包装标准，无论是生产、使用和管理部门以及企业单位都必须严格执行，不得更改。

包装标准可以分为以下 5 类。

第一类是包装基础标准和相关标准。包装基础标准是包装的最基本的标准，具有广泛的使用性。它包括包装术语、包装尺寸系列、包装标志和运输包装基本试验四大类。相关标准主要由包装管理标准、集装箱与托盘标准、运输储存条件标准构成。

第二类是包装的材料与试验方法标准。包装材料与试验方法标准对各类材料及包装辅助材料均规定了不同的技术质量指标，以及相应的物理指标、化学指标、具体的试验测定和卫生标准及检验方法。

第三类是包装容器及试验方法的标准。不同的包装材料所制成的各种容器，或用同一材料包装不同的物品容器，以及试验方法的技术指标、质量要求、规格容量、形状尺寸、性能测试方法等都有具体的规定。

第四类是包装技术标准。包装技术对各种防护技术的防护等级、技术要求、检验规则、材料选择、防护药剂、防护方法、防护性能试验等都有明确的规定。

第五类是产品包装标准。产品包装标准是对某一具体的产品的包装用料要求、包装技术、包装含量、包装标志、容器形状、充填要求、捆扎方法等的具体规定。

6.7.2　包装标准化的管理

包装标准化是以制订、贯彻和修改包装标准为主要内容的规范包装技术和生产的全过程，是根据科学技术的发展对包装标准不断完善、补充、提高，并在生产、流通、技术管理各环节中定型化、规范化、系列化、标准化、科学化推行包装标准的全部活动。

包装标准化一般可以分为两类，即包装的系列化和包装的通用化。包装系列化是物品本身的系列化和为了销售方便、适应消费习惯的需要而存在的，一种物品存在几种规格型号，相应的就存在几种规格的包装。包装的通用化，即要求一种包装容器的设计，不仅能适应一种物品的需要，而且能够尽可能地在不同物品之间通用。

1. 包装管理存在的问题

包装管理除存在包装不足和包装过剩问题外，还有包装模数问题及包装管理最优化问题。前两个已在前文讲述，此处着重阐述后两者。

(1) 包装模数问题。包装模数是关于包装基础尺寸的标准化及系列尺寸选定的一种规定。包装模数标准确定之后，各种进入流通领域的商品便需按模数规定的尺寸进行包装，按模数包装之后，各种包装货物可以按一定规定随意组合，这就有利于小包装的集合，有利于集装箱用托盘装箱、装盘。包装模数如能和仓库设施、运输设施尺寸模数统一化，也有利于运输和保管。包装模数尺寸的标准化有一定的局限性，大部分工业产品，尤其是散杂货可以实现包装标准化，有些产品则无法实现其标准化。

(2) 包装管理最优化问题。随着现代科技的进步和自然环境的变化，物流过程中的物流因素也在不断发生变化，现代企业在物流活动过程中必须正确地确定包装形式、选择包装方法，以适应物流因素的变化。在确定包装时，必须针对企业不同的装卸、保管和运输的条件及其方式来确定最优化包装。

2. 现代企业包装管理的途径

(1) 包装的轻薄化。

(2) 包装的单纯化。

(3) 包装的集装化。包装的集装化有利于物流系统在装卸、搬运、保管等过程的机械化；有利于加快这些环节的作业速度，满足顾客对时间的要求；有利于减少单位包装，节约包装费用；有利于商品的保护。现代企业要特别注重对包装集装化的运用，提高物流效率。

(4) 包装模数与物流模数的协调化。物流模数是指以模数包装最大设计尺寸为基础，研究有关的托盘、集装箱等集装器具，铁路货车、轮船和飞机等运载工具，起重机、叉车、搬运车等装卸搬运机械的模数，以便与包装模数相互配合和相互协调。包装模数与物流模数的协调有利于运输和保管，提高物流的运作效率。

(5) 包装的循环利用化。包装的循环利用是指采用通用包装。通用包装按标准模数尺寸用瓦楞纸、纸板、木材和塑料制造通用外包装箱，不用专门安排回返使用，由于其通用性强，无论在何处都可转用于其他包装。有一定数量规模并有固定供应流转渠道的商品，可采用周转包装、多次反复周转使用的办法。

6.8 包装装备

包装机械是随着新包装材料的出现和包装技术的不断革新而发展的。1861 年德国建立了世界上第一个包装机械厂，并于 1911 年生产了全自动成形充填封口机。1890 年美国开始生产液体灌装机，1902 年又生产了重力式灌装机。20 世纪初，英国的杜兰德采用金属容器保存食物，从而出现各种罐头包装食品。

包装机械的基本结构主要由七种装置组成：进给机构、计量装置、传动机构、输送装置、动力部件、控制系统和机身与操作系统。

(1) 进给机构：主要用于被包装产品和包装材料及容器的进给。

(2) 计量装置：在物料供送前或供送过程中，通过计量装置进行计量。

(3) 传动机构：起着动力传送的作用，直接驱动各执行机构运动，完成包装作业，在包装机械中占有重要地位。

(4) 输送机构：将包装物品和已经包装好的产品，从一个工位送到另一个工位上，以至最后把包装制品输送入库。

(5) 动力部件：最常见的动力部件是电动机。

(6) 控制系统：按照控制对象状态的不同，可分为流体自动化控制和机械自动化控制；其中，流体控制是利用流体的各种控制元件(各种阀、缸等)及装置，组成控制回路，以进行自动控制；机械控制借助的是机械零件和机械设备进行控制。

(7) 机身与操作系统：机身主要用来安装包装机械的部件和设备，操作系统用于对设备进行操作和控制。

采用物流包装设备可以提高劳动生产率，确保包装质量，降低劳动强度，改善劳动条件和降低包装成本，减少流通费用。包装过程包括充填、裹包、封口等主要工序，以及与其相关的前后工序，如清洗、堆码和拆卸等。根据包装的程序，包装机械可分为填充机械、灌装机械、封口机械、裹包机械、贴标机械、捆扎机械、封箱机械以及清洗机、干燥机、杀菌机等辅助设备。

6.8.1　填充机械

填充机械是将包装物料按预定量填充到包装容器内的填充设备。一般由计量装置、充填装置和封口装置等几部分组成。根据计量方式的不同，可分为：①计数式充填机，常用多孔转盘对粒状或块状的产品进行定量计数，有单件计数与多件计数之分，如图 6-3 所示；②容积式充填机(见图 6-4)，对粉状、颗粒状、液体、膏体等形式的物料以一定容积的装置进行计量和充填，又分为量杯式、插管式、柱塞式、螺杆式、料位式、定时式等几种；③称重式充填机(见图 6-5)，利用称重方法进行计量，常用于计量精度要求较高的粉料状物料，又有动态秤量、静态秤量、间歇秤量和连续秤量之分。

图 6-3　计数式充填机

图 6-4　容积式充填机

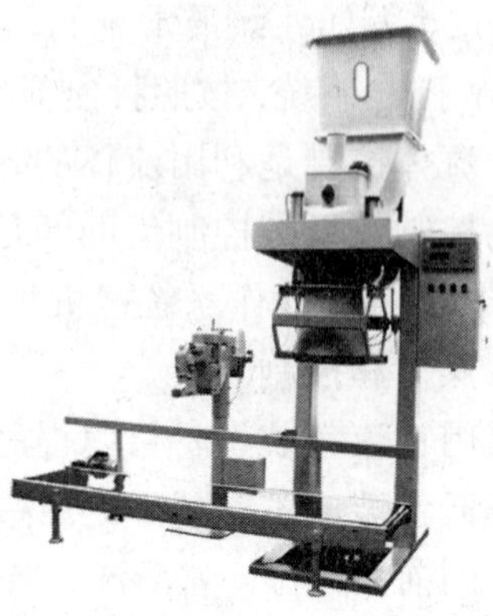

图 6-5　电子称重式定量充填机

6.8.2　灌装机械

灌装机械指的是将液体产品按预定量灌注到包装容器内的设备。从生产的自动化程度来讲分为半自动灌装机和全自动灌装生产线；从对物料的包装角度可分为液体灌装机、膏体灌装机、粉剂灌装机、颗粒灌装机。近年来随着食品的 QS 认证，食用油的厂家已经开始注重产品质量和包装，所以油类灌装机在灌装机中地位凸显。

图 6-6 所示的自动液体灌装机适用于食品原料、涂料、油漆、助剂、甘油、机油、固化剂、清洗剂、防冻剂、染料等食品化工、工业化工行业中。

图 6-7 所示的膏体灌装机适用于化工、食品、日化、药品、农药、润滑油等行业的液体、膏体等物质的定量灌装。

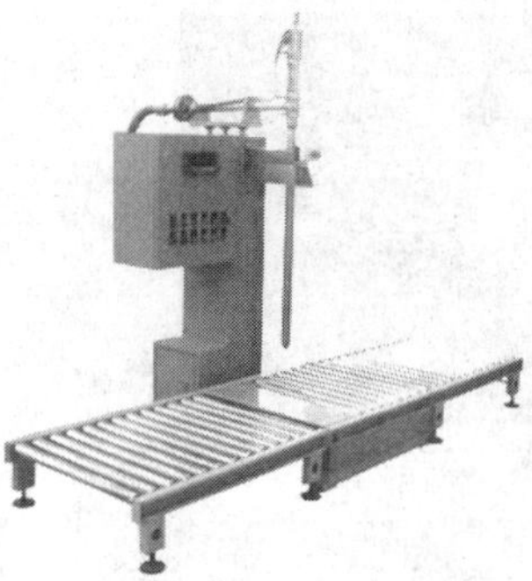

图 6-6　自动液体灌装机

图 6-7　膏体灌装机

图 6-8 所示的粉剂灌装机主要用于农药、兽药、预混料、添加剂、奶粉、淀粉、调味品、酶制剂、饲料等粉剂状、颗粒状物料的定量包装。

图 6-9 所示的颗粒灌装机适用于医药、日化、食品、农药及特殊行业的颗粒浆状流体充填。

图 6-8　粉剂灌装机

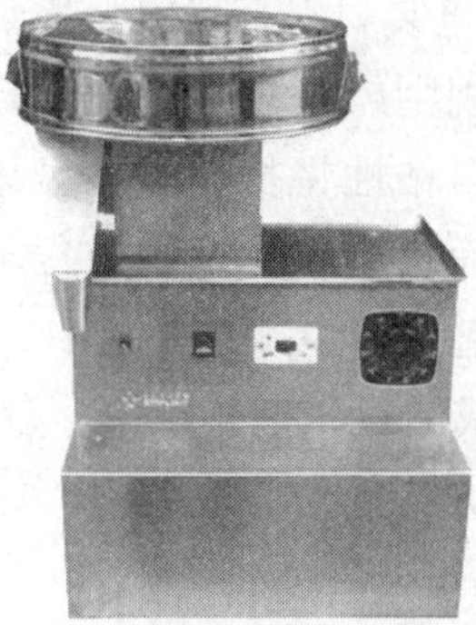

图 6-9　颗粒灌装机

6.8.3　封口机械

封口机械是主要用于医药、农药、食品、化妆品、润滑油等行业理想的封口设备。图 6-10 为一种全自动铝箔封口机，该设备为全不锈钢模具成型外壳，可根据用户要求定做水冷式、风冷式机；可与自动流水线配套生产或独立工作。

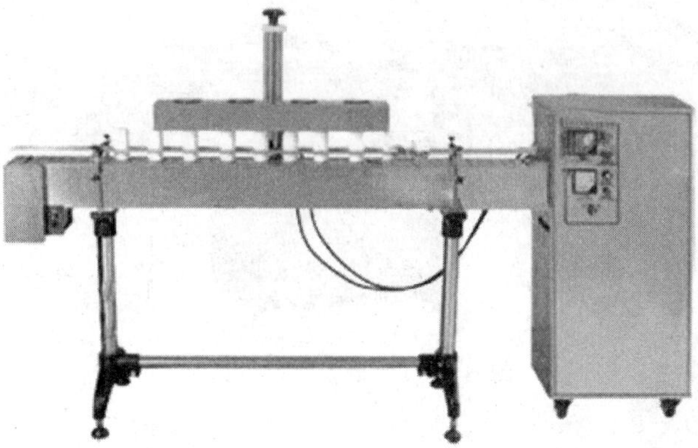

图 6-10　铝箔封口机

6.8.4　裹包机械

裹包机械广泛应用于外贸出口、家具、电子电器产品、食品饮料、印刷造纸、制瓶、玻璃、陶瓷、工艺品、半成品周转及参展物品/机械的中转等行业，具有性能稳定、操作简单、使用可靠等特点。

图 6-11 为一种半自动拉伸薄膜缠绕机。该设备以拉伸膜/缠绕膜为包装材料，应用于托盘/栈板包装，采用缠绕方法将各种规则或不规则的商品进行包装，利用拉伸膜的回缩性和自粘性将货物和托盘束缚成整体，起到固定的作用，因而货物不会发生散包和倒塌现象。缠绕包装还能对货物起到防尘、防潮、防破损作用，特别适用于大量快速运输或储存、捆扎纸箱、瓶装物品或大件货品，同时减轻了劳动强度，提高了工作效率，是现代企业产品包装的理想设备。

图 6-11 半自动拉伸薄膜缠绕机

6.8.5 贴标机械

贴标机械主要用于两面贴标，医药、食品、润滑油、化妆品等行业常使用贴标机械对两个对应表面进行贴标。目前市场上提供了多种贴标机械，主要有扁瓶贴标机、单面贴标机、侧面贴标机、洗发水瓶贴标机、不干胶贴标机、自动贴标机、全自动贴标机、两面贴标机等。图 6-12 为不干胶自动贴标机示意图。

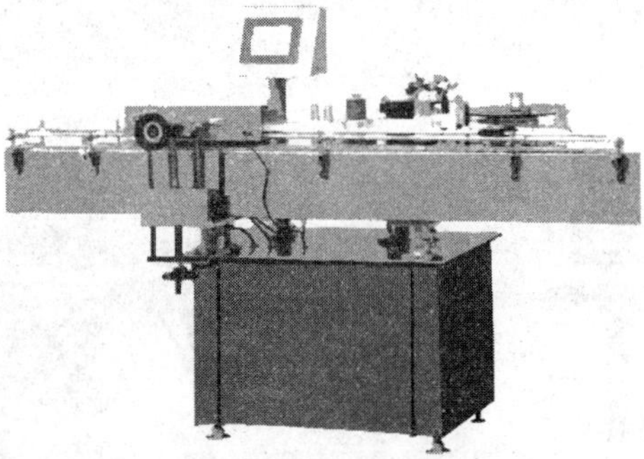

图 6-12 不干胶自动贴标机

6.8.6 捆扎机械

捆扎机械广泛用于食品、医药、五金、化工、服装、邮政等行业，适用于纸箱打包、纸张打包、包裹信函打包、药箱打包、轻工业打包、五金工具打包、陶瓷制品打包、汽车配件打包、日化用品打包、文体用品打包、器材打包等各种大小货物的自动打包捆扎。图 6-13 为自动打包机示意图。

图 6-13　自动打包机

6.8.7　封箱机械

封箱机械具有自动封箱、自动捆扎、光电感应、精确无误、自动输送、自动转向等功能，可调节打包距离。图 6-14 为封箱机示意图。

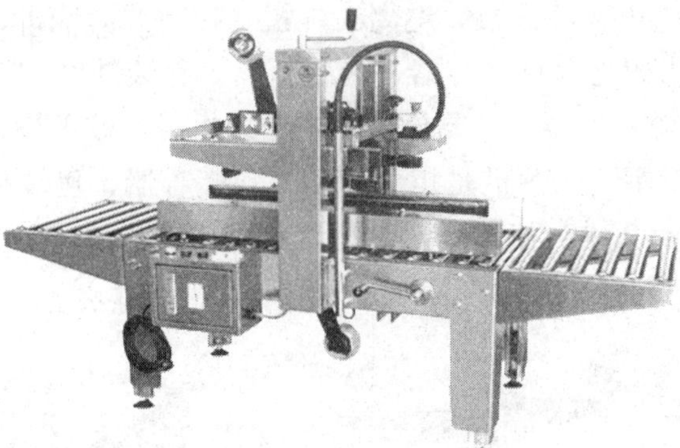

图 6-14　封箱机

6.8.8　喷码机

喷码机广泛应用于食品、饮料、化工、建材、制药和塑胶等行业，可根据需要喷印中文、英文、数字、日期、批号等信息。图 6-15 为激光喷码机示意图。

图 6-15　激光喷码机

6.8.9　包装辅助设备

包装辅助设备主要包括清洗机、干燥机、杀菌机等。清洗机是指对包装容器、包装材料、包装物、包装件进行清洗以达到预期清洁度要求的机器。主要包括干式清洗机、湿式清洗机、机械式清洗机、电解清洗机、电离清洗机、超声波清洗机、组合式清洗机等，如图 6-16 所示。干燥机指的是对包装容器、包装材料、包装辅助物以及包装件上的水分进行去除，并进行预期干燥的机器。主要分为热式干燥机、机械干燥机、化学干燥机、真空干燥机等，如图 6-17 所示。杀菌机是指对产品、包装容器、包装材料、包装辅助物以及包装件上的有害生物进行灭杀，使其降低到允许范围内的机器。主要包括高温杀菌机、微波杀菌机等，如图 6-18 所示。

图 6-16　清洗机

图 6-17　干燥机

图 6-18　杀菌机

6.9　包装装备实例

6.9.1　包装装备实例 1——宁波达盛昌机械设备有限公司的包装机

宁波达盛昌机械设备有限公司崛起于食品包装机械行业，实现了自动称量机和立式充填包装机的最优质配套，可在包装过程中自动完成计量、送料、充填、日期打印的全部工作，是食品、医药、日用品等行业广大客户实现自动化、提高生产效率的优越设备。目前产品畅销全国各地，并出口至欧美、中东、东南亚等世界各地。该公司主要提供的包装机如图 6-19 所示。

(a) 大型立式全自动包装机 DSC-520

(b) 大型立式全自动包装机 DSC-680

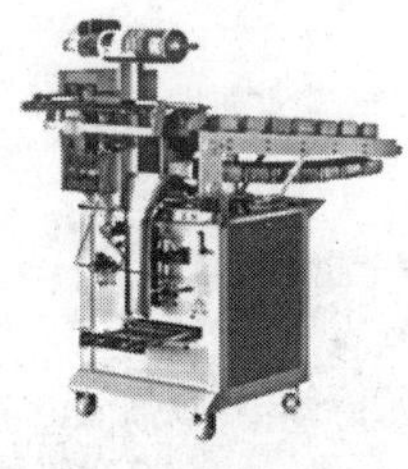

(c) 立式全自动包装机 DSC-320B/320XB

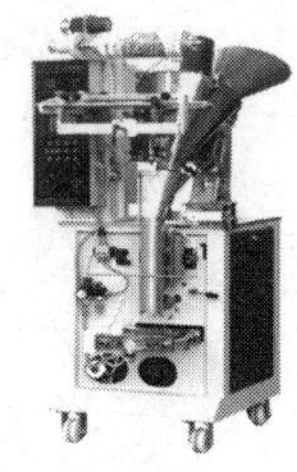

(d) 粉剂自动包装机 DSC-320D/320XD

(e) 容积+链斗式自动包装机 DSC-320/320X

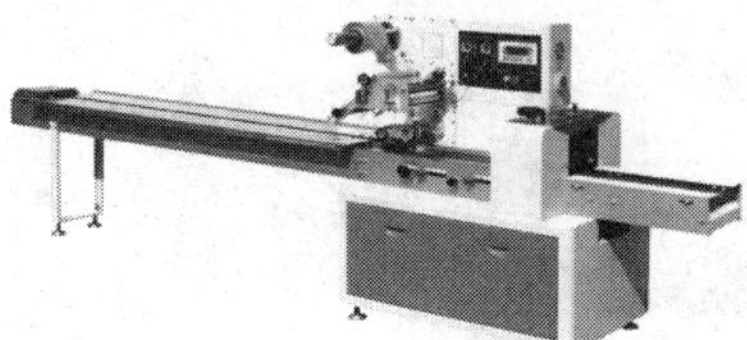

(f) 回转式枕包机 DSC-250B 250D 250E 250S

(g) 自动收缩包装机 DSC-5002 系列

图 6-19　宁波达盛昌机械设备有限公司的包装机

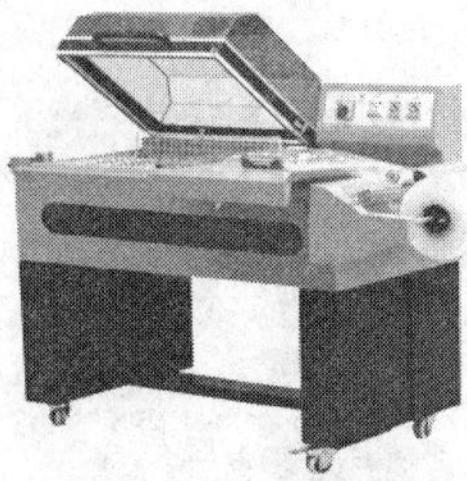

(h) 二合一收缩包装机 DSC-5540 系列

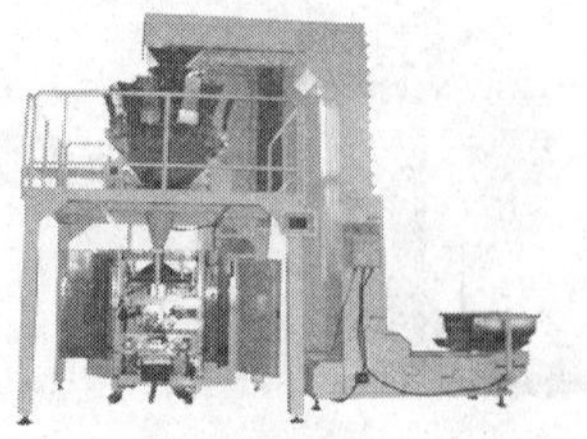

(i) 组合称量全自动配套体系 DSC-420A

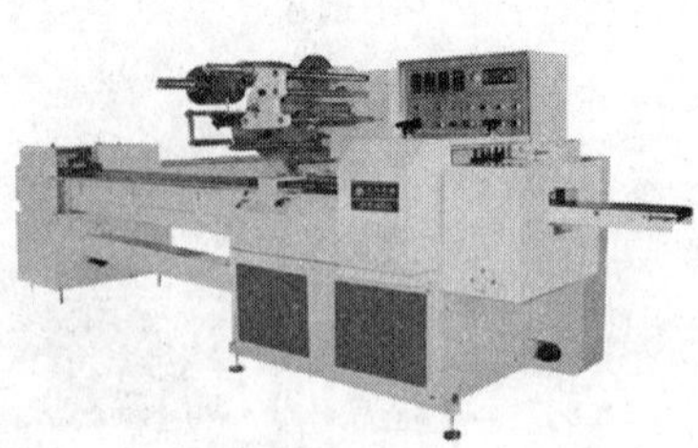

(j) 无托盘全自动包装机 DSC-450

图 6-19 (续)

6.9.2 包装装备实例 2——中鼎全自动塑膜包装机

中鼎全自动塑膜包装机(见图 6-20 所示)融合了计算机技术、通信技术、电子技术、自动控制技术、机械技术的最新发展成果，是集机、电、气、光、仪于一体的全自动热收缩塑膜包装机。在方案设计、硬件选择、软件功能、网络通信、用户接口等方面，充分考虑了用户的使用习惯和现场应用的特点。中鼎全自动塑膜包装机与中鼎分拣系统真正实现了一体化，减少了中间的硬件和软件接口，实现了分拣、包装无断点流水作业，大大提高了作业效率，并降低了出错率。

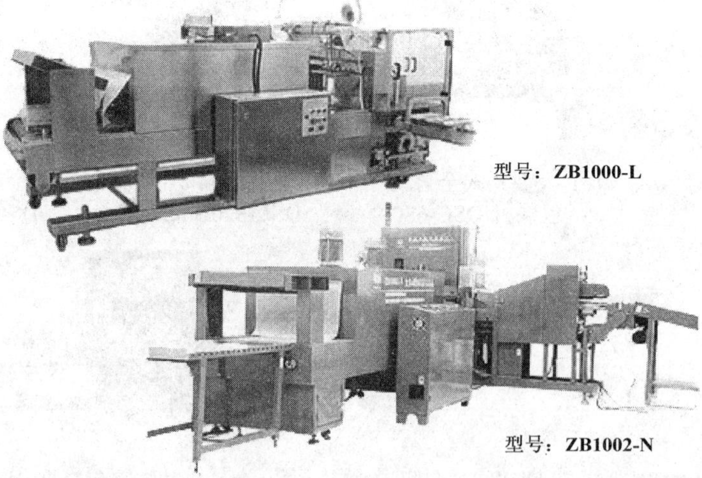

图 6-20 中鼎全自动塑膜包装机

该系统具有如下优点。

(1) 采用先进叠包技术。

(2) 分拣、打码、包装全过程无断点流水线作业，包装效率可达 150～180 件/小时。

(3) 降低劳动强度、提高工作效率，自动纠错、方便交接，减少用人，降低成本。

(4) PE 膜裹包，具有防潮、防污染、防调包等功能。

(5) 设备具有外形美观、耐磨损、噪音低、稳定性好等特点。

(6) 设有安全接地保护、有机玻璃安全门、高温报警等手段，全面保证设备的安全可靠性。

(7) 为避免错包、漏包，提高包装的效率，设有冗余纠错、双向校验的功能，为设备的稳定使用提供了保障。

本章小结

本章主要介绍了物流包装的技术与装备。首先介绍了什么是包装，包装的功能及其类型；然后介绍了在物流包装中常见的包装材料，如木质包装、纸质包装、金属包装等；接下来列举了常见的包装技术，如防霉、防震、防潮等技术；又介绍了包装合理化及其途径，分析了目前的包装标准；最后详细介绍了在包装中常见的装备，如裹包机械、封口机械、捆扎机械、贴标机械、封箱机械等。

思考题

1. 什么是包装？
2. 包装具有哪些功能？
3. 请列举常见的包装类型。
4. 包装中常见的材料有哪些？
5. 常见的包装技术有哪些？
6. 如何进行包装合理化？
7. 常见的包装机械有哪些？

第7章 流通加工技术与装备

学习目标

通过本章的学习，应该掌握流通加工的概念、特点和作用，掌握流通加工的类型以及流通加工的合理化，了解常见的流通加工装备，了解绿色流通加工的概念。

核心要点

- 流通加工的概念和特点。
- 流通加工的地位和作用。
- 流通加工的类型。
- 流通加工的合理化。
- 流通加工的技术装备。
- 绿色流通加工。

7.1　流通加工概述

流通加工是流通中的一种特殊形式。流通加工功能是在物品从生产领域向消费领域流动的过程中，为了促进产品销售、维护产品质量和实现物流高效化，对物品进行加工处理，使物品发生物理或化学变化的功能。这种在流通过程中对商品进一步的辅助性加工，可以弥补企业、物资部门、商业部门生产中加工程度的不足，从而更有效地满足用户的需求，更好地衔接生产和需求环节，使流通过程更加合理化，是物流活动中一项重要的增值服务，也是现代物流发展的一个重要趋势。

总体来讲，流通加工在流通中仍然和流通总体一样起“桥梁和纽带”作用。但是，它却不是通过“保护”流通对象的原有形态来实现这一作用的，而是和生产一样通过改变或完善流通对象的原有形态来实现。流通加工和一般的生产型加工在加工方法、加工组织、生产管理方面并无显著区别，但在加工对象、加工程度方面差别较大。流通加工的一个重要目的是为了消费(或再生产)所进行的加工，这一点与商品生产有共同之处。

商品流通是以货币为媒介的商品交换，它的重要职能是将生产及消费(或再生产)联系起来，起“桥梁和纽带”作用，完成商品所有权利和实物形态的转移。因此，流通与流通对象的关系，一般不是改变其形态而创造价值，而是保持流通对象的已有形态，完成空间的转移，实现其时间效用及场所效用。

流通加工的内容有装袋、定量化小包装、拴牌子、贴标签、配货、挑选、混装、刷标记等。通过流通加工，可以进行初级加工，方便用户；提高原材料利用率；提高加工效率及设备利用率；充分发挥各种运输手段的最高效率；改变品质，提高收益。

流通加工的出现并非一日而成，而是包含了多种因素，主要包括以下几个方面。

1. 流通加工的出现与现代生产方式有关

现代生产发展的趋势之一就是生产规模大型化、专业化，依靠单品种、大批量的生产方法降低生产成本获取规模经济效益，这样就出现了生产相对集中的趋势。这种规模的大型化、生产的专业化程度越高，生产相对集中的程度也就越高。生产的集中化进一步引起产需之间的分离，产需分离的表现首先是空间、时间及人的分离，即生产和消费不在同一个地点，而是有一定的空间距离；生产及消费在时间上不能同步，而是存在着一定的“时间差”；生产者及消费者不是处于一个封闭的圈内，某些产品供给成千上万人消费，而某些消费的产品又来自其他许多生产者。弥补上述分离的手段则是运输、储存及交换。

近年来，人们进一步认识到，现代生产引起的产需分离并不局限于上述三个方面。第四种重大的分离就是生产及需求在产品功能上的分离。尽管“用户第一”等口号成了许多生产者的主导思想，但是生产毕竟有生产的规律，尤其在强调大生产的工业化社会，大生产的特点之一就是“少品种、大批量、专业化”，产品的功能(规格、品种、性能)往往不能和消费需要密切衔接。弥补这一分离的方法就是流通加工。所以，流通加工的诞生实际上是现代生产发展的一种必然结果。

2. 流通加工不仅是大工业的产物，也是网络经济时代服务社会的产物

流通加工的出现与现代社会消费的个性化有关。消费的个性化和产品的标准化之间存在着一定的矛盾，使本来就存在的产需第四种形式的分离变得更加严重。本来，弥补第四种分离可以采取增加一道生产工序或消费单位加工改制的方法，但在个性化问题十分突出之后，采取上述弥补措施将会使生产及生产管理的复杂性和难度增加，按个性化生产的产品难以组织高效率、大批量的流通。所以，消费个性化的新形势及新观念就为流通加工开辟了道路。

3. 流通加工的出现还与人们对流通作用的观念转变有关

在社会再生产全过程中，生产过程是典型的加工制造过程，是形成产品价值及使用价值的主要过程，再生产型的消费究其本质来看也和生产过程一样，通过加工制造消耗了某些初级产品而生产出深加工产品。历史上在生产不太复杂、生产规模不大时，所有的加工制造几乎全部集中于生产及再生产过程中，而流通过程只是实现商品价值及使用价值的转移而已。

在社会生产向大规模生产、专业化生产转变之后，社会生产越来越复杂，生产的标准化和消费的个性化出现，生产过程中的加工制造常常满足不了消费的要求。而由于流通的复杂化，生产过程中的加工制造也常常无法满足流通的要求。于是，加工活动开始部分地由生产及再生产过程向流通过程转移，在流通过程中形成了某些加工活动，这就是流通加工。

流通加工的出现使流通过程明显地具有某种“生产性”，改变了长期以来形成的“价值及使用价值转移”的旧观念，这就从理论上明确了：流通过程从价值观念来看是可以主动创造价值及使用价值的，而不单是被动地“保持”和“转移”的过程。因此，人们必须研究流通过程中孕育着多少创造价值的潜在能力，这就有可能通过努力在流通过程中进一步提高商品的价值和使用价值，并且以很小的代价实现这一目标。这样，就引起了流通过程从观念到方法的巨大变化，流通加工则适应这种变化而诞生。

4. 效益观念的树立也是促使流通加工形式得以发展的重要原因

20 世纪 60 年代后，效益问题逐渐引起人们的重视，过去人们盲目追求高技术，引起了燃料、材料投入的大幅度上升，结果虽然采用了新技术、新设备，但往往是得不偿失。70 年代初，第一次石油危机的发生证实了效益的重要性，使人们牢牢树立了效益观念。流通加工可以以少量的投入获得很大的效果，是一种高效益的加工方式，自然获得了很大的发展。所以，流通加工从技术上来讲，可能不需要采用什么先进技术，但是在现代的社会再生产过程中起着重要作用。

阅读材料 7-1 延迟策略中的流通加工

美国一家生产金枪鱼罐头的企业就通过采用延迟策略改变配送方式，降低了库存水平。历史上这家企业为提高市场占有率曾针对不同的市场设计了几种标签，产品生产出来后便运到各地的分销仓库储存起来。由于顾客偏好不一，几种品牌的同一产品经常出现某种品牌的畅销而缺货，而另一些品牌却滞销压仓。为了解决这个问题，该企业改变以往的做法，在产品出厂时都不贴标签就运到各分销中心储存，当接到各销售网点的具体订货要求后，才按各网点指定的品牌标志贴上相应的标签，这样就有效地解决了此缺彼涨的矛盾，从而降低了库存。

7.2　流通加工的概念、特点和作用

7.2.1　流通加工的概念

我国国家标准《物流术语》中对流通加工的定义是：物品在从生产地到使用地的过程中，根据需要施加包装、分割、计量、分拣、刷标志、拴标签、组装等简单作业的总称。

流通加工是为了提高物流速度和物品的利用率，在物品进入流通领域后，按客户的要求进行的加工活动，即在物品从生产者向消费者流动的过程中，为了促进销售、维护商品质量和提高物流效率，对物品进行一定程度的加工。流通加工通过改变或完善流通对象的形态来实现“桥梁和纽带”的作用，因此流通加工是流通中的一种特殊形式。随着经济增长，国民收入增多，消费者的需求出现多样化，促使在流通领域开展流通加工。目前，世界许多国家和地区的物流中心或仓库经营中都大量存在流通加工业务，日本、美国等物流发达国家则更为普遍。流通加工与生产的关系如图 7-1 所示。

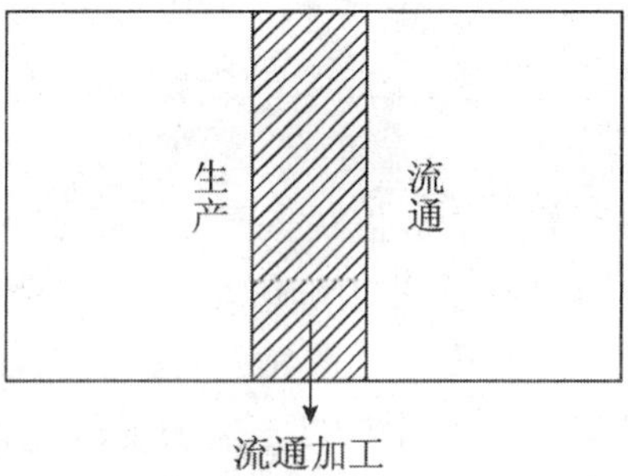

图 7-1　流通加工与生产的关系

7.2.2　流通加工的内容

流通加工的内容主要包括以下几个方面。

1. 食品的流通加工

为便于保存，提高流通效率，食品的流通加工是不可缺少的。如鱼和肉类的冷冻，生奶酪的冷藏，将冷冻的鱼肉磨碎以及蛋品加工，生鲜食品的原包装，大米的自动包装，上市牛奶的灭菌和摇匀等。

2. 消费资料的流通加工

消费资料的流通加工以服务顾客、促进销售为目的。例如，衣料品的标识和印商标，粘贴标价，安装做广告用的幕墙，家具等的组装，地毯剪接。

3. 生产资料的流通加工

具有代表性的生产资料加工是钢铁的加工：钢板的切割，使用矫直机将薄板卷材展平，纵向切割薄板卷材，使之成为窄幅(钢管用卷材)，用汽割厚板，切断成形钢材。这种加工以适应顾客需求的变化、服务顾客为目的。

流通加工不仅能够提高物流系统效率，对于生产的标准化和计划化，对于提高销售效率，提高商品价值，促进销售将越来越重要。

7.2.3 流通加工的特点

与生产加工相比较，流通加工具有以下特点。

(1) 从加工对象看，流通加工的对象是进入流通过程的商品，具有商品的属性，以此来区别多环节生产加工中的一环。流通加工的对象是商品，而生产加工的对象不是最终产品，而是原材料、零配件或半成品。

(2) 从加工程度看，流通加工大多是简单加工，而不是复杂加工。一般来讲，如果必须进行复杂加工才能形成人们所需的商品，那么这种复杂加工应该专设生产加工过程。生产过程理应完成大部分加工活动，流通加工则是对生产加工的一种辅助及补充。特别需要指出的是，流通加工绝不是对生产加工的取消或代替。

(3) 从价值观点看，生产加工的目的在于创造价值及使用价值，而流通加工的目的则在于完善其使用价值，并在不做大的改变的情况下提高价值。

(4) 从加工责任人看，流通加工的组织者是从事流通工作的人员，能密切结合流通的需要进行加工活动。从加工单位来看，流通加工由商业或物资流通企业完成，而生产加工则由生产企业完成。

(5) 从加工目的看，商品生产是为交换、消费而进行的生产，而流通加工的一个重要目的是为了消费(或再生产)所进行的加工，这一点与商品生产有共同之处。但是流通加工有时候也是以自身流通为目的，纯粹是为流通创造条件，这种为流通所进行的加工与直接为消费进行的加工在目的上是有区别的，这也是流通加工不同于一般生产加工的特殊之处。

7.2.4 流通加工的地位和作用

1. 流通加工在物流中的地位

(1) 流通加工有效地完善了流通

流通加工在实现时间、场所两个重要效用方面，确实不能与运输和储存相比，因而，不能认为流通加工是物流的主要功能要素。流通加工的普遍性也不能与运输、储存相比，流通加工不是所有物流中必然出现的。但这绝不是说流通加工不重要，实际上它也是不可轻视的，是起着补充、完善、提高、增强作用的功能要素，它能起到运输、储存等其他功能要素无法起到的作用。所以，流通加工的地位可以描述为是提高物流水平、促进流通向现代化发展的不可缺少的形态。

(2) 流通加工是物流中的重要利润来源

流通加工是一种低投入、高产出的加工方式，往往以简单加工解决大问题。实践证明，有的流通加工通过改变包装使商品档次跃升而充分体现其价值，有的流通加工将产品利用率一下子提高 20%～50%，这是采取一般方法提高生产率所难以实现的。根据我国近些年的实践，流通加工仅就向流通企业提供利润一点，其成效并不亚于从运输和储存中挖掘的利润，是物流中的重要利润来源。

(3) 流通加工在国民经济中也是重要的加工形式

在整个国民经济的组织和运行方面，流通加工是其中一种重要的加工形态，对推动国民经济的发展及完善国民经济的产业结构和生产分工有一定的意义。

2. 流通加工的作用

(1) 提高原材料利用率

利用流通加工环节进行集中下料，是将生产厂直运来的简单规格产品，按使用部门的要求进行下料。例如，将钢板进行剪板、裁切；把钢筋或圆钢裁制成毛坯；将木材加工成各种长度及大小的板、方等。集中下料可以优材优用、小材大用、合理套裁，有很好的技术经济效果。北京、济南、丹东等城市通过对平板玻璃进行流通加工(集中裁制、开片供应)，使玻璃利用率从 60%左右提高到 85%～95%。

(2) 进行初级加工，方便用户

用量小或临时需要的使用单位，缺乏进行高效率初级加工的能力，依靠流通加工使用单位可省去进行初级加工的投资、设备及人力，从而搞活供应。目前发展较快的初级加工有：将水泥加工成生混凝土，将原木或板方材加工成门窗，冷拉钢筋及冲制异型零件，钢板预处理、整形、打孔等加工。

钢材剪切中心的出现，使钢材用户可节省其对有关加工设备的投资和劳务安排。尤其在使用量不多的钢材用户，自己加工钢材，其加工成本比钢材剪切中心高很多。而通过钢材剪切中心，用户可得到相应的质量保证，并可享受剪切中心的“JIT”(适时供货)服务，从而减少钢材积压。目前许多行业都需要剪切中心的配送服务，如家电产品生产厂家及其零部件生产厂家、汽车制造厂家及其零部件生产厂家、办公设备和办公家具生产厂家及其零部件生产厂家、轻型型钢和钢管制造厂家等。而剪切中心所能加工的钢材种类正是这些制造厂家所需要的原材料。

(3) 提高加工效率及设备利用率

建立集中加工点，可以采用效率高、技术先进、加工量大的专门机具和设备，这样就提高了加工效率和设备利用率。

7.3 流通加工的类型

流通加工有以下10种类型。

1. 为弥补生产领域加工不足的深加工

有许多产品在生产领域只能加工到一定程度，这是由于许多限制因素使生产领域不能完全实现终极的加工。例如，钢铁厂的大规模生产只能按标准规定的规格生产，以使产品有较强的通用性，使生产能有较高的效率和效益；木材如果在产地完成成材加工或制成木制品的话，就会给运输造成极大的困难，所以原生产领域只能加工到圆木、板方材这个程度，进一步的下料、切裁、处理等加工则由流通加工完成。这种流通加工实际是生产的延续，是生产加工的深化，对弥补生产领域的加工不足有重要意义。

2. 为满足需求多样化进行的服务性加工

从需求角度看，需求存在着多样化和变化两个特点，为满足这种要求，用户经常自己设置加工环节，例如，生产消费型用户的再生产往往从原材料初级处理开始。就用户来讲，现代生产的要求是生产型用户能尽量减少流程，尽量集中力量从事较复杂的、技术性较强的劳动，而不愿意将大量初级加工包揽下来。这种初级加工带有服务性，由流通加工来完成，生产型用户便可以缩短自己的生产流程，使生产技术密集程度提高。对一般消费者而言，则可省去繁琐的预处置工作，而集中精力从事较高级、能直接满足需求的劳动。

3. 为保护产品所进行的加工

在物流过程中，直到用户投入使用前都存在对产品的保护问题，因此要防止产品在运输、储存、装卸、搬运、包装等过程中遭到损害，顺利实现其使用价值。和前两种加工不同，这种加工并不改变进入流通领域的“物”的外形及性质，这种加工主要采取稳固、改装、冷冻、保鲜、涂油等方式。

4. 为提高物流效率，方便物流的加工

有一些产品本身的形态使之难以进行物流操作。如鲜鱼的装卸、储存操作困难；过大设备搬运、装卸困难；气体的运输、装卸困难等。进行流通加工，可以使物流各环节易于操作，如鲜鱼冷冻、过大设备解体、气体液化等。这种加工往往改变“物”的物理状态，但并不改变其化学特性，并最终仍能恢复原物理状态。

5. 为促进销售的流通加工

流通加工可以从若干方面起到促进销售的作用。如将过大包装或散装物(这是提高物流效率所要求的)分装成适合一次销售的小包装的分装加工；将原以保护产品为主的运输包装改换成以促进销售为主的装潢性包装，以起到吸引消费者、指导消费的作用；将零配件组装成用具、车辆，以便于直接销售；将蔬菜、肉类洗净切块，以满足消费者要求等。这种流通加工可能是不改变“物”的本体，只进行简单改装的加工，也有许多是组装、分块等深加工。

6. 为提高加工效率的流通加工

许多生产企业的初级加工由于数量有限、加工效率不高，也难以投入先进的科学技术。流通加工以集中加工的形式，代替了若干生产企业的初级加工工序，解决了单个企业加工效率不高的弊病，促使生产水平更快地发展。

7. 为提高原材料利用率的流通加工

流通加工利用其综合性强、用户多的特点，可以采取合理规划、合理套裁、集中下料的办法，有效提高原材料利用率，减少损失和浪费。

8. 衔接不同运输方式，使物流合理化的流通加工

在干线运输及支线运输的结点，设置流通加工环节，可以有效解决大批量、低成本、长距离干线运输与多品种、少批量、多批次末端运输和集货运输之间的衔接问题，在流通加工点与大生产企业间形成大批量、定点运输的渠道，又以流通加工中心为核心，组织对多用户的配送，也可在流通加工点将运输包装转换为销售包装，从而有效衔接不同目的的运输方式。

9. 以提高经济效益、追求企业利润为目的的流通加工

流通加工的一系列优点，可以形成一种“利润中心”的经营形态。这种类型的流通加工是经营的一环，在满足生产和消费要求的基础上获取利润，同时在市场和利润引导下使流通加工在各个领域中有效发展。

10. 生产—流通一体化的流通加工形式

依靠生产企业与流通企业的联合，或者生产企业涉足流通，或者流通企业涉足生产，形成的对生产与流通加工进行合理分工、合理规划、合理组织，统筹进行生产与流通加工的安排，这就是生产—流通一体化的流通加工形式。这种形式可以促成产品结构的调整，充分发挥企业集团的经济技术优势，是目前流通加工领域的新形式。

阅读材料 7-2　几种常见的流通加工作业

1. 钢材的流通加工

各种钢材(钢板、型钢、线材等)的长度、规格有时不完全适用于客户，如热轧厚钢板等板材最大交货长度可达7～12米，有的是成卷交货，对于使用钢板的用户来说，如果采用单独剪板、下料的方式，设备闲置时间长、人员浪费大、不容易采用先进的方法，那么采用集中剪板、集中下料方式，可以避免单独剪板、下料的一些弊病，提高材料利用率。

剪板加工是在固定地点设置剪板机进行下料、加工，或设置种种切割设备将大规格钢板裁小，或切裁成毛坯，降低销售起点，为用户提供便利。钢板剪板及下料的流通加工，可以选择加工方式，加工后钢材的晶体组织很少发生变化，可保证原来的交货状态，有利于进行高质量加工；加工精度高，可以减少废料、边角料，减少进行再加工的切削量，既提高了再加工效率，又有利于减少消耗；由于集中加工可保证批量及生产的连续性，可以专门研究此项技术并采用先进设备，从而大幅度提高效率和降低成本，使用户简化生产环节，提高生产水平。

除钢板的流通加工，还有薄板的切断、型钢的熔断、厚钢板的切割、线材切断等集中下料，线材冷拉加工等。为此，国外有专门进行钢材流通加工的钢材流通中心，不仅从事钢材的保管，而且进行大规模的设备投资，使其具备流通加工的能力。中国物资储运企业自20世纪80年代便开始了这项流通加工业务。中国储运股份有限公司近年与日本合作建立了钢材流通加工中心，利用现代剪裁设备从事钢板剪板和其他钢材的下料加工(即钢板剪切流通加工)。

汽车、冰箱、冰柜、洗衣机等的生产制造企业每天需要大量的钢板，除了大型汽车制造企业外，一般规模的生产企业如若自己单独剪切，难以解决因用料高峰和低谷的差异所引起的设备忙闲不均和人员浪费问题，如果委托专业钢板剪切加工企业，就可以解决这个矛盾。专业钢板剪切加工企业能够利用专业剪切设备，按照用户设计的规格、尺寸和形状进行套裁加工，精度高、速度快、废料少、成本低；专业钢板剪切加工企业在国外数量很多，大部分由流通企业经营。这种流通加工企业不仅提供剪切加工服务和配送服务，还出售加工原材料和加工后的成品。

2. 木材的流通加工

木材流通加工可依据木材的种类、地点等决定加工方式。在木材产区可对原木进行流通加工，使之成为容易装载、易于运输的形状。

(1) 磨制木屑、压缩输送

这是一种为了实现流通的加工。木材是容重轻的物资，在运输时占有相当大的容积，往往使车船满装但不能满载，同时，装车、捆扎也比较困难。从林区外送的原木中有相当一部分是造纸材，这种材料磨成木屑并不影响使用，而且木屑可以制成便于运输的形状，以供进一步加工，这样可以提高原木利用率、出材率，也可以提高运输效率，具有相当可观的经济效益。例如，美国采取在林木生产地就地将原木磨成木屑，然后压缩使之成为容重较大、容易装运的形状，而后运至靠近消费地的造纸厂，取得了较好的效果。根据美国的经验，采取这种办法能够比直接运送原木节约一半的运费。

(2) 集中开木下料

这种方法是在流通加工点将原木锯截成各种规格的锯材，同时将碎木、碎屑集中加工成各种规格板，甚至还可进行打眼、凿孔等初级加工。过去用户直接使用原木，不但加工复杂、加工场地大、加工设备多，更严重的是资源浪费严重，木材平均利用率不到 50%，平均出材率不到 40%。实行集中下料、按用户要求供应规格料，可以使原木利用率提高到 95%，出材率提高到 72%左右，有相当好的经济效果。

3. 煤炭的流通加工

煤炭的流通加工有多种形式：除矸加工、煤浆加工、配煤加工等。

(1) 除矸加工

除矸加工是以提高煤炭纯度为目的的加工形式。一般煤炭中混入的矸石有一定发热量，混入一些矸石是允许的，也是较经济的。但是，有时则不允许煤炭中混入矸石，在运力十分紧张的地区要求充分利用运力、降低成本，多运“纯物质”，少运矸石，在这种情况下，可以采用除矸的流通加工方法排除矸石。除矸加工可提高煤炭运输效益和经济效益，减少运输能力浪费。

(2) 煤浆加工

用运输工具载运煤炭，运输中的损失、浪费比较大，又容易引起火灾。采用管道运输是近代兴起的一种先进技术。使用管道运输煤浆，有利于减少煤炭消耗、提高煤炭利用率。目前，某些发达国家已经开始投入运行，有些企业内部也采用这一方法进行燃料输送。

煤浆加工在流通的起始环节将煤炭磨成细粉，这样煤炭粉本身便有了一定的流动性，再用水将煤炭粉调和成浆状，则具备了流动性，可以像其他液体一样进行管道输送。将煤炭制成煤浆采用管道输送是一种新兴的加工技术。这种方式不和现有运输系统争夺运力，输送连续、稳定、快速，是一种经济的运输方法。

(3) 配煤加工

在使用地区设置集中加工点，将各种煤及一些其他发热物质，按不同配方进行掺配加工，生产出各种不同发热量的燃料，称为配煤加工。配煤加工可以按需要发热量生产和供应燃料，防止热能浪费和“大材小用”，也能防止发热量过小，不能满足使用要求。工业用煤经过配煤加工还可以起到便于计量控制、稳定生产过程的作用，具有很好的经济和技术价值。煤炭消耗量非常大，进行煤炭流通加工的潜力也很大，可以大大节约运输能源，降低运输费用，具有很好的技术和经济价值。

4. 水泥的流通加工

(1) 水泥熟料的流通加工

在需要长途运入水泥的地区，变运入成品水泥为运进熟料这种半成品，即在该地区的流通加工(磨细工厂)磨细，并根据当地资源和需要的情况掺入混合材料及外加剂，制成不同品种及标号的水泥供应给当地用户，这是水泥流通加工的一种重要形式。在国外，采用这种物流形式已有一定的比重。在需要经过长距离输送供应的情况下，以熟料形态代替传统的粉状水泥有很多优点。

① 可以大大降低运费、节省运力

在普通水泥和矿渣水泥的运输中，平均约有30%的运力消耗在矿渣及其他各种加入物上。我国水泥需用量较大的地区，工业基础大都较好，当地又有大量的工业废渣。如果在使用地区对熟料进行粉碎，可以根据当地的资源条件选择混合材料的种类，这样就节约了消耗在混合材料上的运力，节省了运费。同时，水泥输送的吨位也大大减少，有利于缓和铁路运输的紧张状态。

② 可按照当地的实际需要大量掺加混合材料

生产廉价的低标号水泥，发展低标号水泥的品种，就能在现有生产能力的基础上更大限度地满足需要。我国大型、中型水泥厂生产的水泥，平均标号逐年提高，但是目前我国使用水泥的部门大量需要较低标号的水泥，然而，大部分施工部门没有在现场加入混合材料来降低水泥标号的技术设备和能力，因此，不得已使用标号较高的水泥，这是很大的浪费。

如果以熟料为长距离输送的形态，在使用地区加工粉碎，就可以按实际需要生产各种标号的水泥，尤其可以大量生产低标号水泥，以减少水泥长距离输送的数量。

③ 容易以较低的成本实现大批量、高效率的输送

从国家的整体利益来看，在铁路输送中运力利用率比较低的输送方式显然不是发展方向。如果采用输送熟料的流通加工形式，可以充分利用站、场、仓库等地现有的装卸设备，又可以利用普通车皮装运，比散装水泥方式具有更好的技术经济效果，更适合于我国的国情。

④ 可以大大降低水泥的输送损失

水泥的水硬性是在充分磨细之后才表现出来的，而未磨细的熟料抗潮湿的稳定性很强。所以，输送熟料也基本可以防止由于受潮而造成的损失。此外，颗粒状的熟料也不像粉状水泥那样易于散失。

⑤ 能更好地衔接产需，方便用户

采用长途输送熟料的方式，水泥厂就可以和有限的熟料粉碎工厂之间形成固定的直达渠道，使水泥的物流更加合理，从而实现经济效果较优的物流。水泥的用户也可以不出本地区而直接向当地的熟料粉碎工厂订货，因而更容易沟通产需关系，大大方便了用户。

(2) 集中搅拌混凝土

集中搅拌混凝土改变了以粉状水泥供给用户，由用户在建筑工地现场拌制混凝土的习惯方法，而将粉状水泥输送到使用地区的流通加工点，搅拌成混凝土后再供给用户使用，这是水泥流通加工的另一种重要加工方法。这种流通加工方式，优于直接供应或购买水泥在工地现场搅拌制作混凝土的技术经济效果。因此，这种流通加工方式已经受到许多国家的重视。

这种水泥流通加工方法有如下优点。

① 将水泥的使用从小规模的分散形态改变为大规模的集中加工形态，因此可以利用现代化的科技手段，组织现代化大生产。

② 集中搅拌可以采取准确的计量手段，选择最佳的工艺，提高混凝土的质量和生产效率，节约水泥。

③ 可以广泛采用现代科学技术和设备，提高混凝土的质量和生产效率。

④ 可以集中搅拌设备，有利于提高搅拌设备的利用率，减少环境污染。

⑤ 在相同的生产条件下，能大幅度降低设备、设施、电力、人力等费用。

⑥ 可以减少加工据点，形成固定的供应渠道，实现大批量运输，使水泥的物流更加合理。

⑦ 有利于新技术的采用，简化工地的材料管理，节约施工用地等。

5. 食品的流通加工

食品流通加工的种类很多。只要我们留意超市里的货柜就可以看出，那里摆放着各类洗净的蔬菜、水果，还有肉末、鸡翅、香肠、咸菜等，这些都是流通加工的结果。这些商品的分类、清洗、贴商标和条形码、包装、装袋等是在摆进货柜之前就进行的，这些流通加工都不是在产地，已经脱离了生产领域，进入了流通领域。食品流通加工的具体项目主要有如下几种。

(1) 冷冻加工

冷冻加工是为了保鲜而进行的流通加工，为了解决鲜肉、鲜鱼在流通中的保鲜及装卸、搬运的问题，采取低温冻结的方式加工。这种加工方式也用于某些液体商品、药品等。

(2) 分选加工

分选加工是为了提高物流效率而进行的对蔬菜和水果的加工，如去除多余的根叶等。农副产品规格、质量离散情况较大，为获得一定规格的产品，对其采取人工或机械分选的方式加工称为分选加工。这种方式广泛用于果类、瓜类、谷物、棉毛原料等。

(3) 精制加工

农、牧、副、渔等产品的精制加工是在产地或销售地设置加工点，去除无用部分，甚至进行切分、洗净、分装等加工。这种加工不但大大方便了购买者，而且还可以对加工过程中的淘汰物进行综合利用。比如，鱼类的精制加工所剔除的内脏可以制成某些药物或用作饲料，鱼鳞可以制高级黏合剂，头尾可以制鱼粉等；蔬菜的加工剩余物可以制饲料、肥料等。

(4) 分装加工

许多生鲜食品零售起点较小，而为了保证高效输送出厂，包装一般比较大，也有一些是采用集装运输方式运达销售地区。为了便于销售，在销售地区按照要求的零售起点进行新的包装，即大包装改小包装、散装改小包装、运输包装改销售包装，以满足消费者对不同包装规格的需求，从而达到促销的目的。

此外，半成品加工、快餐食品加工也成为流通加工的组成部分。这种加工形式节约了运输等物流成本，保护了商品质量，增加了商品的附加价值。如葡萄酒是液体，从产地批量地将原液运至消费地，配制、装瓶、贴商标、包装后出售，既可以节约运费，又安全、保险，成本低，出售价格高，商品附加值大幅度增加。

6. 机电产品的流通加工

多年来，机电产品的储运困难较大，主要原因是不易进行包装，如进行防护包装则包装成本过大，并且运输、装载困难，装载效率低，流通损失严重。但是这些货物有一个共同的特点，即装配比较简单，对装配技术要求不高，产品的主要功能已在生产中形成，装配后不需要进行复杂的检测及调试。所以，为了解决储运问题，降低储运费用，可以采用半成品大容量包装出厂，在消费地拆箱组装的方式。组装一般由流通部门在所设置的流通加工点进行，组装之后随即进行销售，这种流通加工方式近年来已在我国广泛采用。

7.4 流通加工的合理化

流通加工合理化的含义是实现流通加工的最优配置，不仅要避免各种不合理的情况，使流通加工有存在的价值，还要选择最优。

流通加工是在流通领域中对生产的辅助性加工，从某种意义来讲，它不仅是生产过程的延续，实际上也是生产本身或生产工艺在流通领域的延续。这个延续可能有正、反两方面的作用，即一方面可能有效地起到补充、完善的作用，但是也必须考虑到另一个可能性，即对整个过程的负效应。各种不合理的流通加工都会产生抵消效益的负效应。

1. 不合理的流通加工形式

(1) 流通加工地点的设置不合理

流通加工地点的设置即布局状况是决定整个流通加工是否有效的重要因素。一般来说，为衔接单品种、大批量生产与多样化需求的流通加工，加工地点设置在需求地区，才能实现大批量的干线运输与多品种末端配送的物流优势。如果将流通加工地设置在生产地区，一方面，为了满足用户多样化的需求，会出现多品种、小批量的产品由生产地向需求地的长距离运输；另一方面，在生产地增加了一个加工环节，同时也会增加近距离运输、保管、装卸等一系列物流活动。所以，在这种情况下，不如由原生产单位完成这种加工而无需设置专门的流通加工环节。

另外，一般来说，为方便物流，流通加工环节应该设置在产出地，设置在进入社会物流之前。如果将其设置在物流之后，即设置在消费地，则不但不能解决物流问题，又在流通中增加了中转环节，因而也是不合理的。

即使在生产地或需求地设置流通加工的选择是正确的，还有流通加工在小地域范围内的正确选址问题。如果处理不当，仍然会出现不合理。比如说交通不便，流通加工与生产企业或用户之间距离较远，加工点周围的社会环境条件不好等。

(2) 流通加工方式选择不当

流通加工方式包括流通加工对象、流通加工工艺、流通加工技术、流通加工程度等。流通加工方式的确定实际上是对生产加工的合理分工。分工不合理，把本来应由生产加工完成的作业错误地交给流通加工来完成，或者把本来应由流通加工完成的作业错误地交给生产过程去完成，都是不合理的。

流通加工不是对生产加工的代替，而是一种补充和完善。所以，一般来说，如果工艺复杂，技术装备要求较高，或加工可以由生产过程延续或轻易解决的，都不宜再设置流通加工。如果流通加工方式选择不当，就可能会出现增加成本、降低生产利润等恶果。

(3) 流通加工作用不大，形成多余环节

有的流通加工过于简单，或者对生产和消费的作用都不大，甚至有时由于流通加工的盲目性，同样未能解决品种、规格、包装等问题，相反却增加了作业环节，这也是流通加工不合理的重要表现形式。

(4) 流通加工成本过高，效益不好

流通加工的一个重要优势就是它有较大的投入产出比，因而能有效地起到补充、完善的作用。如果流通加工成本过高，则不能实现以较低投入实现更高使用价值的目的，势必会影响其经济效益(一些必需的、从政策要求即使亏损也应进行的加工除外)。

2. 实现流通加工合理化的途径

为避免流通加工中的不合理现象，对是否设置流通加工环节、在什么地点设置、选择什么类型的加工、采用什么样的技术装备等，都需要做出正确选择。目前，国内在进行这方面已积累了一些经验，取得了一定成果。要实现流通加工的合理化，主要应从以下几个方面加以考虑。

(1) 加工和配送结合

这是将流通加工设置在配送点，一方面按配送的需要进行加工，另一方面加工又是配送业务流程中分货、拣货、配货的一环，加工后的产品直接投入配货作业。这就无需单独设置一个加工的中间环节，使流通加工有别于独立的生产，而使流通加工与中转流通巧妙结合在一起。同时，由于配送之前有加工，可使配送服务水平大大提高。这是当前流通加工合理化的重要形式，在煤炭、水泥等产品的流通中已表现出较大的优势。

(2) 加工和配套结合

在对配套要求较高的流通中，配套的主体来自各个生产单位，但是完全配套有时无法全部依靠现有的生产单位。进行适当流通加工，可以有效促成配套，大大提高流通的桥梁与纽带的能力。

(3) 加工和合理运输结合

如前所述，流通加工能有效衔接干线运输与支线运输，促进两种运输形式的合理化。利用流通加工，在支线运输转干线运输或干线运输转支线运输这本来就必须停顿的环节，不进行一般的支线运输转干线运输或干线运输转支线运输，而是按干线或支线运输合理的要求进行适当加工，从而大大提高运输及运输转载水平。

(4) 加工和合理商流相结合

通过加工有效促进销售，使商流合理化，也是流通加工合理化的考虑方向之 。

加工和配送相结合，通过加工提高了配送水平，强化了销售，是加工与合理商流相结合的一个成功的例证。此外，通过简单地改变包装加工方便客户购买；通过组装加工解除用户使用前进行组装、调试的难处，都是有效促进商流的例子。

(5) 加工和节约相结合

节约能源、节约设备、节约人力、节约耗费是流通加工合理化应重点考虑的因素，也是目前我国设置流通加工、考虑其合理化的较普遍形式。

7.5 流通加工装备

7.5.1 剪板机

剪板机是在各种板材的流通加工中应用比较广泛的一种剪切设备，可用于板料或卷料的剪裁。剪板机连接运动的上刀片和固定的下刀片，采用合理的刀片间隙，对各种厚度的金属板材施加剪切力，使板材按需要的尺寸断裂、分离。普通剪板机一般由机身、传动系统、刀架、压料器、前挡料架、后挡料架、托料装置、刀片间隙调整装置、灯光对线装置、电气控制装置等部件组成。

1. 液压剪板机

液压剪板机(见图 7-2)采用钢板焊接结构，液压传动，蓄能器回程，刃口间隙调整有指示牌指示，调整轻便、迅速，设有灯光对线照明装置，并能无级调节上刀架的行程量。工作区采用栅栏式人身安全保护装置，后挡料尺寸及剪切次数有数字显示装置。

图 7-2　龙门式液压剪板机

2. 液压摆式剪板机

液压摆式剪板机(见图 7-3)为液压传动、摆式刀架。机架整体焊接坚固耐用，使用氮气缸回程，平稳、迅速，具有无级调节行程的功能，上下刀片刃口间隙用手柄调节，刀片间隙均匀度容易调整，防护栅与电器连锁确保操作安全。数控系统与位置编码器组成闭环控制系统，速度快、精度高、稳定性好，能精确地保证后挡料位移尺寸的精度，同时数控系统具有补偿功能及自动检测的多种附加功能。

图 7-3　数控液压摆式剪板机

3. 液压闸式剪板机

液压闸式剪板机(见图 7-4)为全钢焊接结构，综合处理(振动时效、热处理)消除内应力，有很好的刚性与稳定性。采用先进的集成式液压系统，可靠性好，具有机动后挡料、手动微调、数字显示的功能。刀片间隙有手轮调整，迅速、准确、方便。矩形刀片使各个刃口均可使用，且使用寿命长。剪切角可调，有利于减少板料扭曲变形。上刀架采用内倾结构，便于落料，并能提高工作的精度，具有分段剪切和灯光对线装的功能。

图 7-4　液压闸式剪板机

阅读材料 7-3　剪板机在使用过程中的注意事项

剪板机在使用过程中要注意以下事项。

(1) 开动剪板机机器作空转若干循环，确保剪板机正常，在正常运转时，试剪不同厚度的板料，由薄至厚。确保用户熟悉剪板机的性能。

(2) 试剪时，针对不同板厚必须调对不同刀片间隙。若不调对相应的刀片间隙，则影响刀片耐用度。

(3) 在剪切过程中打开剪板机压力表开关，观察油路压力值，不得为剪超规定材料而提高压力，造成机器损坏。

(4) 操作时声音平衡。剪板机如有杂音，应停车检查。

(5) 剪板机操作时油箱温度升高的范围要低于 60°，超过时关机休息。

(资料来源：剪板机在使用过程中的注意事项. 中国剪板机网. http://www.jianbanji.org/ new_view_1646.html)

7.5.2　卷板机

卷板机(见图 7-5)一般具备预弯和卷圆两种功能，广泛应用于装潢、化工、金属结构、输入输油管道及机械制造行业，是金属薄板弯曲成型的理想设备。

图 7-5　上辊万能卷板机

7.5.3　折弯机

折弯机(见图 7-6)是主要用于锻压机床、压力机、折弯机、制药机、印刷机等的折弯、校直而设计的专用产品。

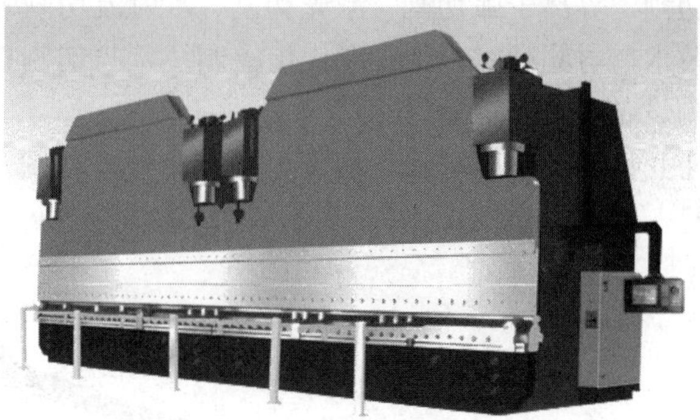

图 7-6　双机联动液压板料折弯机

7.5.4　校平机

校平机主要用于将不同规格的卷料，经过开卷、校平、剪切成为所需长度和宽度的平整板材。图 7-7 中的校平机生产线布线合理，操作方便，自动化程度高，可加工各种冷轧和热轧卷板、硅钢板、不锈板、彩板、铝板及电镀后或涂装后的各类金属板材，适用于汽车、集装箱、家电、食品、包装、建材等金属板材加工行业。主要由上料小车、单或双支撑开卷机、初校机、精校机、切边机、横剪机、堆垛装置、伺服传动系统等组成，同时在各机之间配有摆动式中间桥、牵引装置、纠偏装置等。

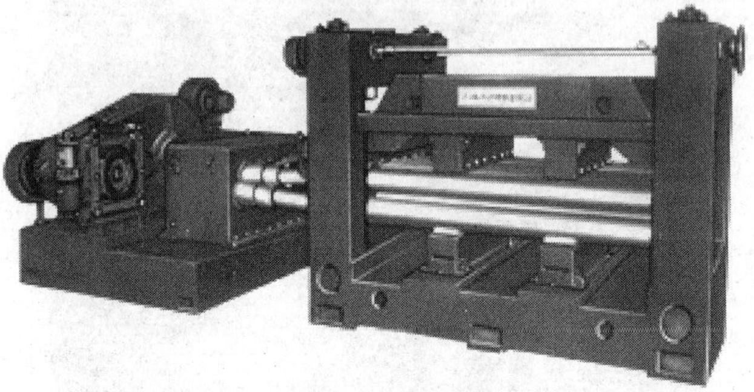

图 7-7　校平机

7.5.5　切割机

在现代工业制造领域中，切割是应用量很大、应用面广泛的基础工艺之一，尤其是在工程机械制造行业，切割工作量占有很大的比重，切割的效率和质量将直接影响生产的效率和质量。近年来，国内外切割技术取得了突破性进展，从单一的氧乙炔火焰气割发展成为新型工业燃气火焰切割、等离子弧切割、激光切割、水射流切割等多能源、多种工艺方法在内的现代化切割技术，与此同时，又将现代化控制技术与切割技术相结合，研究开发出新一代的全自动切割设备。

图 7-8 中的切割机主要用于外墙防水工程及更换机车玻璃。图 7-9 中的相片切割机主要用来切割不同的照片。

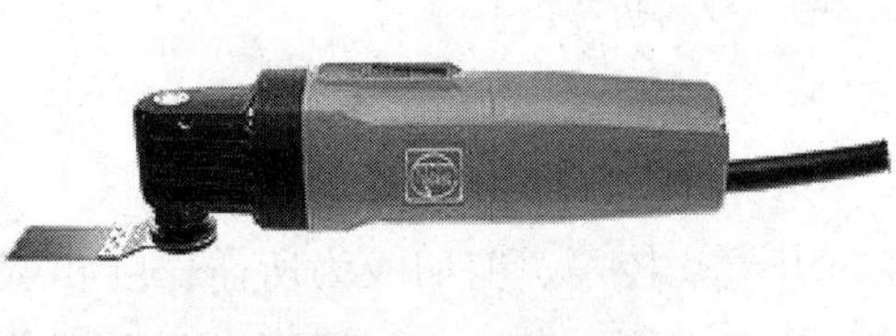

图 7-8　多功能切割机

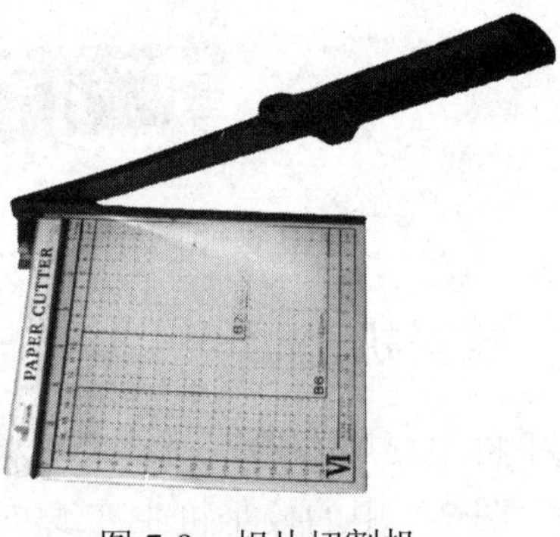

图 7-9　相片切割机

扫描仪切割机(见图 7-10)可边画边切，并拥有更高的切割速度和更精确的走纸精度(达十米)，以满足服装行业(如婚纱行业等)对此类型机器的更大幅面、更快速度和更高精度的要求。

图 7-10　扫描仪切割机

阅读材料 7–4　常见的切割技术

1. 氧乙炔/新型燃气火焰切割

氧乙炔火焰切割作为最古老的热切割技术至今仍是机械制造中的一种加工方法。由于生产乙炔的原料为电石，生产过程中会排出大量电石渣(1 吨电石生成 3.3 吨电石渣)及硫化氢、二氧化硫等有毒有害气体，严重污染环境，而且在制取溶解乙炔气时又消耗大量重要化工原料丙酮，加大了生产成本。因此，近 20 年来国内外有关研究机构及企业相继投入大量资金，开发研究成本低、安全、减少环境污染的新型燃气，目前国内已自主开发及引进了多种新型工业燃气代替乙炔用于工业火焰加工。同时，与新型工业燃气相配套的割炬也相继建成投产，各种割炬品种齐全。手工割炬切割厚度可达 350 毫米，机用割炬切割厚度可达 1800 毫米。

2. 等离子弧切割

等离子弧切割是 20 世纪 80 年代中期发展起来的一种加工方法，当时主要是为解决不锈钢和有色金属的切割，先后使用了氩、氢、压缩空气、氮、氧等多种气体，和一般等离子弧切割及水再压缩等离子切割等多种工艺方法，以适应不同的需要。

普通等离子电源的输出电流为 20~200 安，切割厚度可达 30 毫米以下；精细等离子电源输出电流最高可达 100 安，切割厚度可达 12 毫米以下，其中精细等离子割缝宽 0.65~0.75 毫米，与数控切割机配合可达 ± 0.2 毫米的切割精度；水再压缩等离子电源输出的电流最高可达 1000 安，切割厚度可达 130 毫米以下。近年来，随着等离子弧技术的发展，可切割20毫米以下的碳钢和低合金钢，因其切割速度快，综合效益好，在工程机械制造业的应用有增长的趋势。

3. 激光切割

激光切割的工业应用始于20世纪70年代初。由于其切割尺寸质量好、速度快、精度高、效率高等优点，在多种行业获得了广泛应用。随着激光器件功率等级、稳定性及可靠性的提高和加工技术的进步，其应用领域逐步扩大到各种金属和非金属板材的切割。据2002年的统计表明，在世界激光工业应用范围内，激光切割所占比例最大，约为24%。

4. 水射流切割

水射流作为工业产品的精密加工手段，其特点是没有或很少有热量释放，无热变形、无气体或蒸汽排出。该项切割技术的研究是从20世纪60年代开始，国外经过20多年的研究和开发，制造出第一台高压水射流切割设备，使之能切割各种金属和陶瓷等材料。我国于20世纪90年代开发研制出高压加磨料型水射流切割设备并用于生产。目前大部分水射流切割设备主要应用于非金属板材的切割。

(资料来源：解析热切割技术发展态势. 武汉蓝讯科技有限公司. http://shop.ebdoor.com/ Shops/511241/ DynamicInfos/176908.aspx，2009-07-13)

7.5.6 混凝土搅拌机

混凝土搅拌机(见图7-11)主要用来生产和运输高品质的混凝土，在工程建设中起到了很大的作用。水泥混凝土搅拌机的用途就是机械化地拌制水泥混凝土，其种类较多，分类方法和特点如下。

图7-11 混凝土搅拌机

1. 按作业方式来分类

按作业方式分有循环作业式和连续作业式两种。

循环作业式的供料、搅拌、卸料三道工序是按一定的时间间隔周期进行的，即按份拌制。由于拌制的各种物料都经过准确的称量，故搅拌质量好。目前大多采用此种类型的作业方式。

连续作业式的供料、搅拌、卸料三道工序是在一个较长的筒体内连续进行的。虽然其生产率较循环作业式高，但由于各料的配合比、搅拌时间难以控制，故搅拌质量差，目前使用较少。

2. 按搅拌方式来分类

按搅拌方式分有自落式搅拌和强制式搅拌两种。

自落式搅拌机就是把混合料放在一个旋转的搅拌鼓内，随着搅拌鼓的旋转，鼓内的叶片把混合料提升到一定的高度，然后靠自重自由撒落下来。这样周而复始地进行，直至拌匀为止。这种搅拌机一般拌制塑性和半塑性混凝土。

强制式搅拌机是搅拌鼓不动，而由鼓内旋转轴上均置的叶片强制搅拌。这种搅拌机拌制质量好，生产效率高；但动力消耗大，且叶片磨损快，一般适用于拌制干硬性混凝土。

3. 按装置方式来分类

按装置方式分有固定式和移动式两种。

固定式搅拌机是安装在预先准备好的基础上，整机不能移动。它的体积大，生产效率高，多用于搅拌楼或搅拌站。

移动式搅拌机本身有行驶车轮，且体积小，重量轻，故机动性能好，应用于中小型临时工程。

4. 按出料方式来分类

按出料方式分有倾翻式和非倾翻式两种。倾翻式靠搅拌鼓倾翻卸料，而非倾翻式靠搅拌鼓反转卸料。

5. 按搅拌鼓的形状不同来分类

按搅拌鼓的形状不同，分为梨型、鼓筒型、双锥形、圆盘立轴式和圆槽卧轴式。前三种是自落式搅拌；后两种为强制式搅拌，目前国内较少使用。

6. 按搅拌容量来分类

按搅拌容量分有大型(出料容量：1000~3000 升)、中型(出料容量：300~500 升)和小型(出料容量：50~250 升)。

7.5.7　冷链设备

冷链(cold chain)是指易腐食品从产地收购或捕捞之后，在产品加工、储藏、运输、分销和零售，直到消费者手中，其各个环节始终处于产品所必需的低温环境下，以保证食品质量安全，减少损耗，防止污染的特殊供应链系统。冷链物流(cold chain logistics) 泛指冷藏冷冻类食品在生产、储藏运输、销售，到消费前的各个环节中始终处于规定的低温环境下，以保证食品质量、减少食品损耗的一项系统工程。各种生、鲜食物在生产、运输、销售、储存的全过程中，要将温度控制在 0℃～4℃范围内，最大限度地保持食物的新鲜和口味。“冷链”也就是这一过程及实现这一过程的设备的总称。最先引进“冷链”概念的是食品行业，但现在在更多领域都有应用，如医学、航天等。常见的冷链设备包括冷藏车、冷藏箱等。

(1) 冷藏车

冷藏车是用来运输冷冻或保鲜货物的封闭式厢式运输车(见图 7-12)，常用于运输冷冻食品(冷冻车)，奶制品(奶品运输车)、蔬菜水果(鲜货运输车)、疫苗药品(疫苗运输车)等。

冷藏车由专用汽车底盘的行走部分与隔热保温厢体(一般由聚氨酯材料、玻璃钢组成)，制冷机组，车厢内温度记录仪等部件组成。按底盘生产厂家分类有：东风冷藏车、长安之星冷藏车、庆铃冷藏车、江铃冷藏车、江淮冷藏车、北汽福田冷藏车。按底盘承载能力分类有：微型冷藏车、小型冷藏车、中型冷藏车、大型冷藏车。按车厢类型分类有：面包式冷藏车、厢式冷藏车、半挂冷藏车等。

图 7-12　冷藏车

(2) 冷藏箱

根据产品质地不同冷藏箱有不同的种类，包括塑料的、布料的、泡沫的、金属材质的、木制的等各种冷藏箱(见图 7-13)。

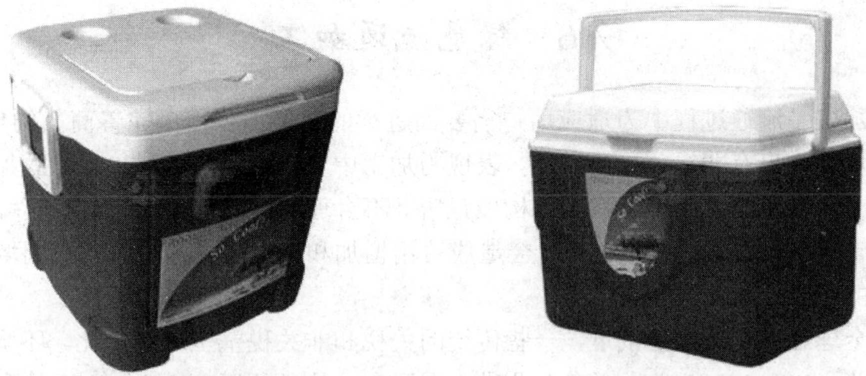

(a) 塑料冷藏箱

(b) 便携式冷藏箱

(c) 化妆品冷藏箱

(d) 血液冷藏箱

(e) 药品冷藏箱

图 7-13　冷藏箱

7.6 绿色流通加工

流通加工是流通过程中为适应用户需要而进行的必要加工，以完善商品的使用价值。流通加工对环境也有非绿色影响因素，表现为加工中资源的浪费或过度消耗，加工产生的废气、废水和废物都会对环境和人体构成危害。不合理的流通加工，还会对环境造成负面影响，如流通加工中心选址不合理，会造成费用增加和有效资源浪费，还会因增加了运输量产生新的污染。

随着全球经济一体化的发展，一些传统的关税和非关税壁垒逐渐淡化，环境壁垒逐渐兴起，为此，ISO 14000成为众多企业进入国际市场的通行证。ISO 14000的两个基本思想就是预防污染和持续改进，它要求企业建立环境管理体系，使其经营活动、产品和服务的每一个环节对环境的不良影响降到最小。而国外物流企业起步早，物流经营管理水平相当完善，势必给国内物流企业带来巨大冲击。加入WTO后，我国物流企业要想在国际市场上占一席之地，发展绿色物流将是其理性选择。

绿色物流是指在物流过程中抑制物流对环境造成危害的同时，实现对物流环境的净化，使物流资源得到最充分利用。绿色物流的构成有：①绿色运输；②绿色包装；③绿色流通加工。

绿色流通加工是绿色物流的三个子范畴之一，指在流通过程中继续对流通中的商品进行生产性加工，以使其成为更加适合消费者需求的最终产品。流通加工具有较强的生产性，也是流通部门对环境保护可以有大作为的领域。

绿色流通加工的途径主要分两个方面：一方面变消费者分散加工为专业集中加工，以规模作业方式提高资源利用效率，以减少环境污染，如餐饮服务业对食品的集中加工，减少家庭分散烹调所造成的能源的浪费和空气污染；另一方面是集中处理消费品加工中产生的边角废料，以减少消费者分散加工所造成的废弃物污染，如流通部门对蔬菜的集中加工减少了居民分散丢放垃圾及相应的环境治理问题。

本章小结

本章首先介绍了流通加工出现的主要原因；介绍了流通加工的概念和特点，分析了流通加工的地位和作用；接下来介绍了物流中流通加工的类型；然后分析了不合理的流通加工形式，并介绍了如何让流通加工更加合理化；列举了常见的流通加工装备；最后介绍了目前比较流行的加工形式，即绿色流通加工。

思考题

1. 流通加工的概念、特点和作用是什么？
2. 流通加工常见的类型有哪些？
3. 不合理的流通加工形式有哪些？如何使流通加工合理化？
4. 常见的流通加工装备有哪些？
5. 什么是冷链设备？
6. 什么是绿色流通加工？

第8章 集装单元技术与装备

学习目标

通过本章的学习，应该掌握集装箱、托盘、集装袋、其他集装器具和集装单元的装卸、搬运及运输设备，重点掌握货物单元、集装器具、装卸搬运设备和输送设备形成的集装单元化系统。

核心要点

- 集装单元的优势。
- 集装箱分类及标准。
- 托盘分类及其他集装单元器具。
- 集装箱装卸技术及装备。

8.1 集装箱发展概述

"1956 年 4 月 26 日，美国新泽西州纽华克市，一架起重机把 58 个铝制卡车车厢装到了一艘停泊在港内的老油轮上，5 天之后，这艘"理想 X"号(Ideal-X)驶向了休斯敦，在那里有 58 辆卡车正等着装上这些金属货柜，把它们运往目的地。一次物流技术革命就这样开始了。"马克·莱文森在作品《集装箱改变世界》中是这样描述集装箱的诞生和发展的。

卡车车厢一旦可以轻易地与车轮和卡车底座分离，并被巨大的起重机吊起，整齐地码放在货轮上，这个卡车车厢就不再仅仅是卡车车厢，而是被称为集装箱。也就是，现在为中国堆积出每年 2 万亿美元贸易额的"大箱子"。

集装箱使运输成本直线下降，促进了全球经济一体化的进程。在集装箱没有进入国际运输的 1961 年，单单海运成本就占到了美国出口总值的 12%和进口总值的 10%，比较一下只有 7%的美国平均进口关税后，可以发现这些成本"要比政府的贸易壁垒更有影响"。而集装箱在 1966 年进入国际运输之后的 10 年里，制成品国际贸易量的增长速度是全球制造产量增速的 2 倍，是全球经济产出增速的 2.5 倍。

另外，在集装箱之前，海运成本中最大的支出是把货物从陆上运输工具转移到离港的轮船上，以及到达目的港时再把货物搬回到卡车或火车上的费用。一次 4000 英里的海上运输所需的费用，只占把货物运抵出发港以及从目的港运走货物这两段 10 英里的陆上运输所需费用的 50%。也就是说，货物“上上下下”的成本远比长距离海运费用要高。

货物整箱处理取代逐件处理之后，装卸费用、保险费用、码头租金等都减少了；装载时间的减少和转运成本的降低还使得陆上运输的费用也大幅下降。出现了专为装载集装箱而建造的船舶之后，海运费用更是直线下降。

物流费用大幅度降低的同时，传统的包装方法和装卸、搬运工具也随之发生了根本变革。集装箱本身就成为包装物和运输工具，改变了过去那种对包装、装卸、储存、运输等各管一段的做法。它是综合规划和改善物流机能的有效技术。

集装箱在轮船、卡车和火车之间的无缝转移，让商品在一个不间断的运输流中，从工厂直接流进世界各地零售商的库房。“这一切就使得商品运输的总体成本变得微乎其微，甚至不如一家企业加在成本分析中的脚注重要”。

由于集装箱运输节约的成本实在太大，它最终占领了整个世界。在“理想 X”号首航半个世纪后，每年有相当于 3 亿只标准箱的集装箱在跨越全世界的海洋，其中有 26%是从中国发出的。至于用卡车或火车运输的集装箱，就更是数都数不清。

20 世纪末，经济学家预言：“集装箱系统的生命力还将持续发展到下一个世纪，甚至是相当长的历史时期，因为我们现在还没有发现和意识到有一种更为先进的运输系统。”

除集装箱之外，托盘、集装袋、集装网、滑板、集装笼等都是将货物单元化的器具，集装单元化是物流现代化的标志。随着科学技术的发展，各种交通工具和交通设施以及交通网络也得到了不断发展。同时市场的扩大为大量生产提供了良好的环境，而大量生产的产品要输送到各地，因此，大批量、长距离输送显得越来越重要。而大批量、长距离的输送必须依靠集装单元化技术。

集装单元化技术适合于机械化大生产，便于采用自动化管理。它是现代化大生产将自动化装置运用于物流活动的产物，它的生命力在于科学技术的发展。

8.2　集装箱

8.2.1　集装箱的定义

集装箱(container)是指海、陆、空不同运输方式进行联运时用以装运货物的一种容器。

香港称之为“货箱”，台湾称之为“货柜”。关于集装箱的定义，国际上不同国家、地区和组织的表述有所不同。

国际标准化组织(ISO)对集装箱定义为“集装箱是一种运输设备，满足以下要求：具有足够的强度，可长期反复使用；为便于商品运送而专门设计的，在一种或多种运输方式下运输时，无需中途换装；具有快速装卸和搬运的装置，特别是从一种运输方式转移到另一种运输方式时； 设计时注意到便于货物装满或卸空；内容积为 1 立方米或 1 立方米以上”。图 8-1 所示为通用集装箱。

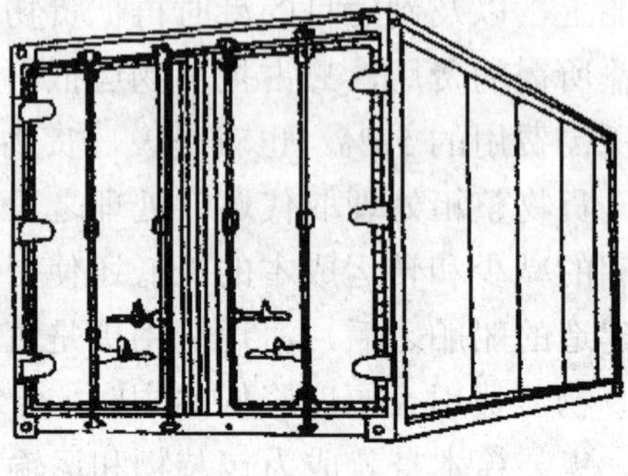

图 8-1　通用集装箱

集装箱这一术语的含义不包括车辆的一般包装。

8.2.2　集装箱的标准

为了有效开展国际集装箱多式联运，应进一步做好集装箱标准化工作。集装箱标准按使用范围分，有国际标准、国家标准、地区标准和公司标准四种。

1. 国际标准集装箱

国际标准集装箱是指根据国际标准化组织第 104 技术委员会制订的国际标准来建造和使用的国际通用的标准集装箱。

集装箱标准化经历了一个发展过程。国际标准化组织 ISO/TC104 技术委员会自 1961 年成立以来，对集装箱国际标准作过多次补充、增减和修改，现行的国际标准为第 1 系列共 13 种，其宽度均一样(2438 毫米)、长度有 4 种(12 192 毫米、9125 毫米、6058 毫米、2991 毫米)、高度有 4 种(2896 毫米、2591 毫米、2438 毫米、2438 毫米)。

2. 国家标准集装箱

各国政府参照国际标准并考虑本国的具体情况，制订了本国的集装箱标准。

我国现行国家标准《集装箱外部尺寸和额定重量》(GB 1413—85)中对集装箱各种型号的外部尺寸、极限偏差及额定重量作出了规定。

3. 地区标准集装箱

此类集装箱标准，是由地区组织根据该地区的特殊情况制定的，此类集装箱仅适用于该地区。如根据欧洲国际铁路联盟(VIC)所制订的集装箱标准而建造的集装箱。

4. 公司标准集装箱

某些大型集装箱船公司，根据本公司的具体情况和条件制定集装箱船公司标准，这类箱主要在该公司运输范围内使用。如美国海陆公司的 35 英尺集装箱。

此外，目前世界还有不少非标准集装箱。如非标准长度集装箱，有美国海陆公司的 35 英尺集装箱、总统轮船公司的 45 英尺及 48 英尺集装箱；非标准高度集装箱，主要有 9 英尺和 9.5 英尺两种高度集装箱；非标准宽度集装箱，主要有 8.2 英尺宽度集装箱等。由于经济效益的驱动，目前世界上 20 英尺集装箱总重达 24 吨的越来越多，而且普遍受到欢迎。

- 外尺寸为 20 英尺×8 英尺×8 英尺 6 英寸，称 20 尺货柜；
- 外尺寸为 40 英尺×8 英尺×8 英尺 6 英寸，称 40 尺货柜；
- 外尺寸为 40 英尺×8 英尺×9 英尺 6 英寸，称 40 尺高柜。

20 尺柜的内容积为 5.69 米×2.13 米×2.18 米，配货毛重一般为 17.5 吨，体积为 24～26 立方米。

40 尺柜的内容积为 11.8 米×2.13 米×2.18 米，配货毛重一般为 22 吨，体积为 54 立方米。

40 尺高柜的内容积为 11.8 米×2.13 米×2.72 米，配货毛重一般为 22 吨，体积为 68 立方米。

45 尺高柜的内容积为 13.58 米×2.34 米×2.71 米，配货毛重一般为 29 吨，体积为 86 立方米。

20 尺开顶柜的内容积为 5.89 米×2.32 米×2.31 米，配货毛重一般为 20 吨，体积为 31.5 立方米。

40 尺开顶柜的内容积为 12.01 米×2.33 米×2.15 米，配货毛重一般为 30.4 吨，体积为 65 立方米。

20 尺平底货柜的内容积为 5.85 米×2.23 米×2.15 米，配货毛重一般为 23 吨，体积为 28 立方米。

40 尺平底货柜的内容积为 12.05 米×2.12 米×1.96 米，配货毛重一般为 36 吨，体积为 50 立方米。

8.2.3　集装箱箱型代码及主要特征

常见的集装箱箱型代码及其主要特征见表 8-1。

表 8-1　集装箱箱型代码及主要特征

代码/原代号	箱　　型	箱型群组代码	主 要 特 征	箱型代码	原代码
G/0	通用集装箱(无通风装置)	GP	一端或两端有箱门	G0	00
			货物的上方有透气罩	G1	10/11
			一端或两端有箱门，并且在一侧或两侧设“全开式”箱门	G2	02
			一端或两端设有箱门,并且在一侧或两侧设“局部”箱门	G3	03
			备用号	G4	04
			备用号	G5	05
			备用号	G6	06
			备用号	G7	07
			备用号	G8	08
			备用号	G9	09
V/1	通风式通用集装箱	VH	无机械排风装置,但在上下两侧没有自然通风窗	V0	13
			备用号	V1	14
			箱内设有机械通风装置	V2	15
			备用号	V3	16
			外置式机械通风装置	V4	17
			备用号	V5	18
			备用号	V6	19
			备用号	V7	
			备用号	V8	
			备用号	V9	

(续表)

代码/原代号	箱型		箱型群组代码	主要特征	箱型代码	原代码
B/2	干散货集装箱	无压干散货集装箱	BU	封闭式	B0	20
				气密式	B1	23
				备用号	B2	24
		承压干散货集装箱	BK	水平方向卸货，试验压力 150 千帕	B3	
				水平方向卸货，试验压力 265 千帕	B4	
				倾斜卸货，试验压力 150 千帕	B5	
				倾斜卸货，试验压力 265 千帕	B6	
				备用号	B7	
				备用号	B8	
				备用号	B9	
S/2	以货物种类命名的集装箱		SN	牲畜集装箱	S0	25
				汽车集装箱	S1	26
				活鱼集装箱	S2	
				备用号	S3	27
				备用号	S4	28
				备用号	S5	29
				备用号	S6	
				备用号	S7	
				备用号	S8	
R/3	保温集装箱	机械制冷	RE	机械制冷	R0	31
		制冷/加热集装箱	RT	机械制冷/加热	R1	32
		自备电源的机械制冷/加热集装箱	RS	机械制冷	R2	36
				机械制冷/加热	R3	37
				备用号	R4	
				备用号	R5	39
				备用号	R6	
				备用号	R7	
				备用号	R8	
				备用号	R9	

(续表)

代码/原代号	箱型		箱型群组代码	主要特征	箱型代码	原代码
H/4	保温集装箱	带挂装式机械制冷/加热装置	HR	外置式挂装制冷/加热装置 K=0.4 瓦/(平方米·开)	H0	40
				内置式挂装制冷/加热装置	H1	41
				外置式挂装制冷/加热装置 K=0.7 瓦/(平方米·开)	H2	42
				备用号	H3	43
				备用号	H4	44
		隔热式集装箱	HI	隔热层 K=0.4 瓦/(平方米·开)	H5	45
				隔热层 K=0.7 瓦/(平方米·开)	H6	46
				备用号	H7	47
				备用号	H8	48
				备用号	H9	49
U/5	敞顶式集装箱		UT	一端或两端开口	U0	50
				一端或两端开口并有活动的上端梁	U1	51
				一端或两端开口以及一侧或两侧开口	U2	52
				一端或两端开口以及一侧或两侧开口，并有活动的上端梁	U3	53
				一端或两端开口以及一侧部分开口和另一侧全部开口	U4	54
				全部敞顶，带固定的侧壁(无开门)	U5	55
				备用号	U6	56
				备用号	U7	57
				备用号	U8	58
				备用号	U9	59
P/6	平台(台架式)集装箱	上部结构不完整	PL	平台集装箱	P0	60
		固端结构	PF	双固端结构	P1	61
				固定角柱，活动侧柱或活动顶结构	P2	62
		折端结构	PC	可折的完整端结构	P3	63
				可折角柱，活动侧柱或活动顶结构	P4	64
		带完整的上部结构的台架式集装箱	PS	散顶，敞端(骨架式)	P5	65
				备用号	P6	68
				备用号	P7	69
				备用号	P8	
				备用号	P9	

(续表)

代码/原代号	箱型		箱型群组代码	主要特征	箱型代码	原代码
T/7	罐式集装箱	非危险性液体货	TN	最低试验压力 45 千帕	T0	70
				最低试验压力 150 千帕	T1	71
		非危险性液体货	TD	最低试验压力 265 千帕	T2	72
				最低试验压力 150 千帕	T3	73
		气体货物	TG	最低试验压力 265 千帕	T4	74
				最低试验压力 400 千帕	T5	75
				最低试验压力 600 千帕	T6	76
				最低试验压力 910 千帕	T7	77
				最低试验压力 2200 千帕	T8	78
				最低试验压力 2200 千帕	T9	79
A	空/陆/水联运集装箱		AS		A0	90

(注：原代号指 1984 年版的箱型代号。)

8.2.4 各类集装箱参数

1. 集装箱参数

集装箱的内部尺寸参数，见表 8-2。

表 8-2　集装箱内部尺寸

集装箱	内部尺寸	箱门尺寸	净重	容积	载重量
20 英尺干货箱	L：5.919 米 W：2.340 米 H：2.380 米	W：2.286 米 H：2.278 米	1900 千克 4189 磅	33 立方米 1165 立方英尺	22110 千克 4872 磅
40 英尺干货箱	L：12.045 米 W：2.309 米 H：2.379 米	W：2.280 米 H：2.278 米	3084 千克 6799 磅	67.3 立方米 2377 立方英尺	27396 千克 60397 磅
40 英尺高容积干货箱	L：12.056 米 W：2.347 米 H：2.684 米	W：2.320 米 H：2.570 米	2900 千克 6393 磅	76 立方米 2684 立方英尺	29600 千克 65256 磅
45 英尺高容积干货箱	L：13.582 米 W：2.347 米 H：2.690 米	W：2.340 米 H：2.585 米	3900 千克 8598 磅	85.7 立方米 3026 立方英尺	28600 千克 63052 磅

(续表)

集装箱	内部尺寸	箱门尺寸	净重	容积	载重量
20英尺冷藏柜	L：5.428米 W：2.266米 H：2.249米	W：2.286米 H：2.288米 H：2.188米	3940千克 6482磅	27.5立方米 971立方英尺	24060千克 53043磅
40英尺冷藏柜	L：11.207米 W：2.246米 H：2.183米	W：2.216米 H：2.188米 H：2.118米	4840千克 10670磅	54.9立方米 1939立方英尺	25640千克 56526磅
40英尺高容积冷藏柜	L：11.628米 W：2.294米 H：2.509米	W：2.290米 H：2.535米	4430千克 9766磅	66.9立方米 2363立方英尺	28070千克 61883磅
45英尺高容积冷藏柜	L：13.102米 W：2.294米 H：2.509米	W：2.290米 H：2.535米	5200千克 11464磅	75.4立方米 2683立方英尺	27830千克 60185磅
20英尺开顶箱	L：5.919米 W：2.340米 H：2.286米	W：2.286米 H：2.351米 H：2.251米	2174千克 4793磅	31.6立方米 1166立方英尺	21826千克 48117磅
40英尺开顶箱	L：12.043米 W：2.340米 H：2.272米	W：2.279米 H：2.278米	4300千克 9480磅	64立方米 2260立方英尺	22110千克 4872磅
20英尺搁架式集装箱	L：5.662米 W：2.430米 H：2.327米		2530千克 5578磅		21470千克 4733磅
20英尺可拆卸搁架式集装箱	L：5.946米 W：2.126米 H：2.233米		2900千克 3393磅		27100千克 59745磅
40英尺搁架式集装箱	L：12.080米 W：2.438米 H：1.950米		5480千克 1208磅		25000千克 55115磅
40英尺可拆卸搁架式集装箱	L：12.080米 W：2.126米 H：2.043米		5800千克 12787磅		29200千克 64374磅
20英尺开边/开顶集装箱	L：5.928米 W：2.318米 H：2.259米	W：2.236米 H：2.278米	2775千克 6118磅	31立方米 1095立方英尺	22250千克 46792磅
40英尺双层重货架	L：12.065米 W：2.126米		5400千克 11905磅		39000千克 85979磅

2. 杂货集装箱参数

杂货集装箱参数，如表 8-3 所示。

表 8-3　杂货集装箱参数表

参数	20 英尺箱		20 英尺箱		20 英尺箱		40 英尺箱		40 英尺箱	
材质	A(铝制)		B(铝制)		C(钢制)		A(铝制)		B(铝制)	
单位	毫米	英尺-英寸	毫米	英尺-英寸	毫米	英尺-英寸	毫米	英尺-英寸	毫米	英尺-英寸
外部尺寸 长	6058	19-10.5	6058	10-10.5	6058	19-10.5	12 192	40	12 192	40
外部尺寸 宽	2438	8	2438	8	2438	8	3438	8	2438	8
外部尺寸 高	2438	8	2438	8	2438	8	2591	8-6	2591	8-6
内部尺寸 长	5930	19-5.44	5884	19-3.65	5888	19-3.81	12 062	39-6.87	12 052	39-6.5
内部尺寸 宽	2350	7-8.5	2345	7-8.94	2331	7-7.76	2350	7-8.5	2342	7-8.18
名义高度	2260	7-4.94	2240	7-4.18	2255	7-7.45	2380	7-9.86	2367	7-0.37
净空高度	2180	7-1.8	2180	7-1.8			2305	7-6.68		
门框尺寸 宽	2350	7-8.5	2342	7-8.18	2340	7-8.12	2035	7-8.5	2347	7-8.37
门框尺寸 高	2154	7-0.81	2135	7-0.16	2143	7-0.37	2284	7-5.68	2265	7-5.27
单位	立方米	立方英尺	立方米	立方英尺	立方米	立方英尺	立方米	立方英尺		
容积	31.5	1112	30.9	1091	31	1095	67.6	2386	66.5	2348
单位	千克	磅	千克	磅	千克	磅	千克	磅	千克	磅
自重	1600	3530	1700	3570	2230	4920	2990	6600	3410	7500
总重	24 000	52 913	24 000	52 913	24 000	52 913	30 480	67 200	30 480	67 200
载重	22 400	49 383	22 300	49 163	21 770	47 993	27 490	60 600	27 070	59 700

3. 干散货集装箱参数

干散货集装箱参数，如表 8-4 所示。

表 8-4　干散货集装箱参数表

参数		20英尺箱		20英尺箱	
材质		A(铝制)		B(铝制)	
单位		毫米	英尺-英寸	毫米	英尺-英寸
外部尺寸	长	6058	19-10 1/2	6058	19-10 1/2
	宽	2438	8	2438	8
	高	2438	8	2438	8
内部尺寸	长	5929	19-5 7/16	5889	19-3 27-32
	宽	2345	7-8 1/4	2338	7-8 3/64
名义高度		2213	7-3 1/8	2213	7-3 1/8
门框尺寸	宽	2350	7-8 1/2	2341	7/8 5/32
	高	2154	7- 0 13/16	2130	6-11 7/8
单位		立方米	立方英尺	立方米	立方英尺
容积		30.8	1086	30.5	1076
单位		千克	磅	千克	磅
自重		1980	4370		5511
总重		24000	52913	2400	44800
载重		22020	48543		39289

4. 敞顶集装箱参数

敞顶集装箱参数，如表 8-5 所示。

表 8-5　敞顶集装箱参数表

参数		20英尺箱		40英尺箱	
材质		铝制		铝制	
单位		毫米	英尺-英寸	毫米	英尺-英寸
外部尺寸	长	6058	10-10 1/2	12192	40
	宽	2438	8	2438	8
	高	2438	8	2591	8
内部尺寸	长	5930	19-5 7/16	12056	39-6 5/8
	宽	2350	7-8 1/2	2351	7-8 1/2
名义高度		2180	7-1 7/8	2324	7-7
净空高度		2083	6-10		
门框尺寸	宽	2350	7-8 1/2	2340	7-8 1/16
	高	2154	7-0 13/16	2286	7-7
单位		立方米	立方英尺	立方米	立方英尺
容积		30.4	1073	60.8	2147
单位		千克	磅	千克	磅
自重		2030	4480	3800	8380
总重		24000	48525	30480	67200
载重		21970	44046	26680	58820

5. 硬顶集装箱参数

硬顶集装箱参数，如表 8-6 所示。

表 8-6　硬顶集装箱参数表

参　　数		20 英尺箱	
材　　质		钢　　制	
单　　位		毫米	英尺-英寸
外部尺寸	长	6058	19-10 1/2
	宽	2438	8
	高	2438	8
内部尺寸	长	5918	19-5
	宽	2339	7-8 1/16
名义高度	高	2243	7-4 5/16
门框尺寸	宽	2290	7-6 1/8
	高	2110	6-11 1/16
单位		立方米	立方英尺
容积		30.8	1088
单位		千克	磅
自重		2200	4850
总重		24000	47185
载重		21800	42335
箱顶开口尺寸/毫米	长	5440	箱顶开口尺寸/毫米
	宽	2190	
箱顶重量/千克		350	

6. 通风集装箱参数

通风集装箱参数，如表 8-7 所示。

表 8-7　通风集装箱参数表

参　　数		20 英尺箱		20 英尺箱	
材　　质		玻璃钢		铝	
单　　位		毫米	英尺-英寸	毫米	英尺-英寸
外部尺寸	长	6058	19-10 1/2	6058	19-10 1/2
	宽	2438	8	2438	8
	高	2438	8	2438	8
内部尺寸	长	5901	19-4 5/16	5925	19-5 1/4
	宽	2370	7-9 1/4	2345	7-8 5/16
名义高度		2251	7-4 9/16	2213	7-3 1/8
净空高度		3137	7-0 1/8		

(续表)

参　　数		20英尺箱		20英尺箱	
材　　质		玻璃钢		铝	
单　　位		毫米	英尺-英寸	毫米	英尺-英寸
门框尺寸	宽	2276	7-5 9/16	2345	7-8 5/16
	高	2134	7	2112	6-11 1/5
单位		立方米	立方英尺	立方米	立方英尺
容积		31.5	1112	30.7	1086
单位		千克	磅	千克	磅
自重		2420	5340	2280	5030
总重		24000	52913	24000	52913
载重		21580	47573	21720	47883

7. 板架集装箱参数

板架集装箱参数，如表8-8所示。

表8-8　板架集装箱参数表

参数		20英尺箱		20英尺箱		40英尺箱		40英尺箱	
材质		A(钢制)		B(钢制)		A(钢制)		B(钢制)	
单位		毫米	英尺-英寸	毫米	英尺-英寸	毫米	英尺-英寸	毫米	英尺-英寸
外部尺寸	长	6058	19-10 1/2	19-10 1/2	19-10 1/2	12192	40	12192	40
	宽	2438	8	8	8	2438	8	2438	8
	高	2438	8	8	8	2591	8	2591	8
内部尺寸	长	5908	19-4 1/2	5928	19-5 3/8	12054	39-6 9/16	12062	39-6 7/8
	宽	2388	7-10	2428	7-11 19-32	2256	7-4 13/16	2250	7-0 9/16
名义高度		2072	6-9 9/16	2178	7-1 3/4	1970	6-5 9/16	1964	6-5 5/16
单位		立方米	立方英尺	立方米	立方英尺	立方米	立方英尺	立方米	立方英尺
容积		29.2	1027	31.2	1102	53.8	1892	53.3	1882
单位		千克	磅	千克	磅	千克	磅	千克	磅
自重		2500	5520	2790	6150	4810	10610	5050	11140
总重		24000	52913	24000	52913	30480	56590	30480	56060
载重		21500	47393	21210	46763	25670	67200	25430	67200

8. 罐状集装箱参数

罐状集装箱参数，如表 8-9 所示。

表 8-9　罐状集装箱参数表

参　数		20 英尺箱		20 英尺箱	
材　质		不锈钢制		钢　制	
单　位		毫米	英尺-英寸	毫米	英尺-英寸
外部尺寸	长	6058	19-10 1/2	6058	19-10 1/2
	宽	2438	8	2438	8
	高	2438	8	2438	8
内部尺寸	长	5247	17-2 9/16	5860	19-2 3/4
	直径	1900	6-2 3/4	2050	6-8 3/4
单位		立方米	立方英尺	立方米	立方英尺
容积		14.383	508	18.3	646.173
单位		牛/平方厘米	磅/平方英寸	牛/平方厘米	磅/平方英寸
压力		1.8×9.8	25	0.7×9.8	9.954
单位		千克	磅	千克	磅
自重		3120	6380	3250	7165
总重		24 000	52 913	24 000	52 913
载重		20 880	46 533	20 750	45 748

9. 冷冻型集装箱参数

冷冻型集装箱参数，如表 8-10 所示。

表 8-10　冷冻型集装箱参数表

参　数		20 英尺		40 英尺	
材　质		铝　制		铝　制	
单　位		毫米	英尺-英寸	毫米	英尺-英寸
外部尺寸	长	6058	19-10 1/2	12 192	40
	宽	2438	8	2438	8
	高	2438	8	2591	8-6
内部尺寸	长	5391	17-8 3/16	11 480	27-7 15/16
	宽	2254	7-4 11/16	2234	7-3 15/16

(续表)

参数		20 英尺		40 英尺	
材质		铝制		铝制	
单位		毫米	英尺-英寸	毫米	英尺-英寸
名义高度		2130	6-11 13/16	2235	7-3 15/16
门框尺寸	宽	2254	7-4 11/16	2234	7-3 15/16
	高	2049	6-8 5/8	2163	7-1 1/8
单位		立方米	立方英尺	立方米	立方英尺
容积		25.9	914	57.3	2024
单位		千克	磅	千克	磅
自重		2750	6070	4750	10480
总重		24000	52913	30480	67200
载重		21250	46873	25730	56720

8.2.5 集装箱的分类

运输货物用的集装箱种类繁多，可按用途、运输方式、货物类别、箱体特征等原则分类。从运输家用物品的小型折叠式集装箱到 40 英尺标准集装箱以及航空集装箱等，不一而足。这里仅介绍在海上运输中常见的国际货运集装箱类型。

按箱内所装货物来分类，集装箱可分为以下几类。

1. 通用干货集装箱

通用干货集装箱(dry cargo container)也称为杂货集装箱，用来运输无需控制温度的杂货。其使用范围极广，据统计，在世界的集装箱中，干货集装箱占 85%。这种集装箱通常为封闭式，在一端或侧面设有箱门。这种集装箱通常用来装运文化用品、化工用品、电子机械、工艺品、医药、日用品、纺织品及仪器零件等，是平时最常用的集装箱。不受温度变化影响的各类固体散货、颗粒或粉末状的货物都可以由这种集装箱装运，如图 8-2 所示。

图 8-2 通用干货集装箱

2. 保温集装箱

保温集装箱(keep constant temperature container)是为了运输需要冷藏或保温的货物，所有箱壁都采用导热率低的材料隔热而制成的集装箱。保温集装箱可分为以下三种。

(1) 冷藏集装箱

冷藏集装箱(reefer container)是以运输冷冻食品为主，能保持特定温度的保温集装箱，如图 8-3 所示。它是专为运输如鱼、肉、新鲜水果、蔬菜等食品而特殊设计的，箱内温度可达零下 18℃。国际上采用的冷藏集装箱基本上有两种：一种是集装箱内带有冷冻机的，即机械式冷藏集装箱；另一种箱内没有冷冻机而只有隔热结构，即在集装箱端壁上设有进气孔和出气孔，箱子装在舱中，由船舶的冷冻装置供应冷气，这种叫作离合式冷藏集装箱(又称外置式或夹箍式冷藏集装箱)。

(2) 隔热集装箱

隔热集装箱是为载运水果、蔬菜等货物，防止温度上升过高，以保持货物鲜度而具有充分隔热结构的集装箱。隔热集装箱通常用冰作制冷剂，保温时间为 72 小时左右。

(3) 通风集装箱

通风集装箱(ventilated container)是为装运水果、蔬菜等不需要冷冻而具有呼吸作用的货物，在端壁和侧壁上设有通风孔的集装箱，如将通风口关闭，同样可以作为杂货集装箱使用。有时会在框架两侧设置人梯，而设计成全侧开式通风集装箱。

3. 罐装集装箱

罐式集装箱(tank container)是专用以装运酒类、油类(如动植物油)、液体食品以及化学品等液体货物的集装箱，如图 8-4 所示。它还可以装运其他液体的危险货物。这种集装箱有单罐和多罐数种，罐体四角由支柱、撑杆构成整体框架。单罐由于侧壁强度较大，故一般装载麦芽和化学品等相对密度较大的散货，多罐则用于装载相对密度较小的谷物。散货集装箱顶部的装货口应设水密性良好的盖，以防雨水侵入箱内。

图 8-3　31 英尺钢质日本内陆冷藏箱

图 8-4　罐式集装箱

4. 台架式集装箱

台架式集装箱(platform based container)是没有箱顶和侧壁，甚至连端壁也去掉而只有底板和 4 个角柱的集装箱。这种集装箱可以从前后、左右及上方进行装卸作业，适合装载长大件和重货件，如重型机械、钢材、钢管、木材、钢锭等。台架式的集装箱没有水密性，一般不能装运怕水湿的货物(如果装运，要用帆布遮盖装运)。

5. 平台集装箱

平台集装箱(platform container)是在台架式集装箱上再简化而只保留底板的一种特殊结构的集装箱，如图 8-5 所示。平台的长度和宽度与国际标准集装箱的箱底尺寸相同，可使用与其他集装箱相同的紧固件和起吊装置。这一集装箱的采用打破了过去一直认为集装箱必须具有一定容积的概念。

6. 敞顶集装箱

敞顶集装箱(open top container)是一种没有刚性箱顶的集装箱，但有由可折叠式(见图 8-6)或可折式顶梁支撑的帆布、塑料布或涂塑布制成的顶篷，其他构件与通用集装箱类似。这种集装箱适于装载大型货物和重货，如钢铁、木材，特别是像玻璃板等易碎的重货，利用吊车从顶部吊入箱内不易损坏，而且便于在箱内固定。

图 8-5　钢卷运输平台箱

图 8-6　20 英尺半高折叠箱

7. 汽车集装箱

汽车集装箱(car container)是一种运输小型轿车用的专用集装箱，其特点是在简易箱底上装一个钢制框架，通常没有箱壁(包括端壁和侧壁)。这种集装箱分为单层的和双层的两种。因为小轿车的高度为 1.35～1.45 米，如装在 8 英尺(2.438 米)的标准集装箱内，其容积要浪费 2/5 以上，因而出现了双层集装箱。这种双层集装箱的高度有两种：一种为 10.5 英尺(3.2 米)；一种为 8.5 英尺高的 2 倍即为 17 英尺(5.18 米)。因此，汽车集装箱一般不是国际标准集装箱。

8. **动物集装箱**

动物集装箱(pen container or live stock container)是一种装运鸡、鸭、鹅等活家禽和牛、马、羊、猪等活家畜用的集装箱。为了遮蔽太阳，箱顶采用胶合板露盖，侧面和端面都有用铝丝网制成的窗，以求有良好的通风。侧壁下方设有清扫口和排水口，并配有上下移动的拉门，可把垃圾清扫出去。同时还装有喂食口。动物集装箱在船上一般应装在甲板上，因为甲板上空气流通，便于清扫和照顾动物。

9. **服装集装箱**

服装集装箱(garment container)的特点是，在箱内上侧梁上装有许多根横杆，每根横杆上垂下若干条皮带扣、尼龙带扣或绳索，成衣利用衣架上的钩，直接挂在带扣或绳索上。这种服装装载法属于无包装运输，它不仅节约了包装材料和包装费用，而且减少了人工劳动，提高了服装的运输质量。

10. **框架集装箱**

框架集装箱没有箱顶和两侧，可从集装箱侧面进行装卸，如图 8-7 所示。框架集装箱以超重货物为主要装载对象，还可用于装载牲畜以及诸如钢材之类可以免除外包装的裸装货物。

图 8-7　40 英尺高柜框架集装箱

8.3　托盘

8.3.1　托盘的定义

我国的《物流术语》对托盘(pallet)的定义是：用于集装、堆放、搬运和运输的，放置作为单元负荷的货物和制品的水平平台装置。这种平台台面有供叉车从下部叉入并将台板托起的叉入口，以这种结构为基本结构的平面台板和在这种基本结构基础上所形成的各种形式的集装器具都可统称为托盘。托盘一般用木材、塑料、金属、纤维板制作，便于装卸、搬运单元物资和小数量的物资。托盘的种类主要有木质的、塑料的、金属的等。

托盘作为与集装箱类似的一种集装设备，现已广泛应用于生产、运输、仓储和流通等领域，是 20 世纪物流产业中的关键性创新之一。它与叉车配套使用，在装卸、储存和运输等现代物流运作过程中发挥着巨大的作用。托盘给现代物流业带来的效益主要体现在：可以实现物品包装的单元化、规范化和标准化，保护物品，方便物流；物品运输的集装化，提高运输效率，降低运输成本；物品存放的立体化、物品流通过程的自动化；物品装卸的机械化、自动化，提高装卸效率和速度；物品数据处理的信息化，提高现代物流的系统管理水平。托盘拥有的数量已成为衡量一国物流现代化水平的重要标志之一。

托盘的出现也促进了集装箱和其他集装方式的形成和发展，托盘是和集装箱一样重要的集装方式，两者形成了集装系统的两大支柱。

托盘和集装箱在许多方面是优点和缺点互补，二者配合使用可以发挥各自的优点。

托盘与集装箱相比，其主要优点如下。

(1) 自身重量小。因而用于装卸、运输托盘本身所消耗的劳动较小，无效运输及装卸比运输集装箱小。

(2) 返空容易，返空时占用运力很少。

(3) 装盘容易。不需像集装箱那样深入到箱体内部，装盘后可采用捆扎、紧包等技术处理，使用简便。

(4) 装载量虽然比集装箱小，但也能集中一定数量，比一般包装的组合量大得多。

托盘与集装箱相比的主要缺点是：保护性比集装箱差，露天存放困难，需要有仓库等配套设施。

托盘联运的优势主要有以下几点。

(1) 省力。托盘与叉车一起使用，极大地减轻了人力装卸作业的强度。

(2) 省时。由于采用了机械化作业，使装卸、搬运作业速度大幅度提高。

(3) 安全。既可使货物在装卸、搬运过程中减少破损，同时也减少了对装卸工人的身体伤害。

(4) 高效。不仅可以采用高架仓库存储托盘货物，而且能提高整个物流链的效率。

(5) 降低货物包装成本。

(6) 节省仓储堆存面积。多层堆码可充分利用库容。

托盘联运也有其缺点，主要有以下几点。

(1) 托盘本身的体积占据了一定的空间，使装载容积降低。

(2) 运输后的空托盘需要管理。

(3) 空托盘还需要返还到发送地。

虽然采用一次性托盘，省却了返还空盘。但一次性托盘的使用导致运输成本上升、资源浪费和环境污染问题，为此，一次性托盘的运用比例呈逐年下降趋势。另一个解决办法是成立专门的托盘租赁管理公司，该公司可在货运量大的城市设立分支机构，从事托盘的租赁、管理、修复、补充、接收返还、空盘调运等业务。

在我国，托盘每年递增 2000 万片左右，其中木制平托盘约占 90%，塑料平托盘占 8%，钢制托盘、复合材料托盘以及纸制托盘合计占 2%。复合材料平托盘和塑料托盘上升比例较大。

8.3.2　托盘的标准

托盘是物流产业中最为基本的集装单元，它随着产品在生产企业、物流企业、零售企业和用户之间流通，它与产品生产线、产品包装、叉车、货架、公路运输车辆、铁路运输车辆、轮船、集装箱和仓储设施等许多方面均有较为严格的尺寸匹配关系。因此，托盘标准化是物流产业最为基础的标准，托盘的标准化直接决定了物流标准化进程和现代物流产业的运作成本。

1. 国际托盘标准

美国的国家标准托盘是 1219 毫米×1016 毫米；其周边国家如加拿大、墨西哥为 1200 毫米×1000 毫米；澳大利亚为 1165 毫米×1165 毫米；欧洲以 1200 毫米×800 毫米的托盘为标准的国家最多，但是英国、德国及荷兰有 1200 毫米×800 毫米和 1200 毫米×1000 毫米两种托盘存在，其他北欧各国拥有统一的 1200 毫米×800 毫米的托盘。英国制定托盘的统一政策较晚，造成了两种托盘规格的并存。

日本、韩国、新加坡、中国台湾等国家和地区所制定的标准托盘是 1100 毫米×1100 毫米，东南亚各国现在还没有由国家来制定标准托盘，由于 1100 毫米×1100 毫米的托盘与 ISO 国际标准集装箱相配合，普及率很高。

1988 年，ISO 制定了 4 种托盘国际规格，具体如下：1200 毫米×800 毫米、1200 毫米×1000 毫米、1219 毫米×1016 毫米、1100 毫米×1000 毫米。

2003 年，ISO 在原有的四种规格基础上，新增了 1100 毫米×1100 毫米、1067 毫米×1067 毫米两种规格，现有的托盘国际标准共有六种规格。

2. 国内标准及现有托盘的主要规格

当前，我国的托盘规格比较混乱。除机械工业系统使用 JB 3003—81 规定的 800 毫米×1000 毫米和 500×800 毫米两种规格的托盘外，1996 年，我国交通部科研院又提出将 ISO 6780 : 1988《联运通用平托盘主要尺寸及公差》等效采用为我国托盘的国家标准。以后，原国家技术监督局以 GB/T 2934—1996 标准系列文号批准并发布了这个等效标准，其中包括了 1200 毫米×1000 毫米、1200 毫米×800 毫米、1140 毫米×1140 毫米及 1219 毫米×1016 毫米等 4 个托盘规格。但由于我国采用的托盘国际标准太多，同时又缺乏托盘共用系统(pallet exchange system)来引导托盘在企业间自由流通，因此，这个推荐标准并未有效地解决我国托盘联运过程中规格统一的问题。随着我国物流产业的迅猛发展和托盘国际标准的不断增多，2003 年 ISO 托盘国际标准从 1988 年的 4 种，又增加了 1100 毫米×1100 毫米、1067 毫米×1067 毫米两种，我国继续等效采用所有 ISO 托盘国际标准已经不再是一种理性的选择。在 2005 年 8 月国家标准化委员会与国家发改委、商务部、铁道部、交通部、国家质检总局、民航总局、国家统计局等 8 个部门联合发布了《全国物流标准 2005—2010 年发展规划》。在第 6 部分第 1 条"近期物流标准修订进度表"中就明确规定，2005—2006 年期间我国必须率先完成 GB/T 2934—1996《联运通用平托盘主要尺寸及公差》的修订。

8.3.3 托盘的种类

目前，托盘的种类繁多，主要有塑料托盘、木制托盘、塑木托盘、钢质托盘、拆卸式柱式托盘、固定柱式托盘、固定式箱式托盘、折叠式箱式托盘、可卸式箱式托盘、航空托盘、油桶专用托盘、轮胎专用托盘等。

木质托盘(见图 8-8)的特点是使用广泛、价格便宜、结实。以前对于木制托盘的利用很不合理，一般制造业会在使用一次后将其废弃处理。现在开始考虑多次利用、循环使用。

图 8-8　木托盘

塑料托盘(见图 8-9)比较贵，载重也较小，但是随着塑料托盘制造工艺的进步，一些高载重的塑料托盘正在慢慢取代木质托盘。

金属托盘结实、耐用，缺点是易腐蚀，价格较高。

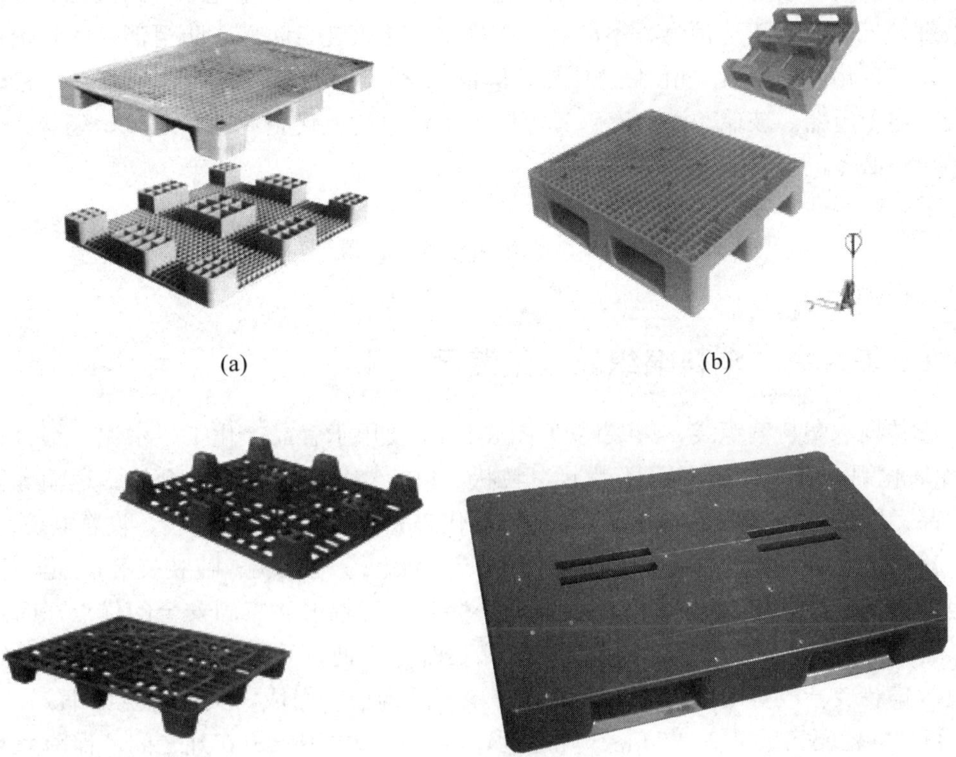

(a)　(b)　(c)　(d)

图 8-9　塑料托盘

另外，用蜂窝纸板做成的蜂窝纸箱和纸地台板用于重物包装，最大承载可达 2000 千克，可做防水处理，不需熏蒸、检疫、消毒，直接对外出口，既环保又好处理。该托盘平面抗压大、质轻，可替代 EPS 包装，广泛用于重物托盘、纸箱、家具及电器内缓冲垫等方面，单张厚度可达 50 毫米。蜂窝纸芯是新型的仿生材料，用于各种平面板材内腔填充，如桌台面内腔填充、门体内腔填充、隔墙、屏风等，强度与实木相当，既经济又环保。

纸护角用于产品棱、角保护。当货物容易错位和倒塌时，用纸护角护住棱边打包，可以使之成为一个整体，避免错位和倒塌现象，使货物不易受损；另外，当纸箱强度不够或货物过重时，用纸护角放置在箱体四角可以有效解决这一问题，并对产品起到一个很好的加强保护作用。

采用无规共聚聚丙烯(PP)或低压高密度聚乙烯(HDPE)为原料生产的塑料托盘，强度高，承受力大，添加抗老化剂后使用寿命长，是木托盘的几十倍。与钢托盘、木托盘相比，塑料托盘具有质轻、平整、美观、整体性好、无钉无刺、无毒无味、耐酸碱、不腐烂、不易被细菌繁殖、易清洗消毒、不助燃、无静电、无火花、防爆、防滑溜、回收价值高等特点，已广泛应用于石化、化工、食品、啤酒/饮料、水产品、医药、烟草、饲料、制衣、制鞋、电子电器、玻璃、港口、码头等诸多行业，是现代企业产品运输、包装、仓储以及产品出口必备的重要工具。

8.4 其他集装器具

8.4.1 集装袋、塑料编织袋、集装网

集装袋、塑料编织袋、集装网(见图 8-10)主要用于食品、化工、水泥、粮食、矿产资源(如氧化铝、有色金属)等各类粉状、粒状、块状物品的包装，是仓储、运输等行业的理想用品，是散装货物的配套包装。具体包括化工袋、透气袋、防漏袋、防静电袋、导电袋、吊袋等。集装袋又称柔性集装箱(或称为吨袋、吨包、吨包袋、吨装袋等)，是一种柔性运输包装容器，如图 8-11 所示。具有防潮、防尘、耐辐射、牢固安全的优点，而且在结构上具有足够的强度。 由于集装袋装卸、搬运都很方便，装卸效率明显提高，近年来发展很快。集装袋一般多用聚丙烯、聚乙烯等聚酯纤维纺织而成。具体特点如下。

(1) 集装袋载重量在 0.5 吨~3 吨之间，容积在 500 升~2300 升之间，保险系数可根据用户需要进行设计。

(2) 按内容货物分为散装货物集装袋和小包装货物集装袋两大类，可以一次性使用和周转使用。

图 8-10 集装网

图 8-11 集装袋

(3) 集装袋按形状分为圆形、方形和 U 形体 3 种，如图 8-12 和图 8-13 所示。

(4) 起吊结构有顶吊型、侧吊型和底吊型，通常有进出料口，如图 8-14 和图 8-15 所示。

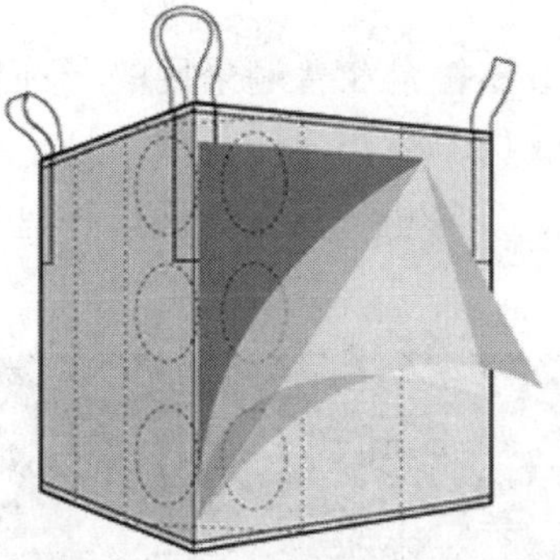

图 8-12　3 层立方袋

图 8-13　U 形边缝袋

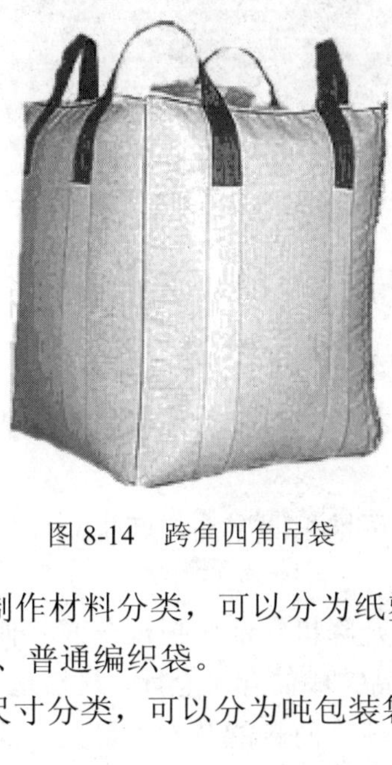

图 8-14　跨角四角吊袋

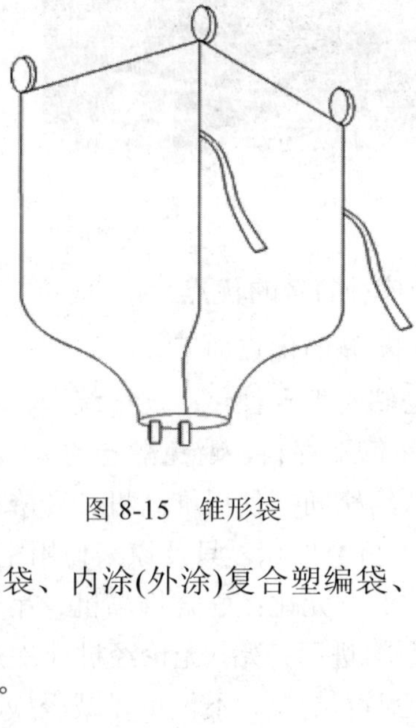

图 8-15　锥形袋

(5) 按制作材料分类，可以分为纸塑复合水泥袋、内涂(外涂)复合塑编袋、方底阀口袋、自封袋、普通编织袋。

(6) 按尺寸分类，可以分为吨包装袋、半吨袋。

8.4.2　仓库(储)笼

仓库(储)笼是目前国内外生产制造业、超市零售业普遍采用的一种物流集装器具，被广泛用于原料、半成品及成品的暂存、运输、分类整理与存入。仓库(储)笼也是一种特殊的包装形式，具有和托盘类似的作用，但其钢材料和网状、立体的结构特点决定其既可作立体的装卸、存储、运输工具，又可作物流周转箱使用，还可作售货工具；其功用已经深入到生产、流通、消费诸领域，经历了暂存、包装、装卸搬运、储存、运输等环节，贯穿物流的全过程。

仓库(储)笼是目前国内外生产制造厂商、超市零售企业普遍采用的一种物流产品，如图8-16和8-17所示。仓库(储)笼安装、装货、取货、叠合简便灵活，易于操作，可实现仓储的立体化。仓库笼适合用叉车、吊车、行车、升降机、台车、液压托盘车装卸、搬运和堆高，省时省力。

图8-16　仓库笼

图8-17　手推式仓库笼

1. 仓库(储)笼的优点

仓库(储)笼的优点如下。

(1) 仓储管理合理化：规格统一、容量固定，存放一目了然，便于库存清点，并可单独分层小量卸取存料，避免翻仓的麻烦。

(2) 节约空间：使用堆高机、升降机、吊机，可堆积四层高，产生立体化储存效果，不用时，可折叠堆积，只及原来使用空间的20%。

(3) 作业一元化：配合堆高机、吊车、台车、升降机、油压托板车或其他运输设备的使用。自原料进厂开始，无论经过几次加工，至成品完成储存于仓库，最后送至客户手中，皆可利用仓库(储)笼。不仅可以减少搬运中发生损坏，而且能节省大量人工成本费用。

(4) 使用方便：本容器为折叠式特殊设计，操作简单、安全，折叠与展开轻巧，节省空间，应用范围大、使用寿命长。

(5) 坚固耐用：本容器结构坚固，是使用强力钢条电焊而成，底部以U形槽焊接补强，配以特殊脚架，使作业更安全、迅速。

2. 仓库(储)笼的结构特点

仓库(储)笼的结构特点如下。

(1) 多点焊接，保证仓库(储)笼坚固耐用。

(2) 折弯型金属把手，把握自然。

(3) 螺旋型绞链，使仓库(储)笼在不用时可以折叠，减少占用空间。

(4) 底部采用 U 形钢补强，保证仓库(储)笼的承载能力。

(5) 金属辅强结构，保证仓库(储)笼在相互堆叠时的强度。

(6) 特殊脚部结构，可使仓库(储)笼自身堆高稳定。

8.5　岸边集装箱起重机(岸桥)

岸边集装箱起重机是目前常用的集装箱装卸专用设备，临海(水)侧有外伸的悬臂，用以装卸船；在陆侧则有后伸臂，上面设有平衡装置，以保持岸边集装箱起重机的平衡与稳定。外伸臂是活动式的，平时吊起，放下后即可进行作业，岸边集装箱起重机可以在轨道上自由行走，这样能方便地进行装卸船作业。

8.5.1　常规型岸边集装箱起重机

岸边集装箱起重机设计时要求在 16 米/秒以内的风速下可以正常作业，并要求在 50 米/秒风速下保持稳定。起重量一般为 30～35 吨，平均装卸效率为 25~35 标准箱/小时(TEU/h)，最新研制的双小车岸边集装箱起重机的效率可以达到 60 标准箱/小时。岸边集装箱起重机的结构装置有：门架结构、俯仰悬臂、载重小车、驾驶室、机房、起升装置、横行装置、俯仰装置、换绳装置、行走装置。

8.5.2　双小车岸边集装箱起重机

双小车岸边集装箱起重机(见图 8-18)诞生于自动化码头，它的特点是生产率高。鉴于它无可比拟的优势，在常规码头也得到广泛应用。

图 8-18　双小车岸边集装箱起重机

1. 双小车岸边集装箱起重机的特点

双小车岸边集装箱起重机具有如下特点。

(1) 起重机大梁为双箱梁结构，前小车为牵引式小车，而且将起升机构移到机房内，大大降低了小车自重。后小车为敞开式载重小车。

(2) 集卡装卸区既可以在后伸距下也可以在门框内；舱盖板既可以放置在起重机门框内也可以放置在起重机后伸距下。

(3) 采用牵引小车后，优化合理的钢丝绳缠绕形式使吊具和前小车起升滑轮之间起升绳倒三角悬挂，在吊具起升到较高位置时有很好的悬挂刚性，不需要采用电子防摇就可达到很好的防摇效果，特别具有很好的防扭效果。

(4) 中转平台集装箱台座两侧设置有工人装卸集装箱旋锁的专门安全通道。

(5) 进一步优化了集卡定位系统和后小车自动纠偏系统，使后小车既可以和自动化码头的 AGV 自动配合，也可和常规码头的集卡车快捷装卸，极大地提高了后小车和地面运输车之间的作业效益。

(6) 前小车司机室既可以按照常规和小车联在一起，也可以采用分离式，独立于小车自行驱动。

如图 8-19 所示为独立式前小车司机室双小车岸边集装箱起重机。前小车司机室独立于前小车，位于小车海侧大梁端部，和前小车共用大梁上的轨道，它有自己独立的行走驱动系统和悬挂结构，这种独立的司机室布置形式有如下特点。

图 8-19　独立式前小车司机室双小车岸边集装箱起重机

① 前小车司机室的运行区间主要在集装箱船装卸箱位的上方，停机位置由司机根据船上装卸位置来确定。

② 司机室视野有极大的改进，较大程度上减轻了司机的作业疲劳。

③ 前小车仅在船上对位和由人工完成装卸，其余动作可以选择自动操作。

④ 前小车司机室也可随前小车运行到陆侧，直接操作前小车和集卡的装卸。

⑤ 前小车和前小车司机室之间有多重安全保护和连锁，确保二者之间始终保持安全距离，即使前小车失控也不会影响到司机室的安全。

2. 双小车岸边集装箱起重机的优势

双小车岸边集装箱起重机与常规岸边集装箱起重机相比具有如下的优势。

(1) 双小车起重机解决了常规起重机的一系列难题，如起重机起升高度越来越高，因小车太高，悬挂太长，装卸集卡时对位困难，严重影响码头水平运输效率。而双小车起重机因前小车、后小车各尽其责，可以很好地解决常规起重机难以解决的这个矛盾。

(2) 同等条件下双小车起重机的作业生产率是常规起重机作业生产率的 1.5 倍以上。一个集装箱装卸泊位上用 3 台双小车起重机可以代替 4～5 台同等要求的常规起重机的作业，更有利于节省空间，使码头前沿有足够大的移动空间。

8.5.3 双 40 英尺箱的岸边集装箱起重机

双 40 英尺箱岸桥是为适应船舶大型化要求，进一步提高装卸效率的岸边集装箱起重机，它可以一次装卸两个 40 英尺集装箱。作业效率最高可达 104 标准箱/小时(常规起重机一般为 30～40 标准箱/小时)。

双 40 英尺箱起重机不是将两套起升机构简单的合并，而是采用了差动型起升齿轮减速箱。这个减速箱可以实现功率的分解和叠加，即它可以将两只电机的输出功率既分配给两个吊具，又可叠加在一起只供给一个吊具。只有如此，才可使起重机在使用一个吊具时实现高速高效。图 8-20 所示为双 40 英尺箱起重机吊具。

如果两个 40 英尺箱超过 80 吨时，不能同时进行两个 40 英尺箱作业，吊具上架油缸可以快速脱开使两个吊具独立，起升机构可将其中一个吊具升至最高点固定，使用另一套吊具既可实现一个双 20 英尺箱或一个单 40 英尺或 45 英尺箱作业，当吊两个 20 英尺箱时最大负荷可达 65 吨。

图 8-20　双 40 英尺箱起重机吊具

8.5.4 双 40 英尺箱双小车起重机

双 40 英尺箱双小车起重机(见图 8-21)综合了双 40 英尺箱起重机和双小车起重机的优点，是目前最高效的起重机，理论上每小时可卸 80～100 个 40 英尺箱。

双 40 英尺箱双小车岸桥的基本构造和装卸模式与双小车岸桥相似，也是在常规岸桥的基础上，由前小车、中转平台和后小车组成。它既可针对一个集卡或一个 AGV 进行装卸，也可针对两个集卡同时装卸。由于后小车起升高度矮和特殊的钢丝绳缠绕方式使吊具和货物基本不摇摆，装卸对箱容易，作业效率大大提高。双 40 英尺双小车岸边集装箱起重机可使装卸效率提高 100%。

图 8-21 双 40 英尺箱双小车起重机

8.6 轮胎式集装箱龙门起重机

与岸边集装箱起重机不同，轮胎式集装箱龙门起重机(RTG)是工作在集装箱码头堆场的，它随着作业的要求，经常移动到不同的场地。图 8-22 为轮胎式集装箱龙门起重机示意图。标准型轮胎式集装箱龙门起重机可分为 4 绳系统和 8 绳(可实现双向防摇)系统两种机型。以下简单介绍标准型 RTG 的设备组成。

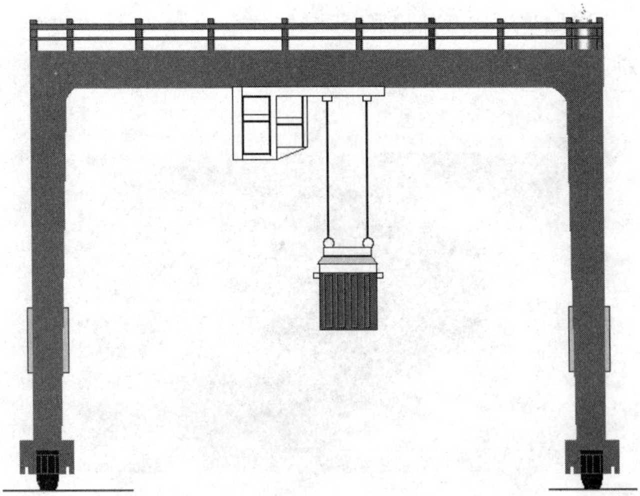

图 8-22 轮胎式集装箱龙门起重机示意图

8.6.1　大车行走机构

大车的行走机构是保证轮胎式集装箱龙门起重机移动的，可采用对角驱动方式。轮胎可用无内胎轮胎。大车行走机构如图 8-23 所示。

8.6.2　梯子平台

司机登机时通过直梯、斜梯及平台到达司机室。整机梯子平台踏步板一般采用格栅板形式，如图 8-24 所示。

图 8-23　大车行走机构

图 8-24　梯子平台

8.6.3　小车运行机构

小车驱动机构是为了保证吊具左右移动，以便装卸集装箱。小车驱动机构如图 8-25 所示。

图 8-25　小车驱动机构

8.6.4　起升机构

轮胎式集装箱龙门起重机的起升机构可采用 4 绳缠绕系统或 8 绳缠绕系统，如图 8-26 所示。电动机通过卷筒绕起起升绳，卷筒的驱动端直接连接到减速装置的低速轴，卷筒的另一端通过自调心滚动轴承所支撑。

(a) 4 绳起升机构减速箱

(b) 4 绳起升机构

(c) 8 绳起升机构

图 8-26 4 绳/8 绳起升机构

8.6.5 司机室

轮胎式集装箱龙门起重机的司机室(见图 8-27)，距离地面较高，司机作业时需要具有良好的视野，所以司机室前后、左右和底部均设玻璃。地窗上面加格栅，在不影响视线的前提下，方便踏脚，并使司机有安全感。地窗可以翻起，便于清洁。

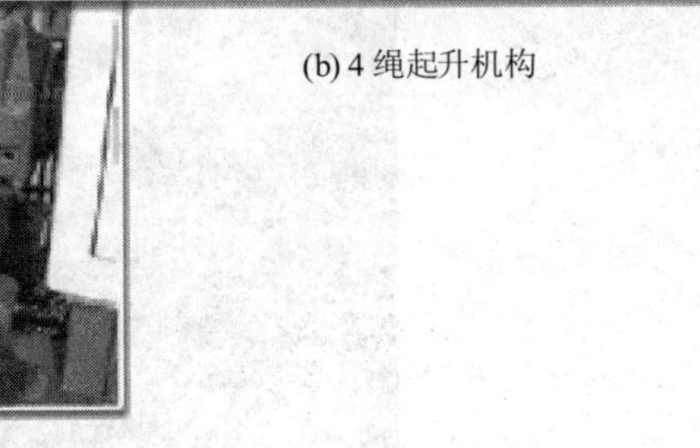

图 8-27 司机室

8.6.6 电控系统

起重机各机构的动作和管理由驱动与控制系统处理。驱动与控制系统由可编程逻辑控制器、变频调速装置、机上监控管理系统及其相互间的通讯装置等组成。图 8-28 为电控系统示意图。

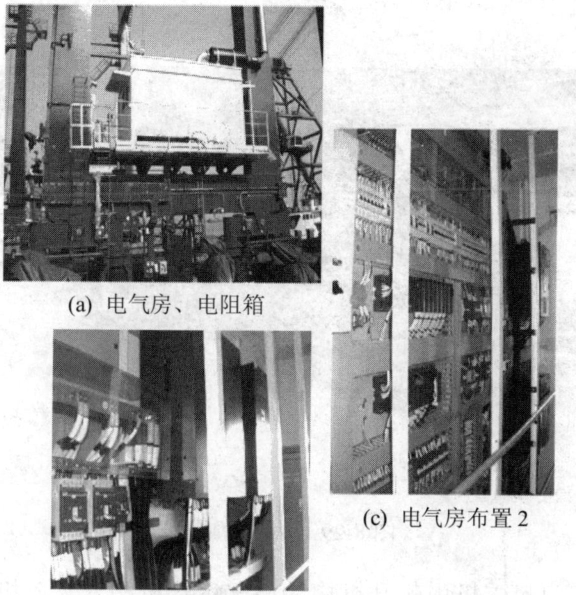

(a) 电气房、电阻箱

(b) 电气房布置 1

(c) 电气房布置 2

图 8-28　电控系统

起升装置、小车运行和大车运行等工作机构需用足够功率的交流电动机，目前这些交流电动机由全数字式交流变频无级调速系统来控制。该调速系统在各种工况下都具有功率高、起制动平稳、反应灵敏、调速精度高、调速范围广、稳定可靠、操作简单的特点。

目前，常规的轮胎式集装箱龙门起重机(RTG)正向以下三个方向发展。

(1) 绿色 RTG(利用超级电容，实现环保节能)。

(2) 用市电的全电动型 RTG(无大型柴油机，亦无液压系统。工作时用市电驱动，转场时用小型柴油机)。

(3) 可拆卸、搬运、安装的 RTG。

此外，DGPS(卫星自动定位系统)及 GIS(地理信息系统)等先进的技术也正在应用于轮胎式集装箱龙门起重机。

8.7　轨道式集装箱龙门起重机

轨道式集装箱龙门起重机(RMG)是集装箱堆场的专用机械之一，它利用市电，通过行走轮在轨道上移动(见图 8-29)，配有 20 英尺、40 英尺可伸缩吊具(根据需要亦可配双箱吊具)，在集装箱堆场的规定范围内起吊、堆放集装箱。RMG 与 RTG(轮胎式集装箱龙门起重机)相比，具有用市电驱动，无污染，可加大起重量和起升速度，大车可吊货快速行走等优点。

图 8-29　从动轮夹轮器

轨道式集装箱龙门起重机由起升机构、小车运行机构、大车机构、减摇机构等组成。起升机构、大车机构、小车机构多为交流变频控制。起升机构一般为单卷筒形式，亦可根据需要设计成双卷筒形式。

小车旋转机构一般在－10°与+190°之间方便旋转，也可实现连续旋转。

除具有用市电驱动、轨道快速行走等特点，其他特点可以参看 8.6 节轮胎式集装箱龙门起重机的相关内容。

8.8　集装箱叉车

集装箱叉车应用在集装箱码头堆场，集装箱制造、维修企业，集装箱中转站，港口、铁路中转站和公路中转站等场所，用来对集装箱进行搬运和堆垛。目前，常用的集装箱叉车可以分为重箱内燃集装箱平衡重叉车、空箱内燃集装箱平衡重叉车、集装箱正面吊运机三类。下面将分别进行介绍。

8.8.1　重箱内燃集装箱平衡重叉车

重箱内燃集装箱平衡重叉车，根据其吊具类型可分为下叉式和上属具两种。起吊重量小于 25 吨的吊具类型可采用下叉式；起吊重量大于 40 吨的吊具类型一般采用上属具。

常见的重箱内燃集装箱平衡重叉车有如下 4 种：10 吨下叉式重箱叉车、25 吨下叉式重箱叉车、42 吨(3、4、5 层箱)重箱叉车、45 吨集装箱重箱叉车。

图 8-30 为下叉式平衡重叉车，图 8-31 为上属具平衡重叉车。

图 8-30　下叉式柴油平衡重叉车

图 8-31　重箱内燃平衡重叉车

8.8.2　空箱内燃集装箱平衡重叉车

空箱叉车应用在集装箱堆场，集装箱制造、维修企业和集装箱中转站，进行空箱的搬运和堆垛。目前，常见的空箱叉车有 8 吨下叉式集装箱货柜叉车、18 吨集装箱空箱作业叉车、26 吨集装箱空箱作业叉车三类。空箱叉车最高可堆 8 英尺 6 英寸高的空箱 8 层。表 8-11 列出了典型的 26 吨七层空箱叉车的技术性能参数，堆叠高度为七层。

表 8-11　七层空箱叉车技术性能参数

参　　数	数　　据
额定起重量/千克	四层：6000
	五层：5000
	六层：4500
	七层：4000
最大起升高度/毫米	18 300
吊具形式	上属具
载荷中心距/毫米	1220
最大起升速度/(毫米/秒)	满载：240
	空载：390
门架倾角 前/后/(度)	2/4
前进/(千米/小时)	1 档：9
	2 档：18
	3 档：30
后退/(千米/小时)	1 档：9
	2 档：18
	3 档：30

(续表)

参　数	数　据
最小转弯半径/毫米	6300
侧移(每一边)/毫米	300
全长/毫米	6920
全宽/毫米	车体/整机 3780/6055
全高/毫米	门架不起升时：12 070
	护顶架：5295
轴距/毫米	4500
轮距/毫米	前轮：2950
	后轮：2480
堆码集装箱层数	7
最小离地间隙/毫米	385
自重/千克	45 500
轮胎	前轮：14.00—24—24PR
	后轮：14.00—24—24PR
传动形式	液力传动
燃油	柴油
叉车稳定性	符合 Q/DC.J.028—1996 标准

图 8-32 为典型的 5～8 层空箱叉车。

图 8-32　5～8 层空箱叉车

8.8.3 集装箱正面吊运机

集装箱正面吊运机主要用于 20 英尺和 40 英尺集装箱的堆叠和码头、堆场内的水平运输，与集装箱叉车相比，它具有机动灵活、操作方便、稳定性好、轮压较低、堆码层数高、可进行跨箱作业、堆场利用率高等优点。特别适用于中小港口，铁路中转站和公路中转站的集装箱装卸，也可在大型集装箱码头作为辅助设备来使用。

集装箱正面吊运机有可伸缩和左右旋转的集装箱吊具，既能用于 20 英尺又可用于 40 英尺集装箱装卸作业，吊装集装箱时正面吊不一定要与集装箱垂直，可以与集装箱成夹角作业。在起吊后，可旋转吊具，以便通过比较狭窄的通道。同时，吊具可以左右侧移动各 800 毫米，以便在吊装时对箱，提高作业效率。对于场地条件较差的货运站，正面吊也能正常作业。

伸缩式的臂架，可带载变幅，集装箱的起降由臂架伸缩和变幅来完成，在臂架伸出和俯仰油缸伸出时，其起升速度较快，在下降时同时锁入，可获得较大的下降速度。在作业时，可同时实现整车行走、变幅、臂架伸缩动作，具有较高的工作效率。表 8-12 为典型的 45 吨集装箱正面吊运机的技术参数。

表 8-12 45 吨集装箱正面吊运机的技术参数

参数		数据
堆箱高度		5 层
发动机	连续输出额定功率	246 千瓦/(2100 转/分钟)
	最大扭矩	1458 千瓦/(1300 转/分钟)
	缸径×行程	120×147
吊具	水平面内旋转角	−95°～+185°
	水平倾斜角度	自动水平
	侧向位移	±800 毫米
	伸出时间	0.28 秒
	缩回时间	0.27 秒
吊具下的最大起重量	第一排载荷中心距	45 吨 4 层 1.9 米
	第二排载荷中心距	31 吨 4 层 3.85 米
	第三排载荷中心距	15 吨 3 层 6.35 米
最大起升高度	第一排载荷中心距	35 吨 1.9 米，起升 5 层箱
	第二排载荷中心距	31 吨 3.85 米，起升 4 层箱
	第三排载荷中心距	15 吨 6.35 米，起升 3 层箱
最小转弯半径		8200 毫米
行走速度	空载	25 千米/小时
	重载	20 千米/小时

(续表)

参　　数		数　　据
爬坡能力	空载	30%
	重载	15%
臂架起升时间	空载	0.38 秒
	重载	0.6 秒
臂架降落时间	空载	0.46 秒
	重载	/
臂架伸出时间	空载	0.28 秒
	重载	0.41 秒
臂架缩进时间	空载	/
	重载	0.27 秒
整机自重(含吊具)		73 吨
外型尺寸(长×宽×高)		11.35 米×4.13 米×4.65 米
轴距		6 米
说明	最大起重量： 第一排：载荷中心距前轮边缘 1.9 米　1～4 层　≥45 吨 第二排：载荷中心距前轮边缘 3.8 米　1～4 层　≥31 吨 第三排：载荷中心距前轮边缘 6.3 米　1～3 层　≥15 吨 最小转弯半径(从外侧轮胎测量)≤8200 毫米	

图 8-33 为典型的集装箱正面吊运机。

图 8-33　集装箱正面吊运机

本章小结

本章介绍了集装化运输的发展、优势，介绍了集装箱、托盘、集装袋和其他集装器具的定义、标准、分类、性能，以及集装单元的装卸、搬运及运输设备，如各种岸边集装箱起重机、轮胎式集装箱起重机、轨道式集装箱起重机、集装箱叉车，并介绍了各种机械的组成、工作原理、各种参数。

思考题

1. 集装箱标准按使用范围划分有哪些？
2. 集装箱按箱内所装货物一般分为哪几种？
3. 简述集装单元化的优势。
4. 请调研了解我国目前托盘周转方式、托盘作业使用方式。
5. 试比较集装箱和托盘的优缺点。
6. 仓库(储)笼有哪些优点？
7. 岸边集装箱起重机有哪几种？目前，最高效的岸边集装箱起重机是哪一种？
8. 试比较轮胎式与轨道式集装箱龙门起重机的优缺点。
9. 集装箱叉车主要应用在哪些场所？常用的集装箱叉车可以分为哪几类？

第9章 物流信息技术

学习目标

通过本章的学习，了解物流信息技术的分类；了解各种物流信息技术的原理；掌握物流信息技术在物流管理中的地位及作用。

核心要点

- 物流信息技术的分类。
- 条形码物流设备的功能及特点。
- 射频识别设备的功能及特点。
- EDI 技术的特点。
- GPS 与 GIS 技术和装备。
- EPC、PLM 和云计算等技术。

9.1 物流信息技术概述

9.1.1 物流信息技术的定义

物流信息技术(logistics information technology)是指运用于物流各环节的信息技术。物流信息技术是物流技术中发展最迅猛的领域，是物流现代化的重要标志。飞速发展的计算机网络技术的应用使物流信息技术达到新的水平，促进了物流产业的信息化进程，从而提高了现代物流技术和管理水平。随着物流信息技术的不断发展，一系列新的物流理念和新的物流经营方式产生了，它们进一步推进了物流的变革。

9.1.2 物流信息技术的分类

目前，常见的物流信息技术主要有：条码技术(bar code)、射频技术(RFID)、电子数据交换(EDI)、全球卫星定位系统(GPS)、地理信息系统(GIS)、EPC(产品电子代码)、PLM 和云计算等技术。

1. 条码技术

条码技术是在计算机的应用实践中产生和发展起来的一种自动识别技术。条码以一组规则排列的条、空及其对应字符组成的条形码记载信息，常见的条码符号是黑条和白空印刷而成，当光照射到条码符号上时，黑条和白空产生较强的对比度，从而利用条、空对光的不同反射率来识读信息。条码技术的应用解决了数据录入和数据采集的“瓶颈”问题，使用条码技术能够快速、准确而可靠地采集数据，为现代物流及供应链管理提供了有效的技术支持。

条码技术提供了一种对物流中的物品进行标示和描述的方法，借助自动识别技术等现代技术手段，企业可以随时了解有关产品在供应链上的位置，并及时做出反应。

2. 射频技术

无线射频识别技术(radio frequency identification，RFID)即射频识别，俗称电子标签，是 20 世纪 90 年代开始兴起的一种自动识别技术，可通过无线电信号识别特定目标并读写相关数据，无需识别系统与特定目标之间建立机械或光学接触。由于其识别距离比光学系统远，且不局限于视线，具有读写能力，可携带大量数据，难以伪造，具有智能化等优点，被广泛应用在物流等行业。

由于射频标签具有可读写能力，尤其适用于需要频繁改变数据内容或要求非接触数据即可采集和交换的场合。目前，RFID 被应用于物料跟踪、运载工具和货架识别等多个领域，如门禁管制、停车场管制、生产线自动化和物料管理等方面。

3. EDI 技术

电子数据交换(electronic data interchange，EDI)是按照通信协议、依据各行各业的事务处理模式形成的一个公认的信息标准，经数据通信网络在计算机应用系统之间以电子的方式交换商业文件。电子数据交换减少甚至取消了纸张、票据等书面文件的来往，因而也被称为“无纸贸易”。

在物流企业应用 EDI，可以实现快速响应，减少商场库存量与空架率，加速商品资金周转，降低成本。建立物资配送体系，还可以完成产、存、运、销一体化的供应线管理。EDI 应用获益最大的是零售业、制造业和配送业，EDI 技术在这些行业的供应链上的应用使传输发票、订单的过程达到了很高的效率。

4. GPS 技术

全球定位系统(global positioning system，GPS)具有在海、陆、空进行全方位、实时的三维导航与定位能力，并具有全天候、高精度、自动化、高效益等显著特点，它广泛应用于大地测量、工程测量、航空摄影测量、运载工具导航和管制、地壳运动监测、工程变形监测、资源勘察、地球动力学等多个领域。

5. GIS 技术

GIS(geographical information system，地理信息系统)的基本功能是将表格型数据(无论它来自数据库、电子表格文件或直接在程序中输入)转换为地理图形显示，然后对显示结果进行浏览、操作和分析。其显示范围可以从洲际地图到非常详细的街区地图，显示对象包括人口、销售情况、运输线路以及其他内容。

在物流业中，主要是利用 GIS 强大的地理数据功能来完善物流分析技术。GIS 物流分析软件包括车辆路线模型、最短路径模型、网络物流模型、分配集合模型和设施定位模型等。

6. EPC 技术

EPC(electric product code，电子产品代码)技术，是条码技术的延续和发展。它可以对供应链中的对象(包括物品、货箱、货盘、位置等)进行全球唯一的标识。

7. PLM 语言

物联网中所有的产品信息都是用在 XML 语言基础上发展的 PML(physical markup language，物体标记语言)来描述的。PML 被设计成用于人及机器都可使用的自然物体的描述标准，是物联网网络信息存储、交换的标准格式。

8. 云计算技术

云计算的“云”就是存在于互联网上的服务器集群上的资源，它包括硬件资源(服务器、存储器、中央处理器等)和软件资源(如应用软件、集成开发环境等)，本地计算机只需要通过互联网发送一个需求信息，远端就会有成千上万的计算机为你提供需要的资源并将结果返回到本地计算机。这样，本地计算机几乎不需要做什么，所有的处理都在云计算提供商所提供的服务器集群上完成。

9.2 条码技术

9.2.1 条码技术概述

条码分为一维码和二维码两种。一维码比较常用，如日常商品外包装上的条码，它的信息存储量小，仅能存储一个代号，使用时通过这个代号调取计算机网络中的数据。二维码是近几年发展起来的，它能在有限的空间内存储更多的信息，包括文字、图像、指纹、签名等，并可脱离计算机使用。由于二维条码具有传统条码不可比拟的众多优点，已经被 ISO 和一些主要工业标准组织采纳为运输标签标准，世界各地的物流机构如新西兰陆路运输部、法国邮局、南非航空货运公司、英国、巴西的快运公司等也纷纷采用。在国内，上海大众汽车公司在汽车销售过程中的物流管理、海尔在企业物流的管理过程中也采用了二维条码技术。

1. 一维条码

一维条码是由一组黑白相间的条纹构成，这种条纹由若干个黑白的“条”和白色的“空”所组成，其中，黑色条对光的反射率低而白色的空对光的反射率高，再加上条与空的宽度不同，就能使扫描光线产生不同的反射接收效果，在光电转换设备上转换成不同的电脉冲，形成了可以传输的电子信息。由于光的运动速度极快，所以，可以准确无误地对运动中的条码予以识别。通常，将人可识别的字符注在条码符号的下面。

一维条码的码制较多，常见的大概有二十多种码制，其中包括 Code39 码(标准 39 码)、Codabar 码(库德巴码)、Code25 码(标准 25 码)、ITF25 码(交叉 25 码)、Matrix25 码(矩阵 25 码)、UPC-A 码、UPC-E 码、EAN-13 码(EAN-13 国际商品条码)、EAN-8 码(EAN-8 国际商品条码)、中国邮政码(矩阵 25 码的一种变体)、Code-B 码、MSI 码、Code11 码、Code93 码、ISBN 码、ISSN 码、Code128 码(Code128 码，包括 EAN128 码)、Code39EMS(EMS 专用的 39 码)等一维条码。

一个完整的条形码符号是由两侧静区、起始符、数据字符、校验字符(可选)和终止字符组成的。图 9-1 和 9-2 所示为 EAN-13 商品条码的结构。

(1) 静区

静区分为首静区和尾静区，位于条形码符号的左右两端。静区为没有任何印刷符或条形码信息的空白区，其作用是提示阅读器即扫描器准备扫描条形码符号，保证阅读器的光束到达第一个条纹前有一个稳定的速度。由于首、尾静区相同，故可双向阅读。

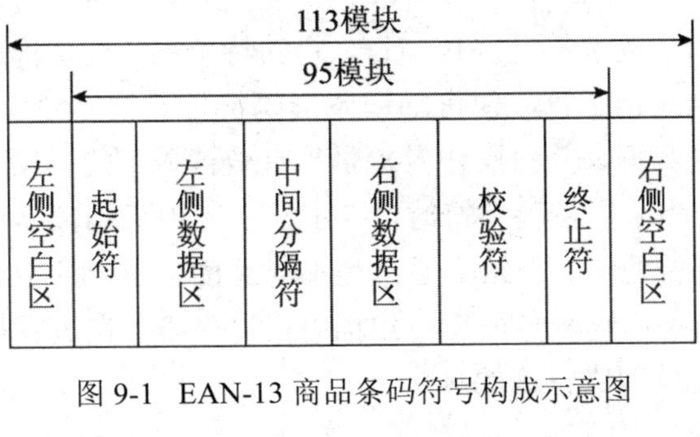

图 9-1　EAN-13 商品条码符号构成示意图

图 9-2 EAN-13 商品条码符号结构

(2) 起始符

条形码符号的第一位字符是起始符，它的特殊条、空结构用于识别一个条形码符号的开始。阅读器首先确认此字符的存在，然后处理由扫描器获得的一系列脉冲。

(3) 数据字符

数据字符由条形码字符组成，用于代表一定的原始数据信息。

(4) 校验字符

在条形码制中定义了校验字符。有些码制的校验字符是必须有的，有些码制的校验字符则是可选的。校验字符是通过对数据字符进行一种算术运算而确定的。解码器对各字符进行同一种算术运算，并将结果与校验字符比较，若两组数据一致，说明读入的信息有效。

(5) 终止符

条形码符号的最后一位字符是终止字符，它的特殊条、空结构用于识别一个条形码符号的结束，阅读器识别终止字符，便可知道条形码符号已扫描完毕。若条形码符号结束，阅读器就向计算机传送数据，并向操作者提供“有效读入”的反馈。终止字符的使用避免了不完整信息的输入。当采用校验字符时，终止字符还指示阅读器对数据字符实施校验计算。起始字符和终止字符的条、空结构通常是不对称的二进制序列，这一非对称性允许扫描器进行双向扫描。当条形码符号被反向扫描时，阅读器会在进行校验计算和传送信息前把条形码各字符号重新排列成正确的顺序。

2. 二维条码

由于一维条码在使用中，表现出如下的局限性：必须通过连接数据库的方式提取信息才能明确条码表达的信息；只能表达字母和数字，而不能表达图像和汉字；一维条码携带信息量较小，不能满足物流过程中需要携带大量信息的要求。而二维条码弥补了这一不足。

二维条码是用某种特定的几何图形按一定规律在平面(二维方向上)分布的黑白相间的图形记录数据符号信息的；在代码编制上巧妙地利用构成计算机内部逻辑基础的“0”“1”比特流的概念，使用若干个与二进制相对应的几何形体来表示文字数值信息，通过图像输入设备或光电扫描设备自动识读以实现信息自动处理。二维条码能够在横向和纵向两个方位同时表达信息，因此能在很小的面积内表达大量的信息。

在目前的几十种二维条码中，常用的码制有：PDF417 二维条码(见图 9-3)、Datamatrix 二维条码、Maxicode 二维条码、QR code(见图 9-4)、Code 49、Code 16K、Code one 等。

图 9-3　PDF417 二维条码

图 9-4　QR code 二维条码

3. 物流条码

按照应用对象的不同，条码也可分为商品条码和物流条码。

商品条码是最终消费品的消费单元上的标识，通常是单个商品的唯一标识，用于零售业现代化的管理。商品条码有 EAN 条码和 UPC 条码等。EAN 码是国际物品编码协会在全球推广应用的商品条码，有 EAN-13 码(标准版)和 EAN-8(缩短版)两种版本；UPC 条码(universal product code，UPC)在北美地区应用较为广泛。

物流条码是储运单元(或称贸易单元)的唯一标识，通常标识多个或多种商品的集合，它标贴于商品的外包装(又称大包装或运输包装)上，以供物流过程中的收发货、运输、装卸、仓储、分拣、配送等环节识别，用于物流的现代化管理。国际上通用的和公认的物流条码码制有三种：ITF-14 条码、UCC/EAN-128 条码及 EAN-13 条码。

4. 条形码的识别原理

条形码扫描器是根据不同颜色的物体，其反射的可见光的波长不同来识别条形码的。白色物体能反射各种波长的可见光，黑色物体则吸收各种波长的可见光。白条、黑条的宽度不同，相应的电信号持续时间长短也不同。当条码扫描器光源发出的光经光阑及凸透镜后，照射到黑白相间的条形码上时，反射光经凸透镜聚焦后，照射到光电转换器上，于是光电转换器接收到与白条和黑条相应的强弱不同的反射光信号，并转换成相应的电信号输出到放大整形电路。整形电路的脉冲数字信号经译码器译成数字、字符信息。译码器通过识别起始字符、终止字符判别出符号的码制及扫描方向；通过测量脉冲数字电信号 0、1 的数目来判别条和空的数目，通过测量 0、1 信号持续的时间来判别条和空的宽度。这样便得到了被辨读的条形码符号的条和空的数目及相应的宽度和所用码制，根据码制所对应的编码规则，可将条形符号转换成相应的数字、字符信息，通过接口电路传送给计算机系统进行数据处理与管理，便完成了条形码辨读的全过程。

9.2.2 条码阅读器

条码阅读器，也叫条码扫描枪、条码扫描器、扫描器或扫描枪，是用于读取条码所包含信息的阅读设备。其本身没有内存，只是通过它实现了即时的传输，当连接上电脑后，扫描出来的数据会直接地显示在光标定位处。当然无线的扫描枪也可以在不连电脑的情况下工作，但是扫描的距离会受到较大的限制。条码阅读器的结构通常包括光源、接收装置、光电转换部件、译码电路、计算机接口。

根据条码阅读器采用技术的不同，可将其划分为光笔条码阅读器、CCD 条码阅读器和激光条码阅读器。

1. 光笔条码阅读器

光笔条码阅读器是最先出现的一种手持接触式条形码阅读器，也是最为经济的一种条形码阅读器(见图 9-5)。其操作如同用笔画一条线，只要将笔头的小窗口对准条码，在其表面匀速移动，条码信号便可通过电缆进入计算机。

光笔条码扫描器是一种轻便的条形码读入装置。在光笔内部有扫描光束发生器和反射光接收器。目前，市场上出售的这类扫描器品种多样，它们主要在发光的波长、光学系统结构、电子电路结构、分辨率、操作方式等方面存在不同。然而，光笔类条形码扫描器不论采用何种工作方式，从使用上都存在一个共同点，即阅读条形码信息时，要求扫描器与待识读的条码接触或离开一

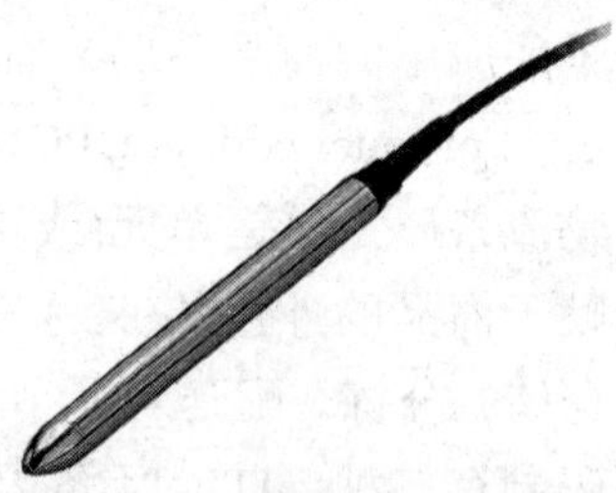

图 9-5 光笔条形码阅读器

个极短的距离(一般为 0.2～1 毫米左右)。

光笔条码阅读器的优点主要是：与条码接触阅读，能够明确哪一个是被阅读的条码；阅读条码的长度不受限制；与其他的条码阅读器相比成本较低；内部没有移动部件，比较坚固；体积小，重量轻。其主要缺点是：有一些场合不适合接触阅读条码，使用光笔会受到各种限制；另外只有在比较平坦的表面上阅读指定密度的、打印质量较好的条码时，光笔条形码阅读器才能发挥它的作用；而且操作人员需要经过一定的训练才能使用，如果阅读速度、阅读角度以及使用的压力不当都会影响它的阅读性能；由于它必须接触阅读，当条码在因保存不当而产生损坏，或者上面有一层保护膜时，光笔都不能使用；另外，光笔条形码阅读器的首读成功率低且误码率较高。

2. CCD 条码阅读器

CCD 条码阅读器(见图 9-6)是利用光电耦合原理，对条形码印刷图案进行成像，然后再译码，比较适合近距离和接触阅读。

图 9-6　CCD-80 红光条码阅读器

CCD 条形码阅读器使用一个或多个 LED，发出的光线能够覆盖整个条码，条码的图像被传到一排光探测器上，被每个单独的光电二极管采样，由邻近的探测器的探测结果为“黑”或“白”来区分每一个条或空，从而确定条码的字符。换言之，CCD 条形码阅读器不是简单地阅读每一个“条”或“空”，而是阅读条码的整个部分，并将其转换成可以译码的电信号。

CCD 条码阅读器的优点是：与其他条形码阅读器相比，价格较便宜，且容易使用。它的重量比激光条形码阅读器轻，而且不像光笔条形码阅读器一样只能接触阅读。其缺点是：在需要阅读印在弧型表面的条码(如饮料罐)时会有困难；在一些需要远距离阅读的场合也不是很适合，如仓库领域；CCD 的防摔性能较差，因此产生的故障率较高；在所要阅读的条码比较宽时，CCD 条形码阅读器也不是很好的选择，信息很长或密度很低的条码很容易超出扫描头的阅读范围，导致条码不可读；而且某些使用多个 LED 的条形码阅读器中，任意一个 LED 有故障都会导致不能阅读；大部分 CCD 条形码阅读器的首读成功率较低且误码率高。

3. 激光条码阅读器

激光条码阅读器是各种扫描器中价格相对较高的，其内一般装有控制扫描光束的自动扫描装置。但它所能提供的各项功能指标最高，因此在各个行业中都被广泛采用。激光条码阅读器的扫描头与条形码标签的距离，短的只有 0～20 毫米，而长的可达到 500 毫米左右。

激光条码阅读器的基本工作原理为：激光扫描仪通过一个激光二极管发出一束光线，照射到一个旋转的棱镜或来回摆动的镜子上，反射后的光线穿过阅读窗照射到条码表面，光线经过条或空的反射后返回阅读器，由一个镜子进行采集、聚焦，通过光电转换器转换成电信号，该信号将通过扫描器或终端上的译码软件进行译码。

激光条码阅读器的优点是：可以用于非接触扫描，通常情况下，在阅读距离超过30厘米时，激光条形码阅读器是唯一的选择；激光阅读条码密度范围广，可以阅读不规则的条码表面，或透过玻璃、透明胶纸阅读；因为是非接触阅读，因此不会损坏条码标签；因为有较先进的阅读及解码系统，首读识别成功率高、识别速度相对光笔及CCD更快；对印刷质量不好或模糊的条码识别效果好；误码率极低(约为三百万分之一)；激光条形码阅读器的防震防摔性能好。其缺点是：它的价格相对较高，但如果从购买费用与使用费用的总和计算，与CCD条形码阅读器并没有太大的区别。

激光条形码阅读器根据使用方式的不同，又可分为手持与固定两种形式。

手持激光条形码阅读器(见图 9-7)连接方便简单、使用灵活。固定式激光条形码阅读器(见图 9-8)是指条码阅读设备安装在固定的位置上，适合于不便使用手持式扫描方式阅读条形码信息的场合，也适合于阅读量较大、条码较小的场合。如果工作环境不允许操作者一只手处理标附有条形码信息的物体，而另一只手操纵条形码扫描枪，就可以选用固定式激光条形码阅读器自动扫描。这种阅读器也可以安装在生产流水线传送带旁的某一固定位置，等待标附有条形码标签的待测物体以平稳、缓慢的速度进入扫描范围，对自动化生产流水线进行控制。

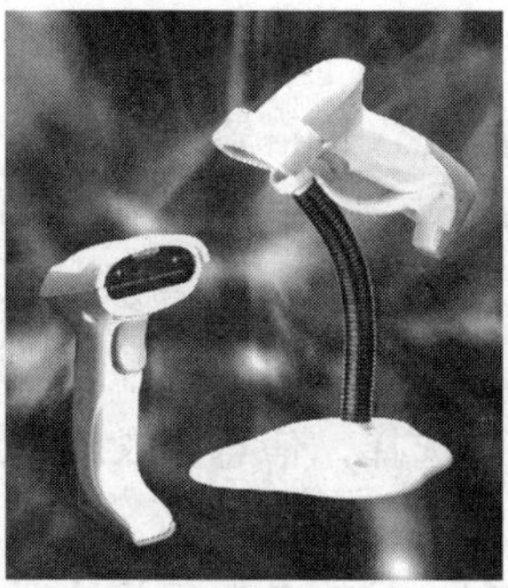

图 9-7 手持激光条码扫描器

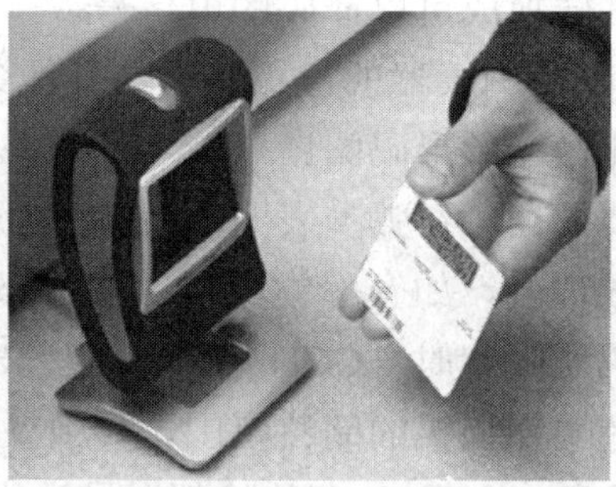

图 9-8 固定式激光扫描器

9.2.3 条码数据采集器

条码数据采集器(或称盘点机、掌上电脑)具有一体性、机动性、体积小、重量轻、高性能及可手持等特点。具备实时采集、自动存储、即时显示、即时反馈、自动处理、自动传输功能。为现场数据的真实性、有效性、实时性、可用性提供了保证。其本身存在内存，扫描出来的数据是存储在采集器的内存里面的，再通过传输底座将数据传输到电脑实现批处理，十分方便高效，在不连接电脑的情况下也可以同样地工作。条码数据采集器在产品出入库、物流快件管理、固定资产管理、抄表系统、图书管理系统上应用得非常广泛。

条码数据采集器根据数据传输的方法可分为两种类型：批处理型与无线实时型。

批处理型条码采集器本身配有数据存储器，通常由电池供电，可以脱机使用，广泛应用于仓库管理、商品盘点以及多种野外作业上。当数据搜集后，先把数据存储起来，利用和电脑连接的通讯座把采集的条码信息用文件的方式传输到电脑。

无线实时型数据采集器(见图 9-9)之所以称为无线，就是因为它不需要依靠通信座和计算机进行数据交换，而可以直接通过无线网络和计算机、服务器进行实时数据通讯。操作员在无线数据采集器上所有操作后的数据都在第一时间进入后台数据库，也就是说，无线数据采集器将数据库信息系统延伸到每一个操作员的手中。

图 9-9　无线扫描器

9.2.4　条码技术在物流中的应用

条码技术是物流自动跟踪的最有力工具，并在全球范围内被广泛应用。由于条码技术具有制作简单、信息收集速度快、准确率高、信息量大、成本低和条码设备方便易用等特点，被广泛应用于仓储、运输、配送以及生产过程中。具体来看，作为物流管理的工具，条码的应用主要集中在以下环节。

1. 物料管理

通过将物料编码，并且打印条码标签，不仅便于物料跟踪管理，而且也有助于做到合理的物料库存准备，提高生产效率，便于企业资金的合理运用。

2. 分拣运输

应用物流标识技术，可将预先打印好的条码标签贴在发送的物品上，并在每个分拣点装一台条码扫描器，使包裹或产品自动分拣到不同的运输机上。

3. 生产线物流管理

条码生产线物流管理是产品条码应用的基础。在生产中应用产品识别码监控生产，可以采集生产测试数据和生产质量检查数据、进行产品完工检查、建立产品识别码和产品档案、有序地安排生产计划并监控生产及流向，提高产品下线合格率。

阅读材料 9-1 条码技术在工业生产线中的应用

在工业生产线中，需要批量跟踪和记录制造流程中使用的部件或组件，以保障产品的质量。但工厂生产线中，还有相当一部分使用原始的操作，就是每个产品在上生产线前，手工记载生成这个产品所需的工序和零件，领料员按记载分配好物料后，才能开始生产。使用这种方法容易记错信息，并且浪费时间，零件组件成品得不到有效的跟踪、控制。因此，需要引入条形码和工业扫描平台系统来进行批量跟踪并记录制造流程中使用的部件或组件，保证生产线更顺利地运转，更快地向客户提交产品。

在工业生产线每个工序点要记录信息的地方设立工业条码扫描平台，当贴有条码的组件或成品经过工业条码扫描平台时，自动扫描条码并把信息传送到电脑中，实现完整的库存可视化，使生产流程同步化，成功地协调需求和生产。将条码技术应用于生产线，带来了如下优势。

(1) 跟踪制造流程

能自动记录整个生产装配过程中所使用的零部件，因此如果遇到问题需要把产品召回检查或提醒客户，就可以确切地知道成品中所使用的零部件。通过自动扫描流程控制统计数据和填写电子报告，工程师可以节约大量时间，提高工作效率。

(2) 库存管理

实现生产流程自动化，员工无须停止工作就可发送补货信息，原料处理人员可以更快地寻找和交付需要的部件。由于补货数据每分钟都会更新，可提高库存的准确率。保证库存量满足客户订货或生产计划的需要。

(3) 节约成本，提高效率

使用工业扫描平台阅读出来的条码，能达到近乎为零的出错率，减少人为书写的错误输入。安装成功后，工业扫描平台不需要人手去控制干预，能自动运作，可以节约人手。

(资料来源：广州康利达条码技术有限公司. http://www.china-code.com/index.asp)

4. 仓储管理

采用条码可以对商品的采购、保管和销售进行管理，其优势在立体仓库管理方面得到更好的体现。立体仓库是现代工业生产中的一个重要组成部分，利用条码技术，可以完成仓库货物的导向、定位、入格操作，提高识别速度，减少人为差错，从而提高仓库管理水平。

5. **货物通道**

全方位扫描器能够从所有的方向(上下、前后和左右)识读任意方向、任意面上的条码。无论包裹有多大，无论运输机的速度有多快，无论包裹间的距离有多小，所有制式的扫描器一起工作，决定当前哪些条码需要识读，然后把一个个信息传送给主计算机或控制系统。

阅读材料 9-2　劲霸的新跑鞋

劲霸(中国)有限公司经过 20 多年的发展，已经成长为国内知名男装品牌。由于业务量不断扩大，服装企业物料本来就繁杂，不同颜色、型号、批号的原材料越来越多，仓库管理和配送业务已经无法满足劲霸向更高层次发展的需求了。在配送环节，由于每天仓库出库的货品数量和品种项目非常巨大，目前单纯依靠人工检查出库情况，无法避免多种款式、型号混装时出现的发错货、发漏货的情况。而且因为生产和成品仓库无法及时了解市场反馈信息，往往使市场上需要的产品在仓库中没有储备，而市场销售情况并不理想的产品却又堆积如山，造成了很大的浪费。为了改变以上情况，劲霸希望能够找到一种更加高效和快捷的信息化解决方案。

劲霸公司最终选择了全新的信息化系统，该系统包括在劲霸的物料仓和成品仓实施无线仓库管理系统，通过条码识别系统在各专卖店和卖场进行实时数据采集，与总部实现及时的信息共享和沟通，解决劲霸在仓库管理和供应链管理上面临的问题。

目前劲霸的无线条码系统流程主要由以下几个环节组成：出库采集、扫描结果查询、配送仓库盘点和门店盘点。

在进行出库采集时，操作人员每次扫描一个条码，系统自动累计已经扫描的该品类的数量，并且将这个已经扫描的总数和原来出货单中该品类的计划出货总数作对比，如果等于或者大于计划数，都给出相应的提示，并且不再接受扫描同类品类。每次扫描的箱号和相应的货品条码都会保存在条码接口表中，还会记录一些其他有用的信息，如操作员代码、出货单号、出货日期等。

在进行配送仓库盘点时，操作人员扫描货品的条码，数据实时传回条码接口表中，形成临时盘点单。劲霸后台系统处理条码接口表中的盘点单，与系统进行差异比较，形成盘点差异报表，可以按品项、按区位或者仓库等进行抽盘。

在进行门店盘点时扫描货品的条码，当完成一批数据采集后，通过通信座把采集的数据传回条码接口表中，形成临时盘点单。劲霸后台系统处理条码接口表中的盘点单与系统进行差异比较，形成盘点差异报表。通过无线条码解决方案，劲霸可以随时对专卖店和仓库的产品数量进行盘点，而在以往，这个工作至少需要 30 名员工满负荷工作两天才能完成。劲霸计划在其将近 300 家专卖店、成品仓和物料仓配备该系统。采用新系统后，劲霸大大提高了供应链的效率，大大降低了错误率，并减少了仓库人员跟进和解决错误所花费的大量时间。而在供应链管理环节，由于目前销售信息可以及时与总部共享，劲霸可以及时进行补货。快速、高效的物流环节大大提高了劲霸的市场反应速度和品牌竞争力。对于决策层来说，及时、准确的数据采集，使其可以迅速掌握信息、快速反应、快速决策，有效地提高了管理效率。

(资料来源：劲霸的新跑鞋. 中国工装在线. http://www.gz818.cn/news/ html/?4775.html，2008-05-09)

9.3 射频识别技术

9.3.1 射频识别技术概述

1. 射频识别技术的概念

射频识别技术(radio frequency identification，RFID)简称射频技术，是一种非接触式的自动识别技术，通过射频信号自动识别目标对象并获取相关数据，识别工作无需人工干预，可在各种恶劣环境工作。射频识别的距离可达几十厘米至几米，且根据读写的方式，可以输入数千字节的信息，同时还具有极高的保密性。

与传统条形码依靠光电效应不同的是，RFID 标签无须人工操作，在阅读器的感应下可以自动向阅读器发送商品信息，从而实现商品信息处理的自动化。

RFID 按应用频率的不同分为低频(LF)、高频(HF)、超高频(UHF)、微波(MW)，一般来说读取器的输出功率越高，天线的尺寸越大，通信距离就越长。但是实际使用中有时却希望通信距离短一些，从而可以对标签进行单个的确认。目前国际上还没有统一的 RFID 标准，RFID 厂商都采用自己的标准。可供射频识别卡使用的标准有 ISO 10536、ISO 14443、ISO 15693 和 ISO 18000，其中应用最多的是 ISO 14443 和 ISO 15693。

2. 射频系统的组成和工作原理

最基本的 RFID 系统由三部分组成：电子标签、阅读器和天线。在 RFID 的实际应用中，电子标签附着在被识别的物体上(表面或内部)。当带有电子标签的被识别物品通过其可识读范围时，阅读器自动以无接触的方式将电子标签中的约定识别信息读取出来，从而实现自动识别或自动收集物品标志信息的功能。

(1) 电子标签(即射频卡)。电子标签由耦合元件及芯片组成，标签含有内置天线，用于和射频天线间进行通信。电子标签中一般保存有约定格式的电子数据，在实际应用中，电子标签附着在待识别物体的表面。

(2) 阅读器。阅读器是读取或写入电子标签信息的设备，在 RFID 系统中起着举足轻重的作用。首先，阅读器的频率决定了射频识别系统的工作频率。其次，阅读器的功率直接影响射频识别的距离。根据应用系统的功能需求以及不同设备制造商的生产习惯，阅读器具有各种各样的结构与外观。

(3) 天线。天线在标签和读取器间传递射频信号。RFID 系统的阅读器必须通过天线来发射能量，形成电磁场，通过电磁场对电子标签进行识别，天线所形成的电磁场范围就是射频系统的可读区域。

系统的基本工作流程如图 9-10 所示：阅读器通过发射天线发送一定频率的射频信号，当射频卡进入发射天线工作区域时产生感应电流，射频卡获得能量被激活；射频卡将自身编码等信息通过卡内置发送天线发送出去；系统接收天线接收到从射频卡发送来的载波信号，经天线调节器传送给阅读器，阅读器对接收的信号进行解调和解码，然后传送到后台主系统进行相关处理；主系统根据逻辑运算判断该卡的合法性，针对不同的设定做出相应的处理和控制，发出指令信号控制执行机构动作。

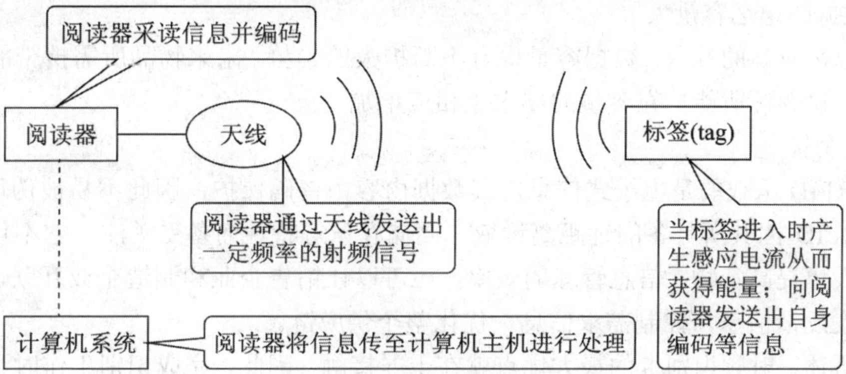

图 9-10　RFID 系统工作流程

3. 射频识别技术的优点

RFID 技术具有条形码所不具备的防水、防磁、耐高温、使用寿命长、读取距离远、标签上数据可以加密、存储数据容量更大、存储信息更改自如等优点。

和传统条形码识别技术相比，RFID 有以下优势。

(1) 快速扫描

传统条形码识别技术一次只能扫描一个条形码；RFID 辨识器可同时读取数个 RFID 标签。

(2) 体积小型化、形状多样化

RFID 在读取上并不受尺寸大小与形状限制，不需为了保证读取精确度而调整纸张的固定尺寸和印刷品质。此外，RFID 标签更可往小型化与多样形态发展，以应用于不同产品。

(3) 抗污染能力和耐久性

传统条形码的载体是纸张，因此容易受到污染，但 RFID 标签对水、油和化学药品等物质具有很强的抵抗性。此外，由于条形码附于塑料袋或外包装纸箱上，所以特别容易受到折损，而 RFID 卷标是将数据存在芯片中，因此可以免受污损。

(4) 可重复使用

现今的条形码，印刷上去之后就无法更改，RFID 标签则可以重复新增、修改、删除 RFID 卷标内储存的数据，方便信息的更新。

(5) 穿透性和无屏障阅读

在被覆盖的情况下，RFID 能够穿透纸张、木材和塑料等非金属或非透明的材质，并能够进行穿透性通信。而条形码扫描器必须在近距离而且没有物体阻挡的情况下，才可以辨读条形码。

(6) 数据的记忆容量大

随着记忆载体的发展，数据容量也有不断扩大的趋势。未来物品所需携带的资料量会越来越大，对卷标所能扩充容量的需求也相应增加。

(7) 安全性

由于 RFID 承载的是电子式信息，其数据内容由密码保护，因此不易被伪造及修改。近年来，RFID 因其所具备的远距离读取、高储存量等特性而备受关注。它不仅可以帮助一个企业大幅提高货物、信息管理的效率，还可以让销售企业和制造企业互联，从而更加准确地接收反馈信息，控制需求信息，优化整个供应链。

综上所述，射频识别卡的最大优点就在于非接触，因此，完成识别工作时无需人工干预，适于实现自动化且不易损坏，可识别高速运动物体，并可同时识别多个射频卡，操作快捷、方便。短距离射频识别卡不怕油渍、灰尘污染等恶劣环境，因此可在这样的环境中替代条码，例如用于在工厂的流水线上跟踪物体等；长距离射频产品多用于交通上，识别距离可达几十米，如自动收费或识别车辆身份等。

9.3.2 RFID 技术的应用

RFID 技术在物料跟踪、运载工具和货架识别等要求非接触数据的采集和交换以及频繁改变数据内容的场合尤为适用。在实际应用中，射频技术在其他物品的识别及自动化管理方面也得到了较广泛的应用。

根据 RFID 系统完成的功能不同，可以粗略地把 RFID 系统分成 4 种类型：便携式数据采集系统、EAS 系统、物流控制系统、定位系统。

1. 便携式数据采集系统

便携式数据采集系统使用带有 RFID 阅读器的手持式数据采集器，采集 RFID 标签上的数据。这种系统具有比较大的灵活性，适用于不宜安装固定式 RFID 系统的应用环境。手持式阅读器(数据输入终端)可以在读取数据的同时，通过无线电波数据传输方式实时地向主计算机系统传输数据，也可以暂时将数据存储在阅读器中，再一批一批地向主计算机系统传输数据。

2. EAS 系统

EAS(electronic article surveillance，电子商品防盗系统)是一种设置在需要控制物品出入的门口的 RFID 技术。这种技术的典型应用场合是商店、图书馆、数据中心等地方，当未被授权的人从这些地方非法取走物品时，EAS 系统会发出警告。在应用 EAS 技术时，首先在物品上粘附 EAS 标签，当物品被正常购买或者合法移出时，在结算处通过一定的装置使 EAS 标签失活，物品就可以取走。物品经过装有 EAS 系统的门口时，EAS 装置能自动检测标签的活动性，如果发现活动性标签，EAS 系统会发出警告。EAS 技术的应用可以有效防止物品的被盗，不管是大件的商品，还是很小的物品。应用 EAS 技术，物品不用再锁在玻璃橱柜里，可以让顾客自由地观看、检查商品，这在自选日益流行的今天有着非常重要的现实意义。典型的 EAS 系统一般由三部分组成。

(1) 附着在商品上的电子标签，即电子传感器。

(2) 电子标签灭活装置，以便授权商品能正常出入。

(3) 监视器，在出口造成一定区域的监视空间。

EAS 系统的工作原理是：在监视区，发射器以一定的频率向接收器发射信号。发射器与接收器一般安装在零售店、图书馆的出入口，形成一定的监视空间。当具有特殊特征的标签进入该区域时，会对发射器发出的信号产生干扰，这种干扰信号也会被接收器接收，再经过微处理器的分析和判断，就会控制警报器的鸣响。根据发射器所发出的信号不同以及标签对信号干扰原理的不同，EAS 可以分成许多种类型。关于 EAS 技术，最新的研究方向是标签的制作，人们正在讨论 EAS 标签能不能像条码一样，在产品的制作或包装过程中加进产品，成为产品的一部分。

3. 物流控制系统

在物流控制系统中，固定布置的 RFID 阅读器分散布置在给定的区域，并且阅读器直接与数据管理信息系统相连，信号发射机是移动的，一般安装在移动的物体、人上面。当物体、人流经阅读器时，阅读器会自动扫描标签上的信息并把数据信息输入数据管理信息系统存储、分析、处理，达到控制物流的目的。

4. **定位系统**

定位系统用于自动化加工系统中的定位以及对车辆、轮船等进行运行定位支持。阅读器放置在移动的车辆、轮船上或者自动化流水线中移动的物料、半成品、成品上，信号发射机嵌入到操作环境的地表下面。信号发射机上存储有位置识别信息，阅读器一般通过无线或者有线的方式连接到主信息管理系统。

阅读材料 9-3 沃尔玛超市应用 RFID

2005 年 6 月，在美国的 104 家沃尔玛超市、36 家山姆会员店和 36 个配送中心都已经使用了 RFID 技术。参与这个项目的已有 100 多个供应商、55 000 个托盘，收到贴有标签的货箱 189 万个。在配送中心的传送带上，零售商已经获得了 95%的识读率，在分销操作的最后一环操作，也就是将货箱拆开放进压缩机的过程，读取率达到 98%。目前最大的问题还是整个货盘上所有货箱标签的读取率，只有 66%。2006 年 1 月沃尔玛前 200 名供应商都已经在外包装盒和托盘上使用 RFID 标签，占沃尔玛整个 RFID 路线图的 20%。

阿肯色大学一项长达 7 个月的研究发现，在使用 RFID 标签的沃尔玛商场里面的货品脱销现象减少 16%，RFID 技术在货品补充上要比传统条形码技术快 3 倍。研究报告称，由于 RFID 技术，人工订单已经减少大约 10%，从而也减少了存货。研究显示在对脱销产品的及时补充方面，安装 RFID 设备的商店要比普通的商店效率高出 63%。除了提高库存产品的可视性外，通过使用 RFID 还在整个供应链减少库存进而减少花费。

RFID 还改进了沃尔玛的客户服务水平。对新鲜货品，如新鲜食品、新鲜蛋糕以及另外一些容易变质的商品，可通过有效期进行控制。30 分钟之后，沃尔玛读到的信息会反馈给供应商，和他们共享。而供应商也可以用同样的形式跟踪这些货物，及时发现问题，包括是否缺货，从而构成了一个真正进行实时跟踪的系统。

(资料来源：沃尔玛超市应用 RFID. http://www.cafy.com.cn/pbx/r4-19.htm)

9.3.3 RFID 射频标签

电子标签是一种非接触式的自动识别技术，它通过射频信号自动识别目标对象并获取相关数据。每个标签含有一个储存数据的小集成电路和一个像天线一样从阅读器收发信号的微型铜线圈。

在实际应用中，电子标签附着在被识别的物体上(表面或者内部)，当带着电子标签的被识别物品通过读写器的可识读区域时，读写器自动以无接触的方式将电子标签中的约定识别信息读出，从而实现自动识别物品或自动收集物品标识信息的功能。图 9-11 为电子标签的基本构造。

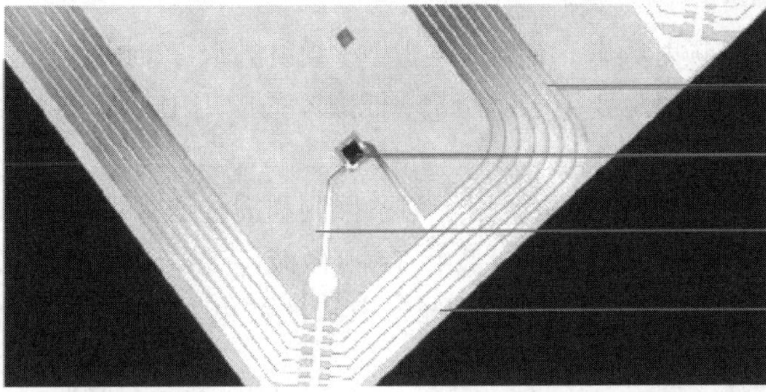

图 9-11　电子标签的构造

例如，在仓库管理和汽车定位等需要定位的场合，使用电子标签通讯，并通过远距离读写器或者便携式阅读器使电子标签的 LED 灯闪烁可用于产品查找和定位(见图 9-12)。再如，车辆电子标签是放置在车辆驾驶室中，作为车辆的全球唯一号码自动识别和存储车辆相关信息，配合读写设备能完成对车辆的自动识别和信息的自动交换。车辆电子标签可用于智能小区、大厦、企事业单位等对车辆自动进出进行管理；也可作为城市机动车的电子牌照，实现政府职能部门对车辆的更灵活、高效的严格监管。图 9-13 为车辆电子标签。按不同的标准，车辆电子标签有如下分类方式。

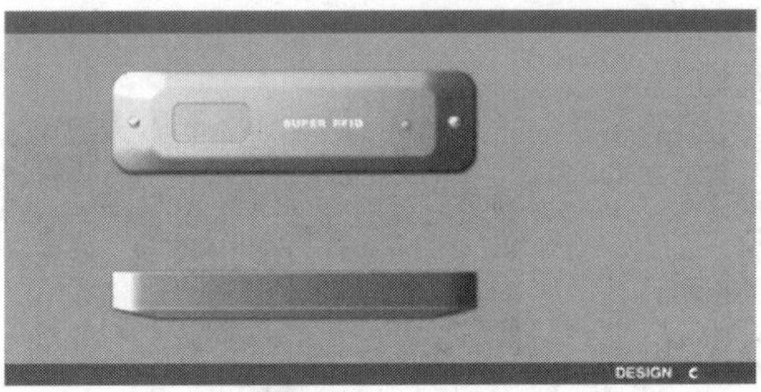

图 9-12　物流仓储定位查找 RFID 电子标签

图 9-13　车辆电子标签

(1) 按调制和供电方式分为无源标签和有源标签两种。无源标签借助阅读器发出的信号发送信息，也被称作被动标签。无源标签没有内装电池，在阅读器的读出范围之外时，电子标签处于无源状态，在阅读器的读出范围之内时，电子标签从阅读器发出的射频能量中提取其工作所需的电源。

有源标签借助自带电池则能主动持续发出比无源标签更强的信号，也被称作主动标签。标签的工作电源完全由内部电池供给，同时标签电池的能量供应也部分地转换为电子标签与阅读器通讯所需的射频能量。使用电子标签搜集产品数据时，阅读器无需对准标签，省去了人工扫描的麻烦。通常，无源标签的信号范围为 6~10 米，而有源标签的信号范围则为 50 米左右。

(2) 按载波频率又分为低频射频卡、中频射频卡、高频射频卡。低频射频卡主要有 125 千赫和 134.2 千赫两种，低频系统主要用于短距离、低成本的应用中，如多数的门禁控制、校园卡、动物监管、货物跟踪等。

中频射频卡主要为 13.56 兆赫，中频系统用于门禁控制和需传送大量数据的应用系统。

高频射频卡主要为 433 兆赫、915 兆赫、2.45 吉赫(微波)、5.8 吉赫(微波)等。高频系统应用于需要较长的读写距离和高读写速度的场合，其天线波束方向较窄且价格高，在火车监控、高速公路收费等系统中应用。

(3) 按作用距离可分为密耦合卡(作用距离小于 1 厘米)、近耦合卡(作用距离小于 15 厘米)、疏耦合卡(作用距离小于 1 米)和远距离卡(作用距离从 1 米到 10 米甚至更远)。

(4) 按芯片分为只读卡、读写卡和 CPU 卡。

9.3.4 RFID 射频阅读器

根据不同的分类标准，RFID 阅读器可以分为低频、高频和超高频阅读器；无源、有源阅读器；只读阅读器、RFID 读写器等。在实际应用中，按照使用方式的不同，也可以分为手持式、固定式和车载式 RFID 阅读器。

1. 固定式 RFID 阅读器

固定读写器(见图 9-14 所示)一般安装在货物流通量较大的地方。许多固定读写器都装在金属盒子里，也可以安装在墙上，这些读写器要么是内部有天线，要么是内部没有天线但有供外部天线接入的插口。为防止受损，固定天线一般由塑料或金属制品封装起来。装在盒子里的读写器和天线可以免受叉车的损害和灰尘的污染，读写器制造商还生产了一种专门用在叉车上的读写器。

图 9-14　固定式 RFID 读写器

2. 车载式 RFID 阅读器

在仓库作业、制造业、生产流程管理中，需采用工业级 RFID 读写器。工业级 RFID 读写器大多数具备标准的现场总线接口，可以方便地集成到现有的设备中。此外，这类读写器可在各种恶劣的工业环境工作，可满足多种不同的防护需要，密封性能和抗冲击震动能力较强，有些甚至带有防爆保护的功能。图 9-15 所示为工业级车载 RFID 读写器。

3. **便携式阅读器**

便携式读写器(见图 9-16)由操作员持于手中对 RFID 标签进行读取。可以在内部文件系统中记录读取到的 RFID 标签的信息，也可以在读取的同时将信息通过无线网络进行发送。因为便携式读写器带有电池，用来在读取的时候发送电波，所以有需要充电的问题。通常为了延长使用时间，便携式阅读器的电波功率设置得比较小，因此有通信距离比较短的倾向。

便携式读写器由于价格便宜，因而被广泛使用。便携式读写器主要有两种形式，一种是带条码扫描器的 RFID 读写器，这种读写器既可以扫描条码也可以读取 RFID 标签。还有一种是安装在 PC 卡上的 RFID 读写器，PC 卡嵌入在手提电脑或掌上电脑的 PCMCIA 中。

图 9-15　工业级车载 RFID 读写器

图 9-16　便携 RFID 读写器

9.3.5　RFID 与物联网

1. **物联网简介**

物联网(internet of things) 概念是由麻省理工学院自动标识中心于 1999 年首先提出的，并将物联网定义为：把所有物品通过射频识别(RFID)和条码等信息传感设备与互联网连接起来，实现智能化识别和管理。这种表述的核心是 RFID 技术和互联网的综合应用。

2008 年 5 月 27 日，欧洲智能系统集成技术平台(EPoSS)在其发布的报告“*Internet of Things in* 2020”中，分析预测了物联网的发展趋势。该报告认为，物联网是由具有标识、虚拟个性的物体/对象所组成的网络，这些标识和个性等信息在智能空间使用智慧的接口与用户、社会和环境进行通信。

目前，不同领域的研究者对物联网思考所基于的起点各异，对物联网的描述侧重于不同的方面，短期内还没有达成共识。可以确定的是，物联网的核心和基础仍然是互联网，它是在互联网基础上延伸和扩展的网络，且用户端延伸和扩展到了任何物体与物体之间进行信息交换和通信。故物联网可以定义为，通过射频识别(RFID)、红外感应器、全球定位系统、激光扫描器等信息传感设备，按约定的协议，把任何物体与互联网相连接，进行信息交换和通信，以实现对物体的智能化识别、定位、跟踪、监控和管理的一种网络。

2. 物联网结构和关键技术

物联网已成为目前 IT 业界的新兴领域，不同的视角对物联网概念的看法不同，所涉及的关键技术也不相同。

物联网的基本架构包含传感层(感知层)、传输层(网络层)和应用层。

传感层的主要功能是识别物体，采集信息，并且将信息传递出去，承担信息的全面感知和采集。智能卡、RFID 电子标签、各种物理量传感器、传感器网络等能够实现对物品的识别、信息采集和预处理。

传输层由各种私有网络、互联网、有线和无线通信网、网络管理系统和云计算平台等组成，负责传递和处理感知层获取的信息，承担信息的可靠传输。根据应用的需要，传输层可以是公共移动网和固网、互联网、广电网、行业专网或专用于物联网的各种新型通信网。

应用层是物联网和用户(包括人、组织和其他系统)的接口，它与行业需求结合，实现物联网的智能应用，完成信息的分析、处理、管理和控制，可以进一步作出智能决策，实现物联网特定的智能化应用和服务。

3. 基于 RFID 的物联网模式

基于 RFID 的物联网模式的开展步骤主要分为三个环节。

(1) 对物体属性进行标识，属性包括静态和动态的属性，静态属性可以直接存储在标签中，动态属性需要由传感器实时探测。

(2) 识别设备完成对物体属性的读取，并将信息转换为适合网络传输的数据格式。

(3) 将物体的信息通过网络传输到信息处理中心(处理中心可能是分布式的，如家里的电脑或者手机，也可能是集中式的，如中国移动的互联网数据中心)，由处理中心完成物体通信的相关计算。

RFID 系统能实现对物理世界的物品的自动识别和信息采集。编码解析与寻址系统和互联网负责对采集到的信息进行编码处理、实时传递和反馈。信息处理系统负责对收集的信息进行智能化处理并发送相关指令。

物联网环境下，采用电子标签对物品进行唯一编码，广泛分布的 RFID 阅读器对一定范围内携带电子标签的物体进行实时扫描识别和智能处理，实现局域网内部的自动化控制，或者以互联网为纽带与其他位置的 RFID 局域网进行远程信息交互。

阅读材料 9-4　物联网药品电子监管码在系统中的应用

物联网指的是将无处不在的末端设备和设施，包括具备“内在智能”的传感器、移动终端、工业系统、楼控系统、家庭智能设施、视频监控系统等，和“外在使能”的如贴上 RFID 的各种资产、携带无线终端的个人与车辆等，通过各种无线和有线的长距离和短距离通信网络实现互联互通、应用大集成以及基于云计算的 SaaS 营运等模式，在内网、专网、互联网环境下，采用适当的信息安全保障机制，提供安全可控乃至个性化的实时在线监测、定位追溯、报警联动、调度指挥、预案管理、远程控制、安全防范、远程维保、在线升级、统计报表、决策支持、领导桌面等管理和服务功能，实现对“万物”的高效、节能、安全、环保的“管、控、营”一体化。

药品电子监管码是物联网概念的具体应用。电子标签赋予每个最小包装的药品唯一的电子监管码，实现“一件一码”管理，将监管码对应的药品生产、流通、使用等动态信息实时采集到数据库中，通过覆盖全国的无缝网络、支持数百万家企业数千万亿件产品的超大型数据库和专业化的客户服务中心，为政府从源头实现质量监管建立电子档案、对市场实现跟踪追溯、索证索票、实施进货检查验收、建立购销电子台账和问题药品召回提供了信息技术保障。最终建立了从原料进厂、生产加工、出厂销售到售后服务的药品全过程电子监管链条，建立了从种植养殖、生产加工、流通销售到使用的药品全过程电子监管链条，为建立药品质量和安全的追溯及责任追究体系提供了信息技术平台，建立了覆盖全社会的药品质量电子监管网络。

药监码数据采集系统在一级包装时可以通过现场打印标签，也可提前打印好标签。二级包装时扫描一级包装的药监码，系统根据预先设定的包装规格自动记数，数量达到包装规格数量时，系统驱动条码打印机打印二级包装码，并进行包装、贴条码。如包装规范还有下一级包装，则进入同样的包装程序进行更高一层的包装作业，如果达到包装规范规定的最高级包装，则提示包装完成下线。在每一层包装过程中，上层包装监管码与对应扫描的下级监管码自动关联，每一最大包装的各层包装监管码通过逐层关联实现整体关联，可以在系统中通过任意一个包装过的监管码查询其对应的上级编码或下级编码。

药监码硬件系统由服务器、打印 PC、平面贴标机、现场工控机、药监码扫描器、条码打印机等组成，此外还需要根据系统实施情况对现有设备进行改造。

药品行业的特点，对药监码硬件系统提出了如下要求。

(1) 硬件外设多样化。药监码赋码系统由多种硬件设备组成，主要包含手持、固定、激光、条码、标贴等多项赋码/扫码设备，这些设备均需要连接到赋码工控机。

(2) 高稳定性、高可靠性。系统使用现场是药厂生产流水线，一般操作人员不具备专业的计算机维护能力，同时赋码工控机的工作状态直接影响生产流水线的生产进程。

(资料来源：物联网药品电子监管码在系统中的应用．物联中国．http://www.50cnnet.com/html/jishuqianyan/20110214/12775_2.html，2011-02-14)

阅读材料 9-5　香港电子产品制造商采用 RFID 提高效率

PC Partner 公司是香港最大的电子产品制造公司之一，其位于广东东莞的两个生产工厂正在使用 RFID 技术来改善装配线上的效率。

PC Partner 公司是全球电子产品(主机板、绘图卡和消费用的电子产品)制造商。公司具有 RFID 功能的工厂里包含了 33 条装配线，用来装配不同的组件，并在印制电路板的表面安装零件，总共有大约 100 个贴片机完成装配。

每个贴片机必须有送料机，送料机里装有一卷轴零件，在电路板装配之前插到机器的适当位置。如果出现了下面的错误，如错误的零件被放入送料机里，或者送料机在机器上的位置放错了，需要额外的材料和劳动力去纠正，付出的代价是昂贵的。PC Partner 公司过去使用条码技术跟踪是哪些材料装入了贴片机里进行电路板装配，通过扫描每个卷轴上的条形码标签，把卷轴与公司管理装配系统的后端软件里的送料机相连。当送料机安装在一台装配机上时，必须用眼睛检查确保送料机是否正确，是否安装在适当的位置，还要再次扫描卷轴上的条码组进行检查。这个过程很费时间，并且需要操作员记着去扫描每个条形码。

因此，PC Partner 公司想寻求一种更加自动化的系统，最终选择了加拿大 RFID 公司 Cogiscan 提供的跟踪、溯源和控制(TTC)系统。

2010 年 7 月 PC Partner 公司开始安装这个方案。工厂安装了 Cogiscan 公司的 RFID 智能送料机 125 千赫兹的阅读器，通过一个专有的空中接口协议工作，安装在约 100 台零件贴片机上。每个送料机装有一个包含唯一 ID 号的 RFID 标签。当一个零件卷轴被放入送料机的时候，这个卷轴的条形码标签被扫描(与非 RFID 流程一致)，这些信息存储在 TTC 软件里，这个卷轴与送料机的唯一的标签 ID 号相连。

当一个送料机装到一台机器上时，在标签进入阅读器天线的阅读范围内时，这台机器的阅读器获取送料机的标签 ID 号。然后阅读器把这个送料机标签的 ID 号发送给 TTC 软件，软件通过电缆连接到与 Cogiscan 公司托管的后端服务器相连的个人电脑上，TTC 软件把 ID 号和与送料机有关的数据连接起来，包括安装了哪个卷轴。TTC 软件然后触发个人电脑显示屏幕上的绿灯，以验证手头上订单里的送料机和零件，或者在出错时发出警报并停止指令，直到错误的送料机被拆下来，装有合适卷轴的正确的送料机被连接到这台机器上，警报才能解除。

此外，运行在服务器上的 TTC 软件基于装在机器上的送料机和卷轴计算出材料的使用量，从而维持所有零件的一个准确的实时库存。材料达到最低数量时也会发出警告，能让操作员提前准备好新的送料机，把机器停机时间降到最低。

迄今为止，PC Partner 公司已经在送料机上使用了 8000 个标签，目前 33 条装配线上的机器正在被追踪。

(资料来源：刘瑜. 香港电子产品制造商采用 RFID 提高效率. RFID 射频快报. http://www.rfidinfo.com.cn/Tech/n3076_1.html)

9.4 EDI 技术

9.4.1 EDI 技术简介

EDI(electronic data interchange，电子数据交换)是一种利用计算机进行商务处理的新方法，它是将贸易、运输、保险、银行和海关业的信息，用一种国际公认的标准格式，通过计算机网络使各有关部门、公司和企业之间进行数据交换和处理，并完成以贸易为中心的全部业务过程。其文件结构、语法规则等方面的标准是实现 EDI 的关键，目前已形成两大标准体系：一个是广泛应用于北美地区的，由美国国家标准化协会制定的 ANSI X.12；另一个是欧洲经济共同体制定的 UN/EDIFACT。我国已明确采用 UN/EDIFACT 标准，支持 ITU-T、EDIFACT 标准，并向社会开放 EDI 平台。

EDI 系统与分组交换网之间采用高速链路，可以通达世界各地的 EDI 用户。各地 EDI 终端可通过公共交换电话网(PSTN)、数字数据网(DDN)、公用分组交换网(PAC)、CHINANET(中国公众网)等方式接入 EDI 系统。

9.4.2 EDI 的功能特点

EDI 系统具有快速、及时、价廉、安全可靠、使用方便以及不受时空限制等诸多优点。其通信机制是在 EDI 系统中，通信双方申请各自的信箱，通信过程就是把文件传到对方的信箱中。文件交换由计算机自动完成，用户只需进入自己的信箱，即可完成信息的接、发、收全过程。

EDI 用户将订单、发票、提货单、海关申报单、进出口许可证等日常往来的“经济信息”，按照协议，通过通信网络对标准化文件进行传送。报文接收方按国际统一规定支持系统，对报文进行处理，通过信息管理系统和支持作业管理以及决策功能的决策支持系统，完成综合的自动互换和处理。

9.4.3 EDI 在物流中的应用

EDI 最初由美国企业应用于企业间的订货业务活动中，其后 EDI 的应用范围从订货业务向其他的业务扩展，如 POS 销售信息传送业务、库存管理业务、发货送货信息和支付信息的传送业务等。近年 EDI 在物流中应用广泛，被称为物流 EDI。

所谓物流 EDI 是指货主、承运业主以及其他相关的单位之间，通过 EDI 系统进行物流数据交换，并以此为基础实施物流作业活动的方法。物流 EDI 的参与单位有货主、承运业主、实际运送货物的交通运输企业、协助单位和其他的物流相关单位。

以下是一个应用物流 EDI 系统的实例，是一个由发送货物业主、物流运输业主和接收货物业主组成的物流模型。

(1) 发送货物业主(如生产厂家)在接到订货后制订货物运送计划，并把运送货物的清单及运送时间安排等信息通过 EDI 发送给物流运输业主和接收货物业主(如零售商)，以便物流运输业主预先制订车辆调配计划和接收货物业主制订货物接收计划。

(2) 发送货物业主依据顾客订货的要求和货物运送计划下达发货指令、分拣配货、打印出物流条形码的货物标签(即 SCM 标签，shipping carton marking)并贴在货物包装箱上，同时，把运送货物品种、数量、包装等信息通过 EDI 发送给物流运输业主和接收货物业主。

(3) 物流运输业主在向发送货物业主取运货物时，利用车载扫描读数仪读取货物标签的物流条形码，并与先前收到的货物运输数据进行核对，确认运送货物。

(4) 物流运输业主在物流中心对货物进行整理、集装，制作送货清单并通过 EDI 向收货业主发送发货信息。在货物运送的同时进行货物跟踪管理，并在货物交纳给收货业主之后，通过 EDI 向发货物业主发送完成运送业务信息和运费请示信息。

(5) 收货业主在货物到达时，利用扫描仪读取货物标签的物料信息，并与先前收到的货物运输数据进行核对确认，开出收货发票，货物入库。同时，通过 EDI 向物流运输业主和发送货物业主发送收货确认信息。

物流 EDI 的优点在于供应链组成各方基于标准化的信息格式和处理方法通过 EDI 共同分享信息、提高流通效率、降低物流成本。例如，对零售商来说，应用 EDI 系统可以大大降低进货作业的出错率，节省进货商品检验的时间和成本，能迅速核对订货与到货的数据，易于发现差错。

尽管 EDI 可以给企业带来诸多好处，但是它并没有得到广泛应用。应用传统的 EDI 成本较高，一是因为通过增值网进行通讯的成本高，二是制定和满足 EDI 标准较为困难，因此过去仅仅大企业得益于规模经济能从利用 EDI 中得到利益。近年来，互联网的迅速普及，出现了 Internet EDI，它摒弃了传统专用增值网络而使用较廉价的互联网作为传输的平台，虽然互联网在安全性能上还存在一定的缺陷，但随着加密法等一系列技术问题的解决，EDI 也将广泛地应用于贸易过程中的各个环节。EDI 还可以与一些已经成熟的技术相结合，如同条形码、EFT、自动取款机等一起联机使用，这将会创造更大的效益。

互联网为物流信息活动提供了快速、简便、廉价的通讯方式，从这个意义上说互联网将为企业进行有效的物流活动提供坚实的基础。

阅读材料 9–6 上海联华超市集团的 EDI 应用

1. 应用现状

上海联华超市集团成立于 1992 年，随着经营规模越来越大，管理工作越来越复杂，公司领导意识到必须加强高科技的投入，搞好计算机网络的应用。从 1997 年开始，公司成立了总部计算机中心(见图 9-17)，完成经营信息的汇总和处理。

配送中心也完全实现了订货、配送、发货的计算机管理，各门店的计算机应用由总部统一配置、统一开发、统一管理。配送中心与门店之间的货源信息传递通过商业增值网以文件方式完成。

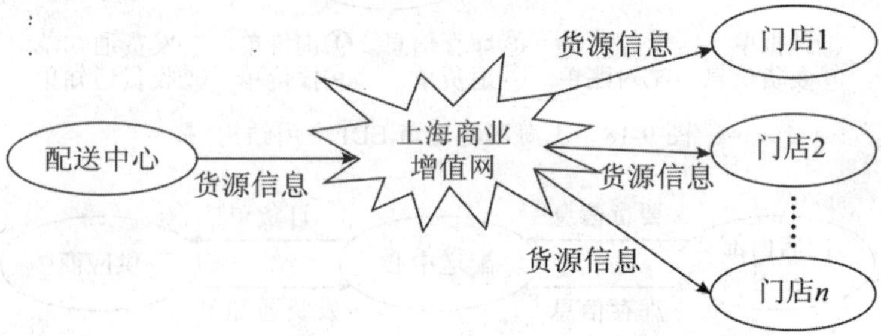

图 9-17 上海联华超市计算机系统结构应用图

每天中午 12 点钟，配送中心将商品的库存信息以文件形式发送到增值网上，各门店计算机系统从自己的增值网信箱中取出库存信息，然后根据库存信息和自己门店的销售信息制作“要货单”。但由于要货单信息没有通过网上传输，而是从计算机中打印出来，通过传真形式传送到配送中心，配送中心的计算机工作人员还要将要货信息输入计算机系统。这样做的结果不仅导致了数据二次录入可能发生的错误和人力资源的浪费，也体现不出网络应用的价值和效益。

2. EDI 应用规划

如图 9-18 所示，上海联华超市集团公司的 EDI 应用系统包括配送中心和供货厂家之间、总部与配送中心之间、配送中心与门店之间的标准格式的信息传递，信息通过商业增值网 EDI 服务中心完成。

采用 EDI 之后，配送中心直接根据各门店的销售情况和要货情况产生订货信息，并发送给供货厂家。供货厂家供货后，配送中心根据供货厂家的发货通知单直接去维护库存，向门店发布存货信息，这样做的结果使得信息流在供应商、配送中心、门店之间流动，所有数据只有一个入口，保证了数据传递的及时、准确，降低了订货成本和库存费用。信息流的运转如图 9-19 所示。

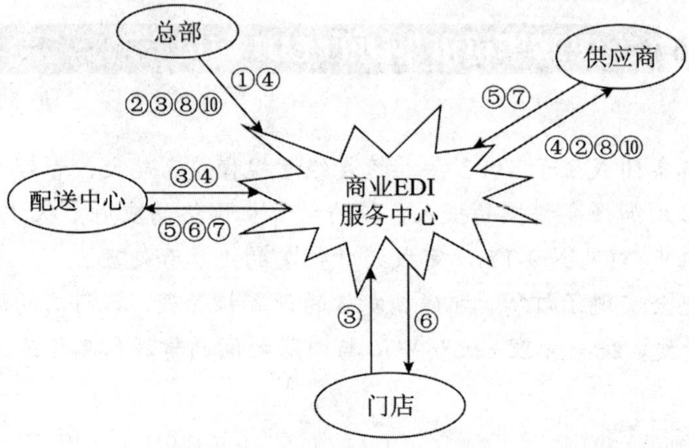

①预报单　②订货单　③库存信息　④询价单　⑤发货通知单
⑥要货信息　⑦对账单　⑧退货单　⑨报价单　⑩收货通知单

图 9-18　上海联华超市 EDI 应用结构图

图 9-19　上海联华超市 EDI 应用信息流程图

(资料来源：上海联华超市集团的 EDI 应用. 海脉信息网，2001-04-29)

9.5　卫星定位技术

目前，全球拥有四大全球卫星导航系统 GNSS(global navigation satellite system)，分别是美国的 GPS、欧洲的伽利略 GALILEO、俄罗斯格洛纳斯 GLONASS、中国北斗 BDS。

美国的 GPS 自 1994 年 3 月全面建成，24 颗 GPS 卫星，全球覆盖率高达 98%。俄罗斯秘密研制的 GLONASS，于 1995 年建设成拥有 24 颗卫星的完整系统，后期才对外开放，因此不及 GPS 应用广泛。2012 年 12 月 27 日，中国北斗系统导航业务正式对亚太地区提供无源定位、导航、授时服务。2014 年 11 月 23 日，国际海事组织海上安全委员会审议通过了对北斗卫星导航系统认可的航行安全通函，这标志着北斗卫星导航系统正式成为全球无线电导航系统的组成部分，取得面向海事应用的国际合法地位。欧洲的伽利略定位系统(galileo positioning system)，自 2016 年 12 月 15 日开始提供初始服务。

下面重点介绍 GPS 系统和中国北斗 BeiDou 系统。

9.5.1　GPS 系统

1. GPS 的定义及特点

(1) GPS 的定义

全球定位系统(global positioning system，GPS)是美国从 20 世纪 70 年代开始研制，历时 20 年，耗资 200 亿美元，于 1994 年全面建成，具有在海、陆、空进行全方位、实时三维导航与定位能力的新一代卫星导航与定位系统。

GPS 以全天候、高精度、自动化、高效益等显著特点，赢得广大测绘工作者的信赖，并成功地应用于大地测量、工程测量、航空摄影测量、运载工具导航和管制、地壳运动监测、工程变形监测、资源勘察、地球动力学等多种学科，从而给测绘领域带来一场深刻的技术革命。

(2) GPS 系统的特点

- 全球、全天候工作。能为用户提供连续、实时的三维位置、三维速度和精密时间，且不受天气的影响。
- 定位精度高。单机定位精度优于 10 米，采用差分定位，精度可达厘米级和毫米级。
- 功能多、应用广。随着人们对 GPS 认识的加深，GPS 不仅在测量、导航、测速、测时等方面得到更广泛的应用，而且其应用领域不断扩大。

2. GPS 系统的构成

GPS 系统由三个部分组成，即空间部分(GPS 卫星星座)、地面控制部分(地面监控系统)和用户设备部分。

(1) GPS 卫星星座

如图 9-20 所示，GPS 工作卫星及其星座由 21 颗工作卫星和 3 颗在轨备用卫星组成 GPS 卫星星座，记作(21+3)GPS 星座。24 颗卫星均匀分布在 6 个轨道平面内，轨道倾角为 55 度，各个轨道平面之间相距 60 度，每条轨道上有 4 颗卫星。

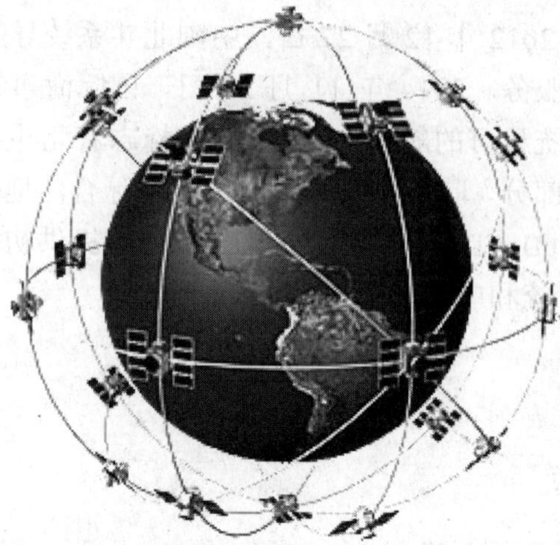

图 9-20 GPS 星座图

位于地平线以上的卫星颗数随着时间和地点的不同而不同，最少可见到 4 颗，最多可见到 11 颗。卫星的分布使得在全球任何地方、任何时间都可观测到 4 颗以上的卫星，并能保持良好定位解算精度的几何图像。这就提供了在时间上连续的全球导航能力。

(2) 地面监控系统

地面监控系统包括 4 个监控站、1 个上行注入站和 1 个主控站。

监控站设有 GPS 用户接收机、原子钟、收集当地气象数据的传感器和进行数据初始处理的计算机。监控站的主要任务是取得卫星观测数据并将这些数据传送至主控站。

主控站设在美国范登堡空军基地，它对地面监控站实行全面控制。主控站的主要任务是利用收集到的各监控站对 GPS 卫星的观测数据计算每颗 GPS 卫星的轨道和卫星钟改正值。

上行注入站也设在美国范登堡空军基地。它的任务主要是在每颗卫星运行至上空时把这类导航数据及主控站的指令注入到卫星。

(3) 用户设备部分

全球定位系统的用户设备部分，包括 GPS 接收机硬件、数据处理软件和微处理机及其终端设备等。

GPS 信号接收机是用户设备部分的核心，一般由主机、天线和电源三部分组成。其主要功能是跟踪接收 GPS 卫星发射的信号并进行变换、放大、处理，以便测量出 GPS 信号从卫星到接收机天线的传播时间；解译导航电文，实时计算出测站的三维位置，甚至三维速度和时间。

GPS 接收机一般用蓄电池做电源，同时采用机内机外两种直流电源。设置机内电池的目的在于更换机外电池时不中断连续观测。在用机外电池的过程中，机内电池自动充电。

关机后，机内电池为 RAM 存储器供电，以防止数据丢失。

3. GPS 定位方式

GPS 定位采用空间被动式测量原理，即在测站上安置 GPS 用户接收系统，以各种可能的方式接收 GPS 卫星系统发送的各类信号，由计算机求解站星关系和测站的三维坐标。图 9-21 为空中卫星图片。

图 9-21 空中卫星

目前，全球卫星定位系统已广泛用于军事和民用等众多领域。

GPS 定位的方法多种多样，依据不同的分类标准有不同的分类方法，用户可以根据不同的用途采用不同的定位方法。

(1) 根据定位的模式分为绝对定位和相对定位

绝对定位又称为单点定位，这是一种采用一台接收机进行定位的模式，它所确定的是接收机天线的绝对坐标。其优点是只需用一台接收机即可独立确定待求点的绝对坐标，且观测方便，速度快，数据处理也较简单。主要缺点是精度较低，目前仅能达到米级的定位精度。

相对定位又称为差分定位，这种定位模式采用两台以上的接收机同时对一组相同的卫星进行观测，以确定接收机天线间的相互位置关系。相对定位是目前 GPS 测量中精度最高的一种定位方法，它广泛用于高精度测量工作中。

(2) 根据待定点的状态分为静态定位和动态定位

静态定位是指待定点的位置在观测过程中固定不变，如 GPS 在大地测量中的应用。静态定位中，GPS 接收机在捕获和跟踪 GPS 卫星的过程中固定不变，接收机高精度地测量 GPS 信号的传播时间，利用 GPS 卫星在轨的已知位置，计算出接收机天线所在位置的三维坐标。静态相对定位的精度一般在几毫米至几厘米范围内。

动态定位是指待定点在运动载体上，其位置在观测过程中是变化的，如 GPS 在船舶导航中的应用。动态定位则是用 GPS 接收机测定一个运动物体的运行轨迹。GPS 信号接收机所位于的运动物体叫作载体(如航行中的船舰、空中的飞机、行走的车辆等)。载体上的 GPS 接收机天线在跟踪 GPS 卫星的过程中相对地球而运动，接收机用 GPS 信号实时测量运动载体的状态参数(瞬间三维位置和三维速度)。动态相对定位精度一般在几厘米到几米范围内。

(3) 根据信号的处理时间分为实时处理和后处理

实时处理就是一边接收卫星信号一边进行计算，获得目前所处的位置、速度及时间等信息。后处理是指把卫星信号记录在一定的介质上，回到室内统一进行数据处理。一般来说，静态定位用户多采用后处理，动态定位用户采用实时处理或后处理。

4. GPS 在物流中的应用

三维导航是 GPS 的首要功能，飞机、轮船、地面车辆以及步行者都可以利用 GPS 导航器进行导航。GPS 导航系统与电子地图、无线电通信网络、计算机车辆管理信息系统相结合，可以实现车辆跟踪和交通管理等许多功能。

GPS 的诸多功能在物流领域尤其是在货物配送领域的运用已被证明是卓有成效的。由于货物配送过程是实物空间位置的转移过程，所以在货物配送过程中，对可能涉及的货物的运输、仓储、装卸、送递等处理环节，对各个环节涉及的问题，如运输路线的选择、仓库位置的选择、仓库的容量设置、合理装卸策略、运输车辆的调度和投递路线的选择，都可以通过运用 GPS 的导航、车辆跟踪、信息查询等功能进行有效的管理和决策分析。GPS 在物流活动中的应用有助于配送企业有效地利用现有资源，降低消耗，提高效率。具体来看，目前 GPS 在货物配送中主要运用了下列功能。

(1) 车辆跟踪

利用 GPS 和电子地图可以实时显示出车辆的实际位置，并可任意放大、缩小、还原、换图；可以随目标移动，使目标始终保持在屏幕上；还可以实现多窗口、多车辆、多屏幕同时跟踪。利用该功能可对重要车辆和货物进行跟踪运输。

(2) 提供出行路线规划和导航

提供出行路线规划是汽车导航系统的一项重要的辅助功能，包括自动线路规划和人工线路设计。自动线路规划是由驾驶者确定起点和目的地，由计算机软件按要求自动设计最佳行驶路线，包括最快的路线、最简单的路线、通过高速公路路段次数最少的路线的计算。人工线路设计是由驾驶员根据自己的目的地设计起点、终点和途经点等，自动建立路线库。线路规划完毕后，显示器能够在电子地图上显示设计路线，并同时显示汽车运行路径和运行方法。

(3) 信息查询

车用 GPS 可以为用户提供主要物标，如旅游景点、宾馆、医院等。用户能够在电子地图上根据需要进行查询，查询资料可以文字、语言及图像的形式显示，并在电子地图上显示其位置。同时，监测中心可以利用监测控制台对区域内的任意目标所在位置进行查询，车辆信息将以数字形式在控制中心的电子地图上显示出来。

(4) 话务指挥

指挥中心可以监测区域内的车辆运行状况，对被监控车辆进行合理调度。指挥中心也可随时与被跟踪目标通话，实行管理。

(5) 紧急援助

通过 GPS 定位和监控管理系统可以对遇有险情或发生事故的车辆进行紧急援助。监控台的电子地图显示求助信息和报警目标，规划最优援助方案，并以报警声光提醒值班人员进行应急处理。

9.5.2 北斗 BDS 系统

中国北斗卫星导航系统(BeiDou navigation satellite system，BDS)是中国自行研制的全球卫星导航系统，是继 GPS、GLONASS 之后第三个成熟的卫星导航系统。它可在全球范围内全天候、全天时为各类用户提供高精度、高可靠定位、导航、授时服务，并具短报文通信能力。中国北斗系统预计于 2018 年率先覆盖“一带一路”沿线国家，2020 年覆盖全球。

1. 系统组成

北斗系统由空间段、地面段和用户段三部分组成。

(1) 空间段。北斗卫星导航系统由空间段由 35 颗卫星组成，包括 5 颗静止轨道卫星、27 颗中地球轨道卫星、3 颗倾斜同步轨道卫星。5 颗静止轨道卫星定点位置为东经 58.75°、80°、110.5°、140°、160°，中地球轨道卫星运行在 3 个轨道面上，轨道面之间为相隔 120°均匀分布。

(2) 地面段。北斗系统地面段包括主控站、时间同步/注入站和监测站等若干地面站。

(3) 用户段。北斗系统用户段包括北斗兼容其他卫星导航系统的芯片、模块、天线等基础产品，以及终端产品、应用系统与应用服务等。

2. 定位原理

35 颗卫星在离地面 2 万多千米的高空上，以固定的周期环绕地球运行，使得在任意时刻，在地面上的任意一点都可以同时观测到 4 颗以上的卫星。

由于卫星的位置精确可知，在接收机对卫星观测中，可测得卫星到接收机的距离，利用三维坐标中的距离公式，利用 3 颗卫星就可以组成 3 个方程式，解出观测点的位置(X，Y，Z)。考虑到卫星的时钟与接收机时钟之间的误差，实际上有 4 个未知数，X、Y、Z 和钟差，因而需要引入第 4 颗卫星，形成 4 个方程式进行求解。

事实上，接收机往往可以锁住 4 颗以上的卫星，这时，接收机可按卫星的星座分布分成若干组，每组 4 颗，然后通过算法挑选出误差最小的一组用作定位，从而提高精度。

由于卫星运行轨道、卫星时钟存在误差，大气对流层、电离层对信号的影响，使得民用的定位精度只有数十米量级。为提高定位精度，普遍采用差分定位技术，建立地面基准站 (差分台)进行卫星观测，利用已知的基准站精确坐标，与观测值进行比较，从而得出一修正数，并对外发布。接收机收到该修正数后，与自身的观测值进行比较，消去大部分误差，得到一个比较准确的位置。实验表明，利用差分定位技术，定位精度可提高到米级。

3. 定位精度

北斗卫星导航系统定位精度水平 10 米、高程 10 米，测速精度 0.2 米/秒，授时精度 10 纳秒。北斗系统服务性能与 GPS 相当。

4. 北斗卫星导航系统特点

(1) 三频信号

北斗使用的是三频信号，三频信号可以更好地消除高阶电离层延迟影响，大大提高定位可靠性。而且如果一个频率信号出现问题，可使用传统方法利用另外两个频率进行定位，提高了定位的可靠性和抗干扰能力。北斗是全球第一个提供三频信号服务的卫星导航系统。

(2) 有源定位+无源定位

有源定位是指接收机自己需要发射信息与卫星通信，无源定位则不需要。北斗一代的有源定位，只要两颗卫星就可以完成定位，但需要信息中心 DEM(数字高程模型)数据库支持并参与解算。北斗二代使用的是无源定位，和 GPS 一样，不需要信息中心参与解算，有源定位则作为补充功能在北斗二代上被保留下来，但不作为主要的定位方式。

(3) 短报文通信服务

这是北斗系统独有的功能，非常实用。汶川地震时，震区唯一的通信方式就是北斗一代。这个功能是有容量限制的，可作为紧急情况通信，不适合用于日常通信。因此，北斗系统不仅“让我知道我在哪”，还能“让别人知道我在哪”，这个功能有利于求救。

(4) 境内监控

北斗卫星定位系统的地面监控部分又由三大部分组成：监控站、主控站、注入站。

中国在设计北斗系统时考虑到，地面监控部分只建在中国境内就能够保证整个系统的正常运行。在境外建站只起到提高精度的作用，绝对不能作为控制功能。北斗的境内监控具有的安全优势，不用受制于其他国家。

5. 物流方面的应用

(1) 道路交通管理

卫星导航将有利于减缓交通阻塞，提升道路交通管理水平。通过在车辆上安装卫星导航接收机和数据发射机，车辆的位置信息就能在几秒钟内自动转发到中心站。这些位置信息可用于道路交通管理。

(2) 铁路智能交通

卫星导航将促进传统运输方式实现升级与转型。例如，在铁路运输领域，通过安装卫星导航终端设备，可极大缩短列车行驶间隔时间，降低运输成本，有效提高运输效率。未来，北斗卫星导航系统将提供高可靠、高精度的定位、测速、授时服务，促进铁路交通的现代化，实现传统调度向智能交通管理的转型。

(3) 海运和水运

海运和水运是全世界最广泛的运输方式之一，也是卫星导航最早应用的领域之一。在世界各大洋和江河湖泊行驶的各类船舶大多都安装了卫星导航终端设备，使海上和水路运输更为高效和安全。北斗卫星导航系统将在任何天气条件下，为水上航行船舶提供导航定位和安全保障。同时，北斗卫星导航系统特有的短报文通信功能将支持各种新型服务的开发。

(4) 航空运输

当飞机在机场跑道着陆时，最基本的要求是确保飞机相互间的安全距离。利用卫星导航精确定位与测速的优势，可实时确定飞机的瞬时位置，有效减小飞机之间的安全距离，甚至在大雾天气情况下，可以实现自动盲降，极大提高飞行安全和机场运营效率。通过将北斗卫星导航系统与其他系统的有效结合，将为航空运输提供更多的安全保障。

(5) 车辆应急救援

北斗卫星导航系统除导航定位外，还具备短报文通信功能，通过卫星导航终端设备可及时报告所处位置，以便对遇险、故障车辆实施救援。

阅读材料 9–7　欧洲第 15、16 颗“伽利略”导航卫星开始工作

欧洲“伽利略”卫星导航系统有 2 颗卫星正式成为“伽利略”卫星导航系统的一部分，加入导航网，开始在全球范围内传播授时和导航信号，同时接收来自全球的呼救信号。此两颗卫星于 2016 年 11 月 17 日由“阿里安-5”火箭发射的“一箭四星”中的两颗，是“伽利略”全球卫星导航系统的第 15、16 颗卫星，也是自 2016 年 12 月 15 日“伽利略”卫星导航系统开始提供初始服务后首批进入导航星座工作卫星的卫星。

新增的导航卫星将提升“伽利略”卫星导航系统的服务能力和精度，这使得全球越来

越多的“伽利略”卫星导航系统用户将很快从中受益。

卫星在发射后、进入运行轨道后，仍然需要进行很多严格的测试才能加入运行星座。卫星的导航和搜索、救援载荷必须打开、检测，不同的“伽利略”导航信号性能需要与系统的其余部分进行系统地评估。在第二个“伽利略”控制中心(位于德国奥伯法芬霍芬)可以看到运行卫星经历的漫长测试，卫星信号评估通过欧空局雷都服务中心(位于比利时)的专门天线进行。通过试验，测试了卫星原子钟的精度和稳定性——这对于精确授时是十分必要的，卫星导航的误差要控制在十亿分之一秒内——此外，还评测了导航信号的质量。奥伯法芬霍芬中心和雷都中心是互联的，可以使研究团队近乎实时地将“伽利略”信号和卫星遥测信号进行比对。这样的测试非常复杂，每个站点每天仅能有3～9个小时可以观测到卫星。

新加入星座的“伽利略”导航卫星现在已经开始传播导航信号，并随时准备将全球卫星搜救系统COSPAS-/SARSAT所有的遇险呼叫转播至急救服务区域。

2016年“一箭四星”发射的另外两颗卫星也在接受类似的检测，为服务做好准备。

(资料来源：李婕敏. 欧洲第15、16颗“伽利略”导航卫星开始工作. http://www.dsti.net/Information/News/104922，2017-06-13)

9.6 GIS技术

9.6.1 GIS概述

地理信息系统(geographic information system，GIS)是一种以地理空间数据库为基础，在计算机硬件、软件环境支持下，对空间相关数据进行采集、管理、操作、分析、模拟和显示，并采用地理模型分析方法，适时提供多种空间和动态的地理信息，为地理研究、综合评价、科学管理、定量分析和决策服务而建立的一类计算机应用系统。

图9-22为GIS系统的原理。GIS作为对地球空间数据进行采集、存储、检索、建模、分析和表示的计算机系统，不仅可以管理以数字、文字为主的属性信息，而且可以管理以可视化图形图像为主的空间信息。它通过各种空间分析方法对各种不同的空间信息进行综合、分析、解释，确认空间实体之间的相互关系，分析在一定区域内发生的各种现象和过程。GIS 提供了在计算机辅助下对信息进行集成管理的能力、灵活的查询检索能力。GIS系统应用由计算机系统、地理数据和用户组成，通过对地理数据的集成、存储、检索、操作和分析，生成并输出各种地理信息，从而为水利利用、资源评价与管理、环境监测、交通运输、经济建设、城市规划以及政府部门行政管理提供新的知识，为工程设计和规划、

管理决策服务。

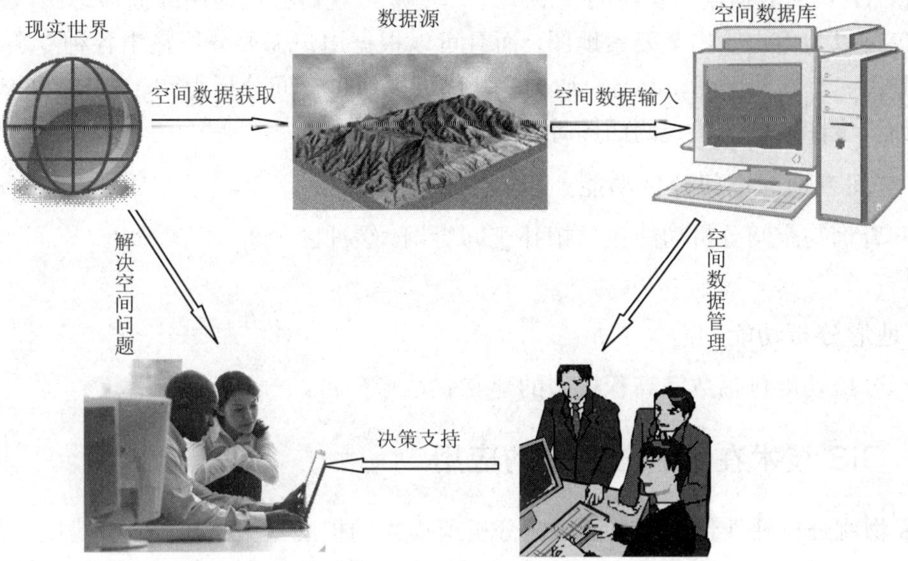

图 9-22　GIS 系统的原理

地理信息系统的主要计算机硬件是工作站和微机。地理信息系统的主要计算机应用软件是 ARC/INFO、MGE、GeoMedia、GenaMap、MapInfo、AutoDesk Map、ArcView、MapObjects、MapX、Maptitude、MapGIS、GeoStar、MapEngine 等。

9.6.2　GIS 的功能

地理信息技术具有数据收集、数据管理和数据分析等方面的强大功能。其中 GIS 软件是功能强大的用于建立、编辑图形和地理数据库并对其进行空间分析的工具集合，是十分重要而又特殊的信息系统。其最大的优点在于它对空间数据的操作功能，并使用户可视化地进行人机对话；具有采集、管理、分析和输出多种地理空间信息的能力，具有空间性和动态性。地理信息系统是以地理空间数据库为基础，采用地理模型分析方法，适时提供多种空间的和动态的地理信息，为地理研究和地理决策服务的计算机技术系统。

1. 数据采集与编辑功能

数据采集与编辑功能包括图形数据采集与编辑和属性数据编辑与分析。

2. 地理数据库管理系统的基本功能

地理数据库管理系统的基本功能包括数据库定义、数据库的建立与维护、数据库操作、通讯功能等。

3. 制图功能

根据 GIS 的数据结构及绘图仪的类型，用户可获得矢量地图或栅格地图。地理信息系统不仅可以为用户输出全要素地图，而且可以根据用户需要分层输出各种专题地图，如行政区划图、土壤利用图、道路交通图等。还可以通过空间分析得到一些特殊的地学分析用图，如坡度图、坡向图、剖面图等。

4. 空间查询与空间分析功能

空间查询与空间分析功能包括拓扑空间查询、缓冲区分析、叠置分析、空间集合分析、地学分析。

5. 地形分析功能

地形分析功能包括数字高程模型的建立、地形分析。

9.6.3 GIS 技术在物流分析中的应用

GIS 物流分析软件包括为交通运输分析所提供的扩展数据结构、分析建模工具和二次开发工具以及若干物流分析模型，包括网络物流模型、分配集合模型、车辆路线模型、最短路径模型、设施定位模型、车辆定位导航等。这些模型既可以单独使用，用来解决某些实际问题；也可以作为进一步开发适合不同需要的应用程序的基础。这些模型的有效使用，说明 GIS 在物流分析中的应用水平已经达到了一个新的高度。下面就这些模型分别加以介绍。

1. 网络物流模型

网络物流模型用于解决如何寻求最有效的分配货物路径问题，也就是物流网点布局问题。在现实生活中，常会遇到这样的问题：企业有 m 个仓库和 n 个商店，为满足正常的商业运营，现要求从仓库运送货物到商店。一般情况下，每个商店都有固定的需求量，因此，需要确定由哪个仓库提货送给哪个商店，所耗的运输代价最小。可以利用 GIS 软件，进行空间分析，求出最短的路径。

2. 分配集合模型

分配集合模型用于根据各个要素的相似点把同一层上的所有或部分要素分为几个组，以解决确定服务范围和销售市场范围等问题。如某一公司要设立 n 个分销点，要求这些分销点要覆盖某一地区，而且要使每个分销点的顾客数目大致相等。可以利用 GIS 软件，将某一地区划分为无数的小区域，利用已知的空间数据进行模糊分类，以确定最佳的分销地点。

3. 车辆路线模型

车辆路线模型用于解决在一个起点、多个终点的货物运输问题中，如何降低操作费用并保证服务质量，包括决定使用多少车辆、每个车辆经过什么路线的问题。

在物流分析中，在一对多收发货点之间存在多种可供选择的运输路线的情况下，应该以物资运输的安全性、及时性和低费用为目标，综合考虑，权衡利弊，选择合理的运输方式并确定费用最低的运输路线。例如，一个公司只有一个仓库，而零售店却有 30 个，并分布在各个不同的位置上，每天用卡车把货物从仓库运到零售商店，每辆卡车的载重量或者货物尺寸是固定的，同时每个商店所需的货物重量或体积也是固定的，因此，需要多少车辆以及所有车辆所经过的路线就是一个最简单的车辆路线模型。

4. 设施定位模型

设施定位模型用来确定零售商店、仓库、医院、加工中心等设施的最佳位置，其目的是为了降低操作费用，提高服务质量以及使利润最大化等。

设施定位模型可以用于确定一个或多个设施的位置。在物流系统中，仓库和运输线共同组成了物流网络，仓库处在网络的“节点”上，运输线就是连接各个“节点”的“线路”。也就是说，“节点”决定着“线路”，仓库的位置直接决定了运输线路，并影响运输的费用。具体地说，在一个具有若干资源点及若干需求点的经济区域内，物资资源要通过某一个仓库的汇集中转和分发才能供应各个需求点，因此，根据供求的实际需要并结合经济效益等原则，在既定区域内设立多少仓库，每个仓库的地理位置在什么地方，每个仓库应有多大规模(包括吞吐能力和存储能力)，这些仓库间的物流关系如何等问题，就显得十分重要。而这些问题运用设施定位模型均能很容易地得到解决。

5. 空间查询模型

利用 GIS 的空间查询功能，可以查询以某一商业网点为圆心某半径内配送点的数目，以此判断哪一个配送中心距离最近，为安排配送做准备。

6. 车辆定位导航

借助 GIS 技术，还可以在车辆定位导航等方面得到车辆在三维空间中的运动轨迹，不但可获得车辆的准确位置，还可得到车辆的速度、运动方向等数据，为交通运输管理提供了动态检测和导航的工具。

阅读材料 9-8　京东商城可视化配送包裹跟踪(GIS)系统

2011 年 2 月 28 日起，京东商城的 GIS 包裹实时跟踪系统正式上线。所有的京东商城配送员已经全部配备了 PDA 设备，通过京东配送员配备的 PDA 设备的实时定位，用户通过快递单号所查询到的物流信息不再仅仅是几个转站点的扫描情况，而是可以清楚地在地图上看到自己的包裹在道路上移动等投递情况。目前，用户只需在订单的详情里点击“订单轨迹”即可实现这项可视化的查询。

据京东商城有关负责人介绍，现在用户可以在网站地图上实时地跟踪自己包裹在道路上的移动等投递情况。消费者不用再担心自己的货物已经被送到哪里，什么时候才可以送达等细碎的问题。直接在网上即可以查阅到包裹当时的地理位置以及行进速度。甚至可以根据配送员即时服务系统，实现现场价格保护返还，无须和呼叫中心确认，京东商城配送员就可以现场实现“价格保护”服务。而且在送货过程中，网购消费者更可无须任何页面操作地实现退换货服务。GIS跟踪系统还能实现现场订单状态的即时完成，以便客户更快地进行产品评价，晒单。

GIS包裹实时跟踪服务让京东商城又一次在服务上先拔头筹，成为B2C行业第一个将GIS系统实际应用到物流配送服务的企业。

(资料来源：中国日报. http://www.chinadaily.com.cn)

9.7 产品电子代码

9.7.1 产品电子代码概述

产品电子代码(electric product code，EPC)技术，是一种新兴的物流信息管理技术，是条码技术的延续和发展。它可以对供应链中的对象(包括物品、货箱、货盘、位置等)进行全球唯一的标识。EPC 存储在RFID标签上，这个标签包含一块硅芯片和一根天线。读取EPC标签时，它可以与一些动态数据连接，如该贸易项目的原产地或生产日期等。这与全球贸易项目代码 (GTIN)和车辆鉴定码 (VIN)十分相似，EPC就像是一把钥匙，用以解开EPC网络上相关产品信息这把锁。与目前许多编码方案类似，EPC包含用来标识制造厂商的代码以及用来标识产品类型的代码。但 EPC 使用额外的一组数字——序列号来识别单个贸易项目。EPC 所标识产品的信息保存在 EPCglobal(全球产品电子代码管理中心)网络中，而EPC则是获取有关这些信息的一把钥匙。

1. EPCglobal

EPCglobal是国际物品编码协会EAN和美国统一代码委员会(UCC)两大标准化组织联合成立的一个中立、非营利性标准化组织。EPCglobal的主要职责是在全球范围内对各个行业建立和维护EPC网络，保证供应链各环节信息的快速、自动、实时、准确地识别采用全球统一标准；通过发展和管理EPC网络标准来提高供应链上贸易单元信息的透明度与可视性，以此来提高全球供应链的运作效率。EPCglobal 继承了 EAN 和 UCC 与产业界近 30 年的成功合作传统。

2004 年 12 月 16 日，EPC global 批准发布了第一个标准 UHF Gen 2，使 EPC 的实施迈出了里程碑的一步。

2. EPCglobal China

EPCglobal 于 2004 年 1 月 12 日授权中国物品编码中心(ANCC)为 EPCglobal 在中华人民共和国境内的唯一代表，并在 2004 年 4 月 23 日正式成立 EPCglobal China，负责 EPCglobal 在中国范围内的注册、管理和业务推广。

中国物品编码中心(以下简称“编码中心”)是我国 EPC 系统管理的工作机构，统一组织、协调、管理全国产品电子代码工作，配合国家主管机构制定我国 EPC 的发展规划，负责我国有关 EPC 系统标准的制订、修订工作，负责贯彻执行 EPC 系统工作的方针、政策、法规和标准，开展相关的国际交流与合作，负责全国范围内 EPC 应用领域的拓展、推广，负责 EPC 的注册、续展、变更和注销，负责统一组织、管理全国 EPC 标签芯片制造商、识读器生产商的资格认定工作，组织协调各部门开展一致性检测工作，参与制定我国 EPC 产业发展规划，建立 EPC 技术应用示范系统，加强培训，提供教育支持，推动 EPC 技术在我国国民经济各领域的应用。

早在 2006 年，EPCglobal China 便大力加快了 EPC 工作的推进，积极开展同国家相关部委之间的沟通，起草了 EPC 相关标准草案，加强了同国家无线电频率规划局的有关 UHF 频段的沟通与协作；积极筹建 RFID 测试中心的工作，申报了国家“863”计划中的 RFID 重大专项，成功申请了欧盟项目 BRIDGE(利用 RFID 技术给全球环境提供解决方案)；发展了 EPC 新的系统成员，积极组织 EPC 会员参加 EPCglobal 标准工作组的工作；在相关国际国内各种论坛、学术期刊上介绍 EPC 技术，积极实施 EPC 的应用试点工作。

3. EPCglobal 网络

EPCglobal 网络(由自动识别中心开发，其研究总部设在麻省理工学院)是实现自动即时识别和供应链信息共享的网络平台。通过 EPCglobal 网络，可以提高供应链上贸易单元信息的透明度与可视性，以此各机构组织将会更有效地运行。通过整合现有信息系统和技术，EPCglobal 网络将对全球供应链上的贸易单元提供即时、准确、自动的识别和跟踪。

Auto-ID 中心(自动识别中心)最先提出物联网的概念，并率先进行了 EPCglobal 网络的研究。Auto-ID 中心以美国麻省理工学院(MIT)为领队，在全球拥有实验室，并得到 100 多家国际大公司的通力支持。企业和用户是 EPCglobal 网络的最终受益者，通过 EPCglobal 网络，企业可以更高效、弹性地运行，可以更好地实现基于用户驱动的运营管理。

4. EPCglobal 服务

EPCglobal 为期望提高其有效供应链管理的企业提供了下列服务：

- 分配、维护和注册 EPC 管理者代码。
- 对用户进行 EPC 技术和 EPC 网络相关内容的教育和培训。
- 参与 EPC 商业应用案例实施和 EPCglobal 网络标准的制定。
- 参与 EPCglobal 网络、网络组成、研究开发和软件系统等的规范制定和实施。
- 引领 EPC 研究方向。
- 认证和测试。
- 与其他用户共同进行试点和测试。

5. EPCglobal 系统成员

EPCglobal 将系统成员大体分为两类：终端成员和系统服务商。终端成员包括制造商、零售商、批发商、运输企业和政府组织。一般来说，终端成员就是在供应链中有物流活动的组织。而系统服务商是指那些给终端用户提供供应链物流服务的组织机构，包括软件和硬件厂商、系统集成商和培训机构等。

EPCglobal 在全球拥有上百家成员。

6. EPCglobal 组织结构

EPCglobal 由 EAN 和 UCC 两大标准化组织联合成立。

- EPCglobal 管理委员会由来自 UCC、EAN、MIT、终端用户和系统集成商的代表组成。
- EPCglobal 主席对全球官方议会组和 UCC 与 EAN 的 CEO 负责。
- EPCglobal 员工与各行业代表合作，促进技术标准的提出和推广、管理公共策略、开展推广和交流活动并进行行政管理。
- 架构评估委员会(ARC)作为 EPCglobal 管理委员会的技术支持，向 EPCglobal 主席做出报告，从整个 EPCglobal 的相关构架来评价和推荐重要的需求。
- 商务推动委员会(BSC)针对终端用户的需求以及实施行动来指导所有商务行为组和工作组。
- 国家政策推动委员会(PPSC)对所有行为组和工作组的国家政策发布(如安全隐私等)进行筹划和指导。
- 技术推动委员会(TSC)对所有工作组所从事的软件、硬件和技术活动进行筹划和指导。
- 行动组(商务和技术)规划商业和技术愿景，以促进标准发展进程。商务行为组明确商务需求，汇总所需资料并根据实际情况，使组织对事务达成共识。技术行为组以市场需求为导向促进技术标准的发展。

- 工作组是行为组执行其事务的具体组织。工作组是行为组的下属组织(其成员可能来自多个不同的行为组)，经行为组的许可，组织执行特定的任务。
- Auto-ID 实验室由 Auto-ID 中心发展而成，总部设在美国麻省理工学院，与其他 5 所学术研究水平领先于世界的大学通力合作研究和开发 EPCglobal 网络及其应用。(这 5 所大学分别是：英国剑桥大学，澳大利亚阿德莱德大学，日本庆应大学，中国复旦大学和瑞士圣加仑大学。)

9.7.2　EPC 系统的结构

EPC 系统是一个非常先进的、综合性的复杂系统，其最终目标是为每一单品建立全球的、开放的标识标准。它由全球产品电子代码(EPC)的编码体系、射频识别系统及信息网络系统三部分组成，主要包括六个方面，如表 9-1 所示。

表 9-1　EPC 系统的构成

系统构成	主要内容	注　释
EPC 编码体系	EPC 代码	用来标识目标的特定代码
射频识别系统	EPC 标签	贴在物品之上或者内嵌在物品之中
	读写器	识读 EPC 标签
信息网络系统	EPC 中间件	EPC 系统的软件支持系统
	对象名称解析服务(object naming service，ONS)	
	EPC 信息服务(EPC IS)	

1. EPC 编码体系

EPC 编码体系是新一代的与 GTIN 兼容的编码标准，它是全球统一标识系统的延伸和拓展，是全球统一标识系统的重要组成部分，是 EPC 系统的核心与关键。

EPC 代码是由标头、厂商识别代码、对象分类代码、序列号等数据字段组成的一组数字。其中，标头可以识别 EPC 的长度、类型、结构、版本号；厂商识别代码可以识别公司或企业实体；对象分类代码类似于库存单位(SKU)；序列号是加标签的对象类的特例。EPC 编码的具体结构如表 9-2 所示。

表 9-2　EPC 编码结构

项目	标头	厂商识别代码	对象分类代码	序列号
EPC-96	8	28	24	36

EPC 编码具有以下特性。

- 科学性：结构明确，易于使用、维护。
- 兼容性：EPC 编码标准与目前广泛应用的 EAN.UCC 编码标准是兼容的，GTIN 是 EPC 编码结构中的重要组成部分，目前广泛使用的 GTIN、SSCC、GLN 等都可以顺利转换到 EPC 中去。
- 全面性：可在生产、流通、存储、结算、跟踪、召回等供应链的各环节全面应用。
- 合理性：由 EPCglobal、各国 EPC 管理机构(中国的管理机构称为 EPCglobal China)、被标识物品的管理者分段管理、共同维护、统一应用，具有合理性。
- 国际性：编码标准全球协商一致，不以具体国家、企业为核心，具有国际性。
- 无歧视性：编码采用全数字形式，不受地方色彩、语言、经济水平、政治观点的限制，是无歧视性的编码。

当前，出于成本等因素的考虑，参与 EPC 测试所使用的编码标准采用的是 64 位数据结构，未来将采用 96 位的编码结构。

2. EPC **射频识别系统**

EPC 射频识别系统是实现 EPC 代码自动采集的功能模块，主要由射频标签和射频读写器组成。射频标签是产品电子代码(EPC)的物理载体，附着于可跟踪的物品上，可全球流通并对其进行识别和读写。射频读写器与信息系统相连，是读取标签中的 EPC 代码并将其输入网络信息系统的设备。EPC 系统射频标签与射频读写器之间利用无线感应方式进行信息交换，具有以下特点：

- 可以识别快速移动物品。
- 可同时识别多个物品等。
- EPC 射频识别系统为数据采集最大限度地降低了人工干预，实现了完全自动化，是“物联网”形成的重要环节。

(1) EPC 标签

EPC 标签是射频识别技术中按照 GS1 系统的 EPC 规则进行编码，并遵循 EPCglobal 制定的 EPC 标签与读写器的无接触空中通信规则设计的标签。EPC 标签是产品电子代码的载体，当 EPC 标签贴在物品上或内嵌在物品中时，该物品与 EPC 标签中的编号是一一对应的。

EPC 标签主要是由天线和芯片组成，其中存储的唯一信息是 96 位或者 64 位产品电子代码。为了降低成本，EPC 标签通常是被动式射频标签。

EPC 标签根据其功能级别的不同目前分为 5 类，目前所开展的 EPC 测试使用的是 Class1/GEN2。

EPC 标签的应用领域非常广阔，多用于移动车辆的自动收费、资产跟踪、物流、动物跟踪、生产过程控制等。目前，由于射频标签较条码标签成本偏高，很少像条码那样用于消费品标识，而是多用于人员、车辆、物流等的管理，如证件、停车场、可回收托盘、包装箱的标识。

(2) 读写器

读写器是用来识别 EPC 标签的电子装置，与信息系统相连实现数据的交换。读写器使用多种方式与 EPC 标签交换信息，近距离读取被动标签最常用的方法是电感耦合方式：当 EPC 标签靠近读写器时盘绕读写器的天线与盘绕标签的天线之间就形成了一个磁场，标签就利用这个磁场发送电磁波给读写器，返回的电磁波被转换为数据信息，也就是标签中包含的 EPC 代码。

读写器的基本任务就是激活标签，与标签建立通信并且在应用软件和标签之间传送数据。EPC 读写器和网络之间不需要 PC 作为过渡，所有读写器之间的数据交换直接可以通过一个对等的网络服务器进行。

读写器的软件提供了网络连接能力，包括 Web 设置、动态更新、TCP/IP 读写器界面、内建兼容 SQL 的数据库引擎。

当前 EPC 系统尚处于测试阶段，EPC 读写器技术也还在发展完善之中。Auto-ID Labs 提出的 EPC 读写器工作频率为 860～960 兆赫。

3. EPC 系统信息网络

EPC 信息网络是一个能够实现供应链中的商品快速自动识别以及信息共享的框架。通过采用多种技术手段，EPCglobal 网络为在供应链中识读 EPC 所标识的贸易项目，并且在贸易伙伴之间共享项目信息提供了一种机制。

EPC 信息网络系统是在全球互联网的基础上，通过 EPC 中间件、对象名称解析服务(ONS)和 EPC 信息服务(EPC IS)来实现全球“实物互联”。它由五个基本要素组成：产品电子代码(EPC)、射频识别系统(EPC 标签和识读器)、发现服务(包括 ONS)、EPC 中间件、EPC 信息服务(EPC IS)。前两个要素已在本章前面做过介绍，不再赘述，下面主要介绍后三个要素。

(1) EPC 中间件

EPC 中间件是具有一系列特定属性的“程序模块”或“服务”，并被用户集成以满足他们的特定需求，EPC 中间件以前被称为 SAVANT。

EPC 中间件是加工和处理来自读写器的所有信息和事件流的软件，是连接读写器和企业应用程序的纽带，主要任务是在将数据送往企业应用程序之前进行标签数据校对、读写器协调、数据传送、数据存储和任务管理。图 9-23 描述 EPC 中间件组件与其他应用程序之间的通信。

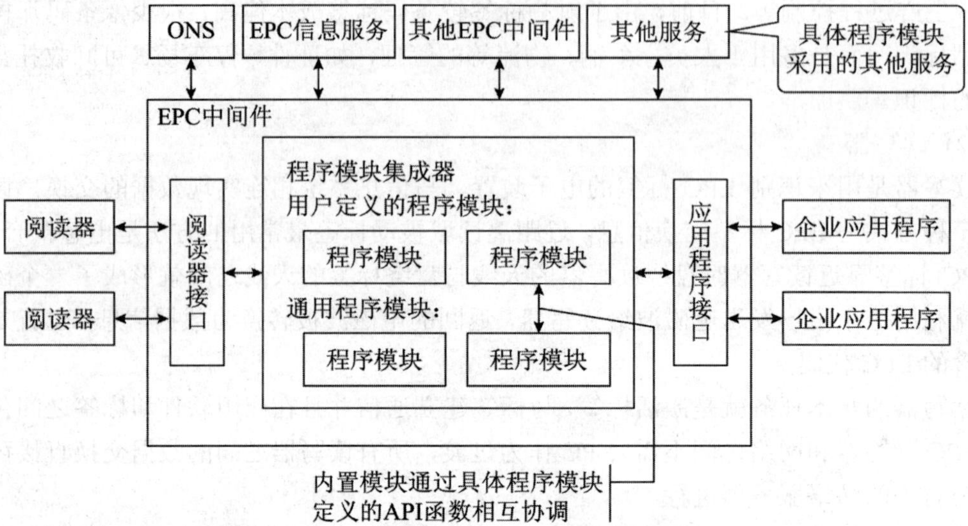

图 9-23　EPC 中间件及其应用程序之间的通信

(2) 对象名称解析服务(ONS)

对象名称解析服务(ONS) 是一个自动的网络服务系统，类似于域名解析服务(DNS)，ONS 给 EPC 中间件指明了存储产品相关信息的服务器。

ONS 服务是联系 EPC 中间件和 EPC 信息服务的网络枢纽，并且 ONS 设计与架构都以互联网域名解析服务 DNS 为基础，因此，可以使整个 EPC 网络以互联网为依托，迅速架构并顺利延伸到世界各地。

(3) EPC 信息服务(EPC IS)

EPC IS 提供了一个模块化、可扩展的数据和服务的接口，使得 EPC 的相关数据可以在企业内部或者企业之间共享。它处理与 EPC 相关的各种信息，具体如下。

- EPC 的观测值——即观测对象、时间、地点以及原因，这里的原因是一个比较宽泛的说法，它应该是 EPC IS 步骤与商业流程步骤之间的一个关联，如订单号、制造商编号等商业交易信息。
- 包装状态——例如物品是放在托盘上的包装箱内。
- 信息源——例如位于 Z 仓库的 Y 通道的 X 识读器。

EPC IS 有两种运行模式，一种是 EPC IS 信息被已经激活的 EPC IS 应用程序直接应用；另一种是将 EPC IS 信息存储在资料档案库中，以备今后查询时进行检索。独立的 EPC IS 事件通常代表独立步骤，比如 EPC 标记对象 A 装入标记对象 B，并与一个交易码结合。对于 EPC IS 资料档案库的 EPC IS 查询，不仅可以返回独立事件，而且还有连续事件的累积效应，比如对象 C 包含对象 B，对象 B 本身包含对象 A。

9.7.3　EPC 系统的特点

1. 开放的结构体系

EPC 系统采用全球最大的公用的 Internet 网络系统。这就避免了系统的复杂性，同时也大大降低了系统的成本，并且还有利于系统的增值。

2. 独立的平台与高度的互动性

EPC 系统识别的对象是一个十分广泛的实体对象，因此，不可能有哪一种技术适用所有的识别对象。同时，不同地区、不同国家的射频识别技术标准也不相同。因此开放的结构体系必须具有独立的平台和高度的交互操作性。EPC 系统网络建立在 Internet 网络系统上，并且可以与 Internet 网络所有可能的组成部分协同工作。

3. 灵活的可持续发展的体系

EPC 系统是一个灵活的、开放的、可持续发展的体系，在不替换原有体系的情况下就可以做到系统升级。

EPC 系统是一个全球的大系统，供应链的各个环节、各个节点、各个方面都可受益，但对低价值的识别对象，如食品、消费品等来说，它们对 EPC 系统引起的附加价格十分敏感。EPC 系统正在考虑通过本身技术的进步，进一步降低成本，同时通过系统的整体改进使供应链管理得到更好的应用，提高效益，以便抵消和降低附加价格。

9.7.4　产品电子代码系统的工作流程

在由 EPC 标签、读写器、EPC 中间件、Internet、ONS 服务器、EPC 信息服务以及众多数据库组成的实物互联网中，读写器读出的 EPC 只是一个信息参考(指针)，由这个信息参考从 Internet 找到 IP 地址并获取该地址中存放的相关的物品信息，并采用分布式的 EPC 中间件处理由读写器读取的一连串 EPC 信息。由于在标签上只有一个 EPC 代码，计算机需要知道与该 EPC 匹配的其他信息。这就需要 ONS 来提供一种自动化的网络数据库服务，EPC 中间件将 EPC 代码传给 ONS，ONS 指示 EPC 中间件到一个保存着产品文件的服务器(EPC IS)查找，该文件可由 EPC 中间件复制，因而文件中的产品信息就能传到供应链上，EPC 系统的工作流程如图 9-24 所示。

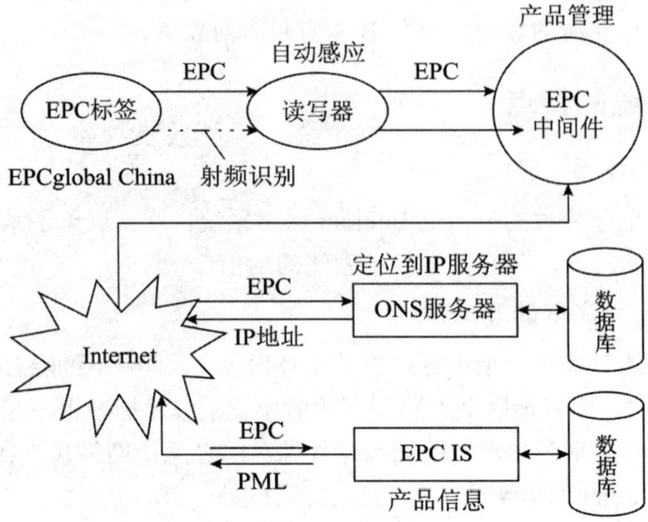

图 9-24　EPC 系统工作流程示意图

9.8　PML

以现有的成熟的互联网技术为基础，人们新建立的更为庞大的物联网，可以自动地、适时地对物体进行识别、追踪、监控并触发相应事件。正如互联网中 HTML 语言已成为描述语言标准一样，物联网中所有的产品信息也都是用在 XML 基础上发展的 PML(physical markup language，物体标记语言)来描述的。PML 被设计成用于人及机器都可使用的自然物体的描述标准，是物联网网络信息存储、交换的标准格式。

本节将阐述 PML 的概念、组成、设计，并给出其应用。

9.8.1　PML 的概念及组成

未来的 EPC 物联网将会庞大无比，自然物体会发生一系列事件，而附着的 EPC 标签里面也只是存储了 EPC 代码的一串数字字符而已。如何利用 EPC 代码在物联网中实时传输这些 EPC 代码所代表的自然物体所发生的事件信息，EPC 物联网应该使用什么语言通信？

现有的可扩展标示语言 XML 是一种简单的数据存储语言，它仅仅展示数据且极其简单，任何应用程序都可对其进行读写，这使得它很快成了计算机网络中数据交换的唯一公共语言。XML 描述网络上的数据内容及结构的标准，对数据赋予上下文相关功能，这也适合于物联网中的信息传输。因此，在 XML 语言的基础上发展了更加适合物联网的 PML 语言。EPC 系统的构成如图 9-25 所示。

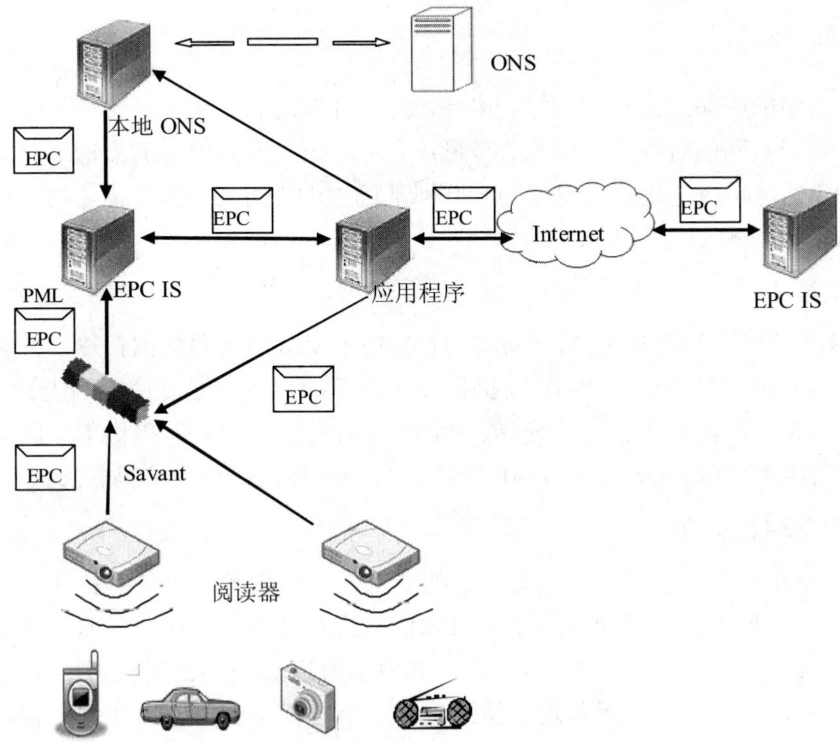

图 9-25　EPC 系统的构成

从图 9-25 中可知 PML 是 Savant、EPC IS、应用程序、ONS 之间相互表述和传递 EPC 相关信息的共同语言，它定义了在 EPC 物联网中所有的信息传输方式。图 9-26 所示为 PML 语言的组成结构图，它是一个标准词汇集，主要包含了两个不同的词汇，PML 核及 Savant 扩充。如果需要的话，PML 还能扩展更多的其他词汇。

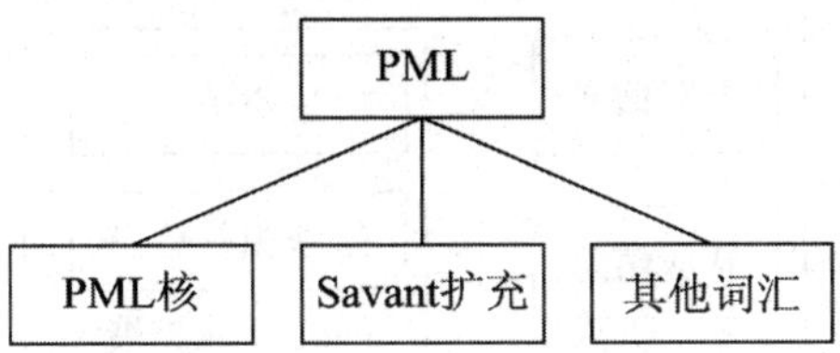

图 9-26　PML 结构图

PML 核是以现有的 XML Schema 语言为基础的。在数据传送之前，使用“tags”(标签，不同于 RFID 标签)来格式化数据，它是编程语言中的标签概念。同时，PML 核应该被所有的 EPC 网络节点(如 ONS、Savant 及 EPCIS)理解，使得数据传送更流畅、建立系统更容易。Savant 扩充则被用于 Savant 与企业应用程序间的商业通信。

9.8.2 PML 设计

现实生活中的产品丰富多样，很难用一个统一的语言来客观地描述每一个物体。然而，自然物体都有着共同的特性，如体积、重量；企业、个人交易时又有着时间、空间上的共性。同时，EPC 物联网是建立在现有的互联网基础上的。为此，作为描述物体信息载体的 PML 语言，其设计有着独特的要求。

1. 开发技术

PML 首先使用现有的标准(如 XML、TCP/IP)来规范语法和数据传输，并利用现有工具来设计编制 PML 应用程序。PML 需提供一种简单的规范，通过使用默认的方案，使方案无需进行转换，即能可靠传输和翻译。PML 对所有的数据元素提供单一的表示方法，如有多个对数据类型编码的方法，PML 仅选择其中一种，如日期编码。

2. 数据存储和管理

PML 只是用在信息发送时对信息区分的方法，实际内容可以任意格式存放在服务器(SQL 数据库或数据表)中，即不必一定以 PML 格式存储信息。企业应用程序将以现有的格式和程序来维护数据，如 Aaplet 可以从互联网上通过 ONS 来选取必需的数据，为便于传输，数据将按照 PML 规范重新进行格式化。这个过程与 DHTML 相似，也是按照用户的输入重新生成一个 HTML 页面。此外，一个 PML“文件”可能是多个不同来源的文件和传送过程的集合，因为物理环境所固有的分布式特点，使得 PML“文件”可以在实际中从不同位置整合多个 PML 片断。

3. 设计策略

现将 PML 分为 PML 核与 PML 扩展两个主要部分进行分析，如图 9-27 所示。

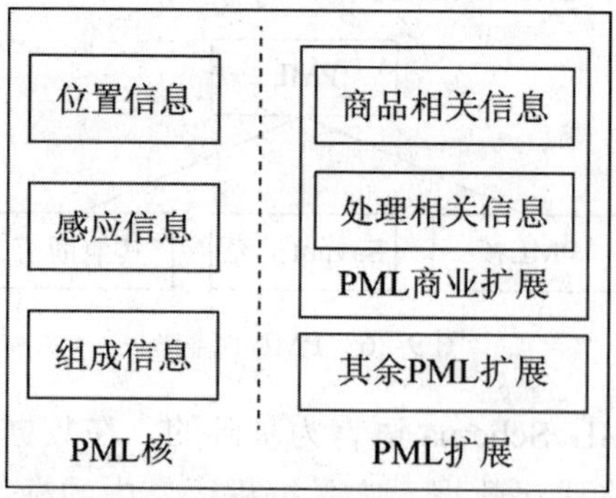

图 9-27 PML 核与 PML 扩展

PML 核用统一的标准词汇将从 Auto-ID 底层设备获取的信息分发出去，如位置信息、成分信息和其他感应信息。由于此层面的数据在自动识别前不可用，所以必须通过研发 PML 核来表示这些数据。PML 扩展用于将 Auto-ID 底层设备所不能产生的信息和其他来源的信息进行整合。第一种实施的 PML 扩展包括多样的编排和流程标准，使数据交换在组织内部和组织间发生。

PML 核专注于直接由 Auto-ID 底层设备所生成的数据，其主要描述包含特定实例和独立于行业的信息。特定实例是条件与事实相关联，事实(如一个位置)只对一个单独的可自动识别对象有效，而不是对一个分类下的所有物体均有效。独立于行业的条件指出数据建模的方式：即它不依赖于指定对象所参与的行业或业务流程。

PML 商业扩展提供的大部分信息对于一个分类下的所有物体均可用，大多数信息内容高度依赖于实际行业，例如高科技行业组成部分的技术数据表都远比其他行业要通用。这个扩展在很大程度上是针对用户特定类别并与它所需的应用相适应，目前 PML 扩展框架的焦点集中在整合现有电子商务标准上，扩展部分可覆盖到不同领域。

至此，PML 设计便提供了一个描述自然物体、过程和环境的统一标准，可供工业和商业中的软件开发、数据存储和分析工具之用，同时还提供一种动态的环境，使与物体相关的静态的、暂时的、动态的和统计加工过的数据实现互相交换。

9.8.3　PML 应用

EPC 物联网系统的一个最大优点在于自动跟踪物体的流动情况，这对于企业的生产及管理有着很大的帮助。图 9-28 所示为 PML 信息在 EPC 系统中的流通情况，可以看出 PML 最主要的作用是作为 EPC 系统中各个不同部分的一个公共接口，即 Savant、第三方应用程序(如 ERP、MES)、存储商品相关数据的 PML 服务器之间的共同通信语言。

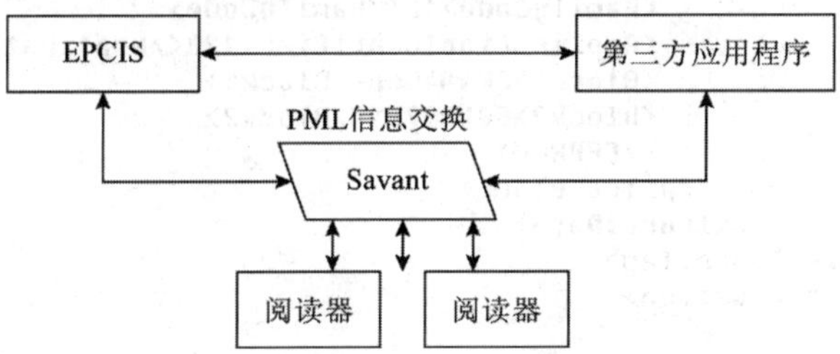

图 9-28　PML 作为系统公共接口

图 9-29 所示为某冰箱企业的生产示意图，一辆装有冰箱的卡车从仓库中开出，仓库门口处的阅读器读到了贴在冰箱上的 EPC 标签，此时阅读器将读取到的 EPC 代码传送给上一级 Savant 系统。Savant 系统收到 EPC 代码后，生成一个 PML 文件，发送至 EPC IS 服务器或者企业的管理软件，通知这一批货物已经出仓了。

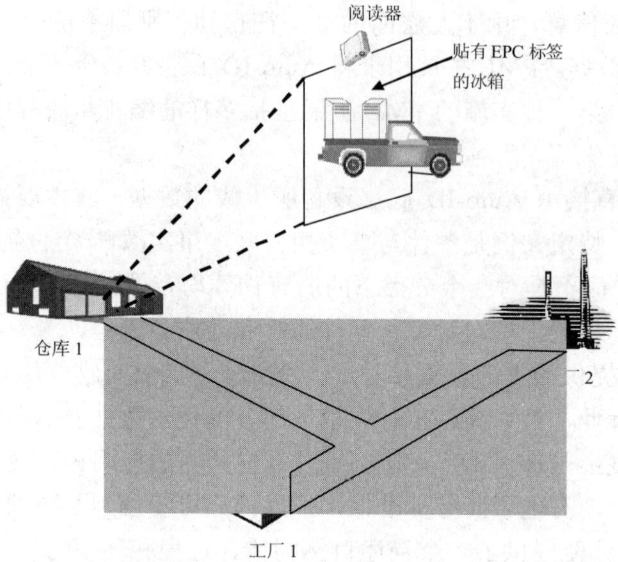

图 9-29　冰箱企业生产示意图

此时 PML 文件如图 9-30 所示，其简单、灵活、多样，并且是可直接阅读、易于理解的。下面对该 PML 文档中的主要内容作一简要说明。

```
<pmlcore:Observation>
    <pmlcore:Date Time>27071215O434</pmlcore:Date Time>
        <pmlcore:Tag><pmluid:ID>um:cpc:1.3.42.356</pmluid:ID>
            <pmlcore:Data>
                <pmlcore:XML>
                    <EEPROM xmlns="hhtp://tag.example.org/">
                    <FamilyCode>12</FamilyCode>
                    <ApplicationIdentifier>123</ApplicationIdcntifier>
                    <Block1>FFA0456F</Block1>
                    <Block2>58433791</Block2>
                    </EEPROM>
                </pmlcore:XML>
            </pmlcore:Data>
        </pmlcore:Tag>
</pmlcore:Observation>
```

图 9-30　PML 文档

① 在文档中，PML 元素在一个开始标签(注意，这里的标签不是 RFID 标签)和一个结束标签之间。例如：<pmlcore:observation>和</pmlcore:observation>等。

② <pmlcore:Tag> <pmluid:ID>um:cpc:1.3.42.356</pmluid:ID>指 RFID 标签中的 EPC 编码，其版本号为 1，域名管理.对象分类.序列号为 3.42.356，是由相应 EPC 编码的二进

制数据转换成的十进制数。URN(uniform resource name)为统一资源名称，指资源名称为EPC。

③ 文档中有层次关系，注意相应信息标示所属的层次。

文档中所有的标签都含有前缀“<”及后缀“>”。PML 核简洁明了，所有的 PML 核标签都易于理解，同时 PML 独立于传输协议及数据存储格式，且不需其所有者的认证或处理。

在 Savant 将 PML 文件传送给 EPCIS 或企业应用软件后，企业管理人员可能要查询某些信息，例如 2017 年 7 月 12 日这一天 1 号仓库冰箱进出的情况，实际情况如表 9-3 所示，表中的 EPC_IDn 表示贴在冰箱上的 EPC 标签的 ID 号。

表 9-3　冰箱流动表

时　间	地　点				
	……	1 号工厂	2 号工厂	1 号仓库	……
……	……	……	……	……	……
20170711	……	EPC_ID1		EPC_ID2	……
20170712	……		EPC_ID1、2	EPC_ID1	……
20170713	……			EPC_ID2	……
……	……	……	……	……	……

下面采用如下查询语句对 PML 文件信息进行查询：

SELECT COUNT(EPCno) from EPC_DB where Timestamp=“201707012” and ReaderNo=“Rd_ID2”

这里只是简单地采用 SQL 中的 COUNT 函数，但实际情况要比这个复杂得多，可能需要跨地区、时间，综合多个 EPC IS 才能得到所需的信息。

图 9-31 为冰箱流动情况查询。

高度网络化的 EPC 物联网系统，意在构造一个全球统一标识的物品信息系统，它将在超市、仓储、货运、交通、溯源跟踪、防伪防盗等众多领域和行业中获得广泛的应用和推广。随着 EPC 的发展，PML 的应用将会非常广泛，将进入所有行业领域。

同其他任何语言一样，物联网中的 PML 语言将随着时代的变化而发展。

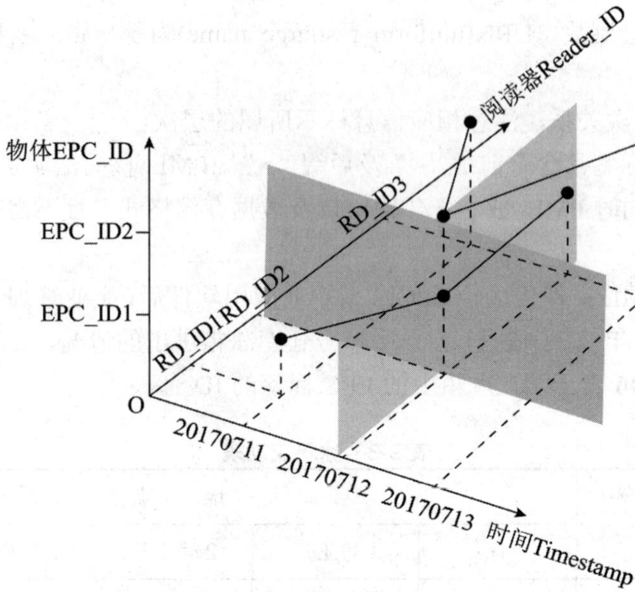

图 9-31 冰箱流动情况查询

9.9 云计算

9.9.1 云计算的产生和发展

亚马逊(Amazon)网站曾经遇到过这样一个难题：作为最大的网络零售商店，其网站服务器的访问量会在圣诞节前夕成倍激增，为了应付这短时间的、激增的访问量，就需要成倍地扩大和升级服务器。但是，在节日过后，访问量又回到平日的水平，成倍地扩大和升级服务器就会闲置浪费，能否将这些计算资源有效地利用？答案当然是“出租”。

Google 也曾经遇到这样一个难题：在 Google 成立的早期，作为搜索引擎服务提供者，Google 服务器必须做到快速、安全可靠，而这需要成倍地扩大和升级服务器，需要投入更多的资金。能否利用价格低廉的、性能较低的计算机搭建 Google 服务器群，提供高性能的、快速、安全可靠服务？

在 Web 2.0 时代，Flickr、MySpace、YouTube 等网站的访问量，已经远远超过传统门户网站。用户数量多以及用户参与程度高是这些网站的特点。因此，如何有效地为巨大的用户群体服务，让他们参与时能够享受方便、快捷的服务，成为这些网站不得不解决的一个问题。

另外，网格计算(grid computing)、分布式计算(distributed computing)、并行计算(parallel computing)、效用计算(utility computing)、网络存储(network storage technologies)、虚拟化(virtualization)、负载均衡(load balance)等传统计算机技术和网络技术发展融合也为解决上述问题提供了技术基础。

亚马逊为公众提供 EC2 服务，这项 Amazon EC2 服务即可看成是云计算的一个系统。它能够为用户提供大规模的计算能力，有效地降低响应时间，同时在经济上也比用户自己搭建这样的系统要便宜许多。

Google 凭借先进的技术和文件系统搭建起来 Google 服务器群，为 Google 提供了强大的搜索速度与处理能力。同时，有效利用这些技术和 Google 拥有的巨大服务器资源，可以为更多的企业或个人提供强大的计算能力与多种多样的服务。

对于企业来说建立一套 IT 系统不仅仅需要购买硬件等基础设施，还要购买软件的许可证，后期还需要专门的人员来维护。而且，当企业的规模扩大时还要继续升级各种软硬件设施以满足需要。计算机等硬件和软件本身并非企业真正需要的，它们仅仅是完成工作、提高效率的工具而已。

对个人而言，正常使用电脑需要安装许多软件，而许多软件是收费的，对不经常使用该软件的用户来说购买是非常不划算的。这时如果有在用时付少量“租金”即可“租用”到这些软件的服务，便可节省许多购买软硬件的资金。

人们每天都要用电，但不是每家都自备发电机，而是由电厂集中提供；人们每天都要用自来水，但不是每家都有井，而是由自来水厂集中提供。这种模式极大地节约了资源，方便了人们的生活。面对计算机给人们带来的困扰，人们可不可以像使用水和电一样使用计算机资源？这些想法最终导致了云计算的产生。

云计算的最终目标是将计算、服务和应用作为一种公共设施提供给公众，使人们能够像使用水、电、煤气那样使用计算机资源。

这时用户的计算机会变得十分简单——较小的内存、不需要硬盘和各种应用软件。就像连接显示器和主机的电线无限长，显示器被放在使用者的面前，主机放在较远的地方——甚至计算机使用者本人也不知道的地方。云计算把连接显示器和主机的电线变成了网络，把主机变成云服务提供商的服务器集群。

用户从“购买产品”转变到“购买服务”，他们不再直接面对复杂的硬件和软件，而是面对最终的服务。企业不需要拥有硬件设施，也不再为机房支付设备供电、空调制冷、专人维护等费用，并且不需要等待漫长的供货周期、项目实施等冗长的时间，只需要把钱支付给云计算服务提供商，人们就会得到需要的服务。

9.9.2 云计算的概念和定义

目前，对于云计算的认识在不断地发展变化，云计算(cloud computing)仍没有普遍一致的定义。

狭义的云计算指的是厂商通过分布式计算和虚拟化技术搭建数据中心或超级计算机，以免费或按需租用方式向技术开发者或者企业客户提供数据存储、分析以及科学计算等服务，如亚马逊数据仓库出租业务。

广义的云计算指厂商通过建立网络服务器集群，向各种不同类型客户提供在线软件服务、硬件租借、数据存储、计算分析等不同类型的服务。广义的云计算包括了更多的厂商和服务类型，例如用友、金蝶等管理软件厂商推出的在线财务软件，Google 发布的 Google 应用程序套装等。

通俗的理解是，云计算的“云”就是存在于互联网服务器集群上的资源，包括硬件资源(服务器、存储器、CPU 等)和软件资源(如应用软件、集成开发环境等)。本地计算机只需要通过互联网发送一个需求信息，远端就会有成千上万的计算机为你提供需要的资源并将结果返回本地计算机，这样，本地计算机几乎不需要做什么，所有的处理都由云计算提供商所提供的计算机群来完成。

9.9.3 云计算的主要服务形式

云计算正在风起“云”涌，蓬勃发展，各类厂商都在开发不同的云计算服务，它的表现形式多种多样，简单的云计算在人们日常网络应用中随处可见，比如腾讯 QQ 空间提供的在线制作 Flash 图片，Google(谷歌)的搜索服务，Google Docs，Google Apps 等。目前，云计算的主要服务形式有：SaaS(software as a service，软件即服务)，PaaS(platform as a service，平台即服务)，IaaS(infrastructure as a service，基础设施服务)。

1. SaaS

SaaS 服务提供商将应用软件统一部署在自己的服务器上，用户根据需求通过互联网向厂商订购应用软件服务，服务提供商根据客户所定软件的数量、时间的长短等因素收费，并且通过浏览器向客户提供软件。这种服务模式的优势是，由服务提供商维护和管理软件、提供软件运行的硬件设施，用户只需拥有能够接入互联网的终端，即可随时随地使用软件。这种模式下，客户不再像传统模式那样在硬件、软件、维护人员方面花费大量资金，只需要支出一定的租赁服务费用，通过互联网就可以享受到相应的硬件、软件和维护服务，这是网络应用最具效益的营运模式。对于小型企业来说，SaaS 是采用先进技术的最好途径。

以企业管理软件来说，SaaS 模式的云计算 ERP 可以让客户根据并发用户数量、所用功能多少、数据存储容量、使用时间长短等因素的不同组合按需支付服务费用，既不用支付软件许可费用，也不需要支付采购服务器等硬件设备费用，同时也不需要支付购买操作系统、数据库等平台软件费用，不用承担软件项目定制、开发、实施费用，不需要承担IT维护部门开支费用，实际上云计算ERP正是继承了开源ERP免许可费用只收服务费用的最重要特征，是突出了服务的ERP产品。

目前，Salesforce.com是提供这类服务最有名的公司，Google Docs，Google Apps和Zoho Office也属于这类服务。

2. PaaS

Paas把开发环境作为一种服务来提供。这是一种分布式平台服务，厂商给客户提供开发环境、服务器平台、硬件资源等服务，用户在其平台基础上定制开发自己的应用程序并通过其服务器和互联网传递给其他客户。PaaS能够给企业或个人提供研发的中间件平台，提供应用程序开发、数据库、应用服务器、试验、托管及应用服务。

Google App Engine，Salesforce的force.com平台，八百客的800APP是PaaS的代表产品。以Google App Engine为例，它是一个由python应用服务器群、BigTable数据库及GFS组成的平台，为开发者提供一体化主机服务器及可自动升级的在线应用服务。用户编写应用程序并在Google的基础架构上运行就可以为互联网用户提供服务，Google提供应用运行及维护所需要的平台资源。

3. IaaS

IaaS即把厂商的由多台服务器组成的“云端”基础设施，作为计量服务提供给客户。它将内存、I/O设备、存储和计算能力整合成一个虚拟的资源池为整个业界提供所需要的存储资源和虚拟化服务器等。这是一种托管型硬件方式，用户付费使用厂商的硬件设施。例如，Amazon Web服务(AWS)、IBM的BlueCloud等均是将基础设施作为服务出租。

IaaS的优点是用户使用硬件的成本较低，只用按需租用相应的计算能力和存储能力，大大降低了用户在硬件上的开销。

Iaas以Google云应用最具代表性，例如Google Docs，Google Apps，Google Sites以及云计算应用平台Google App Engine。

9.9.4 云计算的核心技术

云计算系统运用了许多技术，其中以编程模型、数据管理技术、数据存储技术、虚拟化技术、云计算平台管理技术最为关键。

1. 编程模型

MapReduce 是 Google 开发的 Java、Python、C++编程模型，它是一种简化的分布式编程模型和高效的任务调度模型，用于大规模数据集(大于 1TB)的并行运算。严格的编程模型使云计算环境下的编程十分简单。MapReduce 模式的思想是将要执行的问题分解成 Map(映射)和 Reduce(化简)的方式，先通过 Map 程序将数据切割成不相关的区块，分配(调度)给大量计算机处理，达到分布式运算的效果，再通过 Reduce 程序将结果汇整输出。

2. 海量数据分布存储技术

云计算系统由大量服务器组成，同时为大量用户服务，因此云计算系统采用分布式存储的方式存储数据，用冗余存储的方式保证数据的可靠性。云计算系统中广泛使用的数据存储系统是 Google 的 GFS 和 Hadoop 团队开发的 GFS 的开源实现 HDFS。

GFS 即 Google 文件系统(google file system)，是一个可扩展的分布式文件系统，用于大型的、分布式的、对大量数据进行访问的应用。GFS 是针对大规模数据处理和 Google 应用特性而设计的，它运行于廉价的普通硬件上，但可以提供容错功能，可以给大量的用户提供总体性能较高的服务。

一个 GFS 集群由一个主服务器(master)和大量的块服务器(chunk server)构成，并被许多客户(client)访问。主服务器存储文件系统所有的元数据，包括名字空间、访问控制信息、从文件到块的映射以及块的当前位置。它也控制系统范围的活动，如块租约(lease)管理，孤儿块的垃圾收集，块服务器间的块迁移。主服务器定期通过 HeartBeat 消息与每一个块服务器通信，给块服务器传递指令并收集它的状态。GFS 中的文件被切分为 64MB 的块并以冗余存储，每份数据在系统中保存 3 个以上备份。

客户与主服务器的交换只限于对元数据的操作，所有数据方面的通信都直接和块服务器联系，这大大提高了系统的效率，防止主服务器负载过重。

3. 海量数据管理技术

云计算需要对分布的、海量的数据进行处理、分析，因此，数据管理技术必需能够高效地管理大量的数据。云计算系统中的数据管理技术主要是 Google 的 BT(bigtable)数据管理技术和 Hadoop 团队开发的开源数据管理模块 HBase。

BT 是建立在 GFS，Scheduler，Lock Service 和 MapReduce 之上的一个大型的分布式数据库。与传统的关系数据库不同，它把所有数据都作为对象来处理，形成一个巨大的表格，用来分布存储大规模结构化数据。

Google 的很多项目使用 BT 来存储数据，包括网页查询、Google Earth 和 Google Finance。这些应用程序对 BT 的要求各不相同：数据大小(从 URL 到网页到卫星图像)不同，反应速度不同(从后端的大批处理到实时数据服务)。对于不同的要求，BT 都成功地提供了灵活高效的服务。

4. **虚拟化技术**

通过虚拟化技术可实现软件应用与底层硬件相隔离，它包括将单个资源划分成多个虚拟资源的裂分模式，也包括将多个资源整合成一个虚拟资源的聚合模式。虚拟化技术根据对象可分成存储虚拟化、计算虚拟化、网络虚拟化等，计算虚拟化又分为系统级虚拟化、应用级虚拟化和桌面虚拟化。

5. **云计算平台管理技术**

云计算资源规模庞大，服务器数量众多并分布在不同的地点，同时运行着数百种应用。如何有效地管理这些服务器，保证整个系统提供不间断的服务是巨大的挑战。

云计算系统的平台管理技术能够使大量的服务器协同工作，方便地进行业务部署和开通，快速发现和恢复系统故障，通过自动化、智能化的手段实现大规模系统的可靠运营。

9.9.5　云计算技术发展面临的问题

尽管云计算模式具有许多优点，但是也存在一些问题，如数据隐私问题、安全问题、软件许可证问题、网络传输问题等。

1. **数据隐私问题**

如何保证存放在云服务提供商的数据隐私，保证数据不被非法利用，不仅需要技术的改进，也需要法律的进一步完善。

2. **数据安全性**

有些数据是企业的商业机密，数据的安全性关系到企业的生存和发展。云计算数据的安全性问题会影响云计算在企业中的应用。

3. **用户使用习惯**

如何改变用户的使用习惯，使用户适应网络化的软硬件应用是长期而艰巨的挑战。

4. **网络传输问题**

云计算服务依赖网络，目前网速低且不稳定，使云应用的性能不高。云计算的普及依赖网络技术的发展。

9.9.6　物联网与云计算对物流的影响

物联网可以将数量庞大的物品建立起信息连接，可以为商业、物流、仓储、生产、家庭等提供更为先进的信息化管理手段。物联网的实现无疑可以把物流信息化提高到极高的水平，也即提高供应链管理过程中的物流信息处理能力和水平。物联网通过在物流各个环节应用信息技术来实现，主要是为产品生产和分销服务。

物联网强调的是所有物品(包括物流管理过程中的物品和不在物流管理过程中的物品)的联网，由此给人类社会生产生活带来智能化和便利化，形成一个无处不在的(泛在)网络社会。物联网是在互联网的基础上，通过 RFID、嵌入式智能、无线传感器网络等技术的标准化、广泛化应用来实现。物联网可以为物流信息化提供近乎完美的物品联网环境，同时，物流信息化水平高低还要取决于它对供应链管理要求的满足度，也就是物品(包括原材料、零部件、成品和半成品等)信息的应用和管理水平。

物联网有两种存在形式：①networks of things (内网和专网)；②internet of things (外网或公网)。与之对应的两种业务模式为：①MAI(M2M application integration)，内部 MaaS；②MaaS(M2M as a service)，MMO，multi-tenants(多租户模型)。

随着物联网业务量的增加，对数据存储和计算量的需求将带来对“云计算”能力的要求。在物联网的初级阶段，从计算中心到数据中心，COWs(牛计算)即可满足需求；在物联网高级阶段，可能出现 MVNO/MMO 营运商(国外已存在多年)，需要虚拟化云计算、SOA 等技术的结合实现物联网泛在服务——TaaS (everything as a service)。

现在中国的物流企业互相之间缺少整合，信息并不交流，路上跑的物流车辆 40%是空车，效率非常低。如果用云计算的形式把物流行业结合起来，将其标准化并把服务提供到别的行业中，应用物流云进行不同的服务，将大大提升中国物流行业的信息化水平，为物流行业带来深刻转型。

本章小结

本章从物流信息技术入手，着重阐述了几种主流的现代物流信息技术，如条形码技术、射频识别技术、EDI 技术、卫星定位(GPS/BDS)技术、GIS 技术、EPC(产品电子代码)、PLM 和云计算等技术，并展示了各种技术在物流中的作用。

通过本章的学习，读者应该了解各种物流信息技术的功能和原理，并掌握将各种物流信息技术应用于物流领域的方法。

思考题

1. 简述射频识别系统的工作流程。
2. 简述 EDI 的功能特点。

3. 简述 GPS 系统的构成。
4. 简述 GIS 的主要功能。
5. 论述在物流管理方面使用现代物流信息技术的优势具体体现在哪里。
6. 简述 EPC 系统结构。
7. 简述 PML 的概念、组成及其应用。
8. 云计算有哪些主要的服务形式？

第10章 物流信息技术实验

学习目标

通过本章的学习和实验，进一步巩固物流信息技术，初步掌握条码 UPC-A 和 UPC-E 打印编程、GIS 系统安装与应用、地图数字化、地图集 Geoset 制作、MapX 地图控件应用及 GPS 车辆跟踪编程。条码打印部分相对独立，之后的各部分内容——GIS 系统、Geoset 制作、MapX 地图控件应用及 GPS 车辆跟踪联系紧密、环环相扣，后面的实验需要用到前面实验的结果。

核心要点

- UPC-A、UPC-E 打印编程。
- GIS 系统安装与应用。
- 地图数字化、地图集 Geoset 制作。
- MapX 地图控件应用及 GPS 车辆跟踪编程。

10.1 概述

为了进一步巩固所学知识，培养动手能力，激发开发兴趣，本章包括了条码打印编程、GIS 工具安装与使用、地图数字化、地图集制作、MapX 地图控件应用及 GPS 车辆跟踪编程等实验内容。

编程语言采用 VB 6.0。GIS 系统选用 Mapinfo Professional。相应的地图控件为 MapX4.5。

由于实验目的只是要求了解各种软件的功能、操作步骤和工作原理，所以，实验过程、内容和成果不要求严格的精度和专业化(商业化)的界面设计。

10.2　条码打印

10.2.1　实验目的

(1) 理解条码的结构。

(2) 以 UPC-A 和 UPC-E 为例，掌握条码的生成(打印)方法。

10.2.2　实验环境

(1) 操作系统：Windows 7 及以上版本。

(2) 编程语言：Visual Basic 6.0。

10.2.3　UPC 条码

UPC 码(universal product code)是最早大规模应用的条码，其特性是一种长度固定、连续性的条码，目前主要在美国和加拿大使用，由于其应用范围广泛，故又被称为万用条码。

UPC 码仅可表示数字，故其数字集为数字 0～9。UPC 码共有 A、B、C、D、E 等五种版本，各版本的 UPC 码格式与应用对象如表 10-1 所示。

表 10-1　UPC 码的各种版本

版本	应用对象	格式
UPC-A	通用商品	SXXXXX XXXXXC
UPC-B	医药卫生	SXXXXX XXXXXC
UPC-C	产业部门	XSXXXXX XXXXXCX
UPC-D	仓库批发	SXXXXX XXXXXCXX
UPC-E	商品短码	XXXXXX

注：S－系统码　X－资料码　C－检查码

下面介绍最常用的 UPC 标准码(UPC-A 码)和 UPC 缩短码(UPC-E 码)的结构与编码方式。

10.2.4　UPC-A 码

图 10-1 是一个 UPC-A 码的范例。

图 10-1　UPC-A 码的范例

每个 UPC-A 码包括以下几个部分：左侧空白区、起始符、左侧数据符、中间分隔符、右侧数据符、校验符、终止符、右侧空白区及供人识别字符。

UPC-A 条码左、右侧空白区最小宽度均为 9 个模块宽，其他结构与 EAN-13 商品条码相同。

UPC-A 码具有以下特点：每个数字由 7 个模组组合成 2 线条 2 空白，其逻辑值可用 7 个二进制数字表示，例如逻辑值 0001101 代表数字 1，逻辑值 0 为空白，1 为黑条，故数字 1 的 UPC-A 码为粗空白(000)-粗黑条(11)-细空白(0)-细黑条(1)。每个“黑条”或“空白”由 1～4 个模块组成，每个条码字符的总模块数为 7。用二进制“1”表示“黑条”的模块，用二进制“0”表示“空白”的模块。起始符、终止符的二进制表示都为“101”，宽度为 3 个模块。条码中间分隔符的二进制表示为“01010”，宽度为 5 个模块。从空白区开始共 113 个模块。UPC-A 码结构如表 10-2 所示。

表 10-2　UPC-A 码结构

条码结构	左侧空白区	起始符	左侧数据符 6 位数据		中间分隔符	右侧数据符 5 位数据	校验符	终止符	右侧空白区
			2 位国别	4 位厂商代码		产品代码			
宽度(模块数)	9	3	42		5	35	7	3	9

中间码两侧的数据符码编码规则是不同的，左侧为奇，右侧为偶。奇表示线条的个数为奇数，偶表示线条的个数为偶数。左资料码与右资料码数字的逻辑值如表 10-3 所示。条码字符集可表示 0～9 共 10 个数字字符，左侧(A 子集)和右侧(C 子集)对应的逻辑值见表 10-4。

表 10-3　UPC-A 码字符集

数字	左侧(A 子集)	右侧(C 子集)
	黑条的个数为奇数	黑条的个数为偶数
0	0001101	1110010
1	0011001	1100110
2	0010011	1101100
3	0111101	1000010
4	0100011	1011100
5	0110001	1001110
6	0101111	1010000
7	0111011	1000100
8	0110111	1001000
9	0001011	1110100

表 10-4　UPC-A 码空白/黑条宽度(单位：模块)

数字	左侧				右侧			
	空白宽	黑条宽	空白宽	黑条宽	空白宽	黑条宽	空白宽	黑条宽
0	3	2	1	1	3	2	1	1
1	2	2	2	1	2	2	2	1
2	2	1	2	2	2	1	2	2
3	1	4	1	1	1	4	1	1
4	1	1	3	2	1	1	3	2
5	1	2	3	1	1	2	3	1
6	1	1	1	4	1	1	1	4
7	1	3	1	2	1	3	1	2
8	1	2	1	3	1	2	1	3
9	3	1	1	2	3	1	1	2

10.2.5　UPC-E 码

在特定条件下，12 位的 UPC-A 条码可以被表示为一种缩短形式的条码符号，即 UPC-E 条码。UPC-E 不同于 EAN-13 和 UPC-A 商品条码，也不同于 EAN-8，它不含中间分隔符，由左侧空白区、起始符、数据符、终止符、右侧空白区及供人识别的字符组成。UPC-E 条码的左侧空白区、起始符的模块数同 UPC-A；终止符为 6 个模块；右侧空白区最小宽度为 7 个模块，数据符固定为 6 位长度，42 个模块宽。每个 UPC-E 码都有一个相对应的

UPC-A 码存在，起始符 101，终止符为 010101。

图 10-2 为 UPC-E 码的范例。

图 10.2 UPC-E 码的范例

10.2.6 UPC 条形码校验计算方法

UPC 条形码的最后一位是校验位。扫描器通过校验位判断是否扫描了正确的号码。

以 11 位数 63938200039 为例说明，生成校验位(第 12 位)的步骤如下。

(1) 将所有奇数位置(第 1、3、5、7、9 和 11 位)上的数字相加。

(2) 6+9+8+0+0+9=32，然后将该数乘以 3，即 32×3=96。

(3) 将所有偶数位置(第 2、4、6、8 和 10 位)上的数字相加。

(4) 3+3+2+0+3=11，然后将该和与第 2 步所得的值相加，即 96+11=107。

(5) 保存第 4 步的值。

(6) 要创建校验位，需要确定一个值，当将该值与步骤 4 所得的值相加时，结果为 10 的倍数，即 107+3=110，因此，校验位为 3。

(7) 11 位数 63938200039 加上生成的校验位 3，组成完整的 12 位 UPC-A 码为 639382000393。

在下面的“条码打印的参考程序”中，没有考虑到校验位的生成。只要缺省地输入一个完整的 12 位 UPC-A 码，即可打印相应的条码。图 10-3 为打印 UPC-E 码的运行界面，图 10-4 为打印 UPC-A 码的运行界面。

图 10-3 生成 UPC-E 条码的界面

图 10-4　生成 UPC-A 条码的界面

10.2.7　条码打印的参考程序代码

```
Option Explicit
'生成条码
Private Sub Command1_Click()
    Dim i As Integer
    If Text1 = "" Then
        MsgBox "请输入要生成的条码数字!", vbInformation, "提示"
        GoTo skip
    End If
    If IsNumeric(Text1) = False Then
        MsgBox "条码内容必须为数字!", vbCritical, "提示"
        GoTo skip
    End If
    Select Case Option1(0).Value
        Case True       '"UPC-E"
        If Len(Text1.Text) < 6 Then
           MsgBox "UPC-E 类型的条码内容不应小于 6 位!", vbInformation, "提示"
            GoTo skip
        End If
```

```
            Case False    '"UPC-A"
            If Len(Text1.Text) < 12 Then
                MsgBox "UPC-A 类型的条码内容不小于 12 位!", vbInformation, "提示"
                GoTo skip
            End If
        End Select
        drawBar (Text1)
skip:
End Sub

'绘制条码
Private Sub drawBar(numbr As String)
        Dim size As Integer
        Dim i, j As Integer
        Dim h1, h2 As Integer
        Dim num As Integer
        Dim pattern(10) As String
        Dim patWid As Integer
        Dim prevPatWid As Integer
        Dim ofset As Integer
        ofset = 5
        size = 3        '设置条码大小 1，2，3，4
        If Option1(0) Then              '       "UPC-E"
            bar.Width = (size * 53 + ofset * 2)
        Else
            bar.Width = (95 * size + ofset * 2)
        End If
        bar.Line (0, 0)-(bar.Width, bar.Height), vbWhite, BF
        h1 = bar.Height
        Select Case size
            Case 1
            bar.FontSize = 5
```

```
            h2 = h1 - 15
            Case 2
            bar.FontSize = 6
            h2 = h1 - 15
            Case 3
            bar.FontSize = 9
            h2 = h1 - 17
            Case 4
            bar.FontSize = 9
            h2 = h1 - 17
        End Select
        '====================
        'UPC 条码样式
        '====================
        pattern(0) = "3211"
        pattern(1) = "2221"
        pattern(2) = "2122"
        pattern(3) = "1411"
        pattern(4) = "1132"
        pattern(5) = "1231"
        pattern(6) = "1114"
        pattern(7) = "1312"
        pattern(8) = "1213"
        pattern(9) = "3112"

        '起始
        For j = 1 To 3
            patWid = size - 1
            If j = 2 Then
                bar.Line (prevPatWid + ofset, 0)-(prevPatWid + patWid + ofset, h1),
vbWhite, BF
            Else
```

```
                bar.Line (prevPatWid + ofset, 0)-(prevPatWid + patWid + ofset, h1), vbBlack, BF
            End If
            prevPatWid = prevPatWid + patWid + 1
        Next

        '条码值
        If Option1(0) Then        ' "UPC-E"
            For i = 1 To 6
                num = Mid$(numbr, i, 1)
                prevPatWid = 0

                If i = 4 Then
                    For j = 1 To 5
                        patWid = size - 1
                        If j = 2 Or j = 4 Then
                            bar.Line (3 * size + (7 * size * (i - 1)) + prevPatWid + ofset, 0)-(3 * size + (7 * size * (i - 1)) + prevPatWid + patWid + ofset, h2), vbBlack, BF
                        Else
                            bar.Line (3 * size + (7 * size * (i - 1)) + prevPatWid + ofset, 0)-(3 * size + (7 * size * (i - 1)) + prevPatWid + patWid + ofset, h2), vbWhite, BF
                        End If
                        prevPatWid = prevPatWid + patWid + 1

                    Next
                End If
                prevPatWid = 0
                For j = 1 To 4
                    If i >= 4 Then
                        patWid = (Mid$(pattern(num), j, 1) * size) - 1
                        If j = 2 Or j = 4 Then
                            bar.Line (8 * size + (7 * size * (i - 1)) + prevPatWid + ofset,
```

```
0)-(8 * size + (7 * size * (i - 1)) + prevPatWid + patWid + ofset, h2), vbWhite, BF
                        Else
                            bar.Line (8 * size + (7 * size * (i - 1)) + prevPatWid + ofset,
0)-(8 * size + (7 * size * (i - 1)) + prevPatWid + patWid + ofset, h2), vbBlack, BF
                        End If
                        prevPatWid = prevPatWid + patWid + 1
                    Else
                        patWid = (Mid$(pattern(num), j, 1) * size) - 1
                        If j = 1 Or j = 3 Then
                            bar.Line (3 * size + (7 * size * (i - 1)) + prevPatWid + ofset,
0)-(3 * size + (7 * size * (i - 1)) + prevPatWid + patWid + ofset, h2), vbWhite, BF
                        Else
                            bar.Line (3 * size + (7 * size * (i - 1)) + prevPatWid + ofset,
0)-(3 * size + (7 * size * (i - 1)) + prevPatWid + patWid + ofset, h2), vbBlack, BF
                        End If
                        prevPatWid = prevPatWid + patWid + 1
                    End If
                Next
            Next
            '结束
            prevPatWid = 0
            For j = 1 To 3
                patWid = size - 1
                If j = 2 Then
                    bar.Line (8 * size + (7 * size * (i - 1)) + prevPatWid + ofset, 0)-(8 *
size + (7 * size * (i - 1)) + prevPatWid + patWid + ofset, h1), vbWhite, BF
                Else
                    bar.Line (8 * size + (7 * size * (i - 1)) + prevPatWid + ofset, 0)-(8 *
size + (7 * size * (i - 1)) + prevPatWid + patWid + ofset, h1), vbBlack, BF
                End If
                prevPatWid = prevPatWid + patWid + 1
            Next
```

```
            '绘制数字
            prevPatWid = size

            For i = 1 To 3
                bar.CurrentX = 3 * size + (7 * size * (i - 1)) + prevPatWid + ofset
                bar.CurrentY = h2 + 5
                bar.Print Mid$(Text1, i, 1)
                prevPatWid = prevPatWid + (size) - 1
            Next
            prevPatWid = 0

            For i = 4 To 6
                bar.CurrentX = 8 * size + (7 * size * (i - 1)) + prevPatWid + ofset
                bar.CurrentY = h2 + 5
                bar.Print Mid$(Text1, i, 1)
                prevPatWid = prevPatWid + size - 1
            Next
        Else
            For i = 1 To 12
                num = Mid$(numbr, i, 1)
                prevPatWid = 0

                If i = 7 Then
                    For j = 1 To 5
                        patWid = size - 1
                        If j = 2 Or j = 4 Then
                            bar.Line (3 * size + (7 * size * (i - 1)) + prevPatWid + ofset,
0)-(3 * size + (7 * size * (i - 1)) + prevPatWid + patWid + ofset, h2), vbBlack, BF
                        Else
                            bar.Line (3 * size + (7 * size * (i - 1)) + prevPatWid + ofset,
0)-(3 * size + (7 * size * (i - 1)) + prevPatWid + patWid + ofset, h2), vbWhite, BF
                        End If
```

```
                prevPatWid = prevPatWid + patWid + 1

            Next
        End If
        prevPatWid = 0
        For j = 1 To 4
            If i >= 7 Then
                patWid = (Mid$(pattern(num), j, 1) * size) - 1
                If j = 2 Or j = 4 Then
                    bar.Line (8 * size + (7 * size * (i - 1)) + prevPatWid + ofset,
0)-(8 * size + (7 * size * (i - 1)) + prevPatWid + patWid + ofset, h2), vbWhite, BF
                Else
                    bar.Line (8 * size + (7 * size * (i - 1)) + prevPatWid + ofset,
0)-(8 * size + (7 * size * (i - 1)) + prevPatWid + patWid + ofset, h2), vbBlack, BF
                End If
                prevPatWid = prevPatWid + patWid + 1
            Else
                patWid = (Mid$(pattern(num), j, 1) * size) - 1
                If j = 1 Or j = 3 Then
                    bar.Line (3 * size + (7 * size * (i - 1)) + prevPatWid + ofset,
0)-(3 * size + (7 * size * (i - 1)) + prevPatWid + patWid + ofset, h2), vbWhite, BF
                Else
                    bar.Line (3 * size + (7 * size * (i - 1)) + prevPatWid + ofset,
0)-(3 * size + (7 * size * (i - 1)) + prevPatWid + patWid + ofset, h2), vbBlack, BF
                End If
                prevPatWid = prevPatWid + patWid + 1
            End If
        Next
    Next

    '结束
    prevPatWid = 0
```

```
            For j = 1 To 3
                patWid = size - 1
                If j = 2 Then
                    bar.Line (8 * size + (7 * size * (i - 1)) + prevPatWid + ofset, 0)-(8 *
size + (7 * size * (i - 1)) + prevPatWid + patWid + ofset, h1), vbWhite, BF
                Else
                    bar.Line (8 * size + (7 * size * (i - 1)) + prevPatWid + ofset, 0)-(8 *
size + (7 * size * (i - 1)) + prevPatWid + patWid + ofset, h1), vbBlack, BF
                End If
                prevPatWid = prevPatWid + patWid + 1
            Next

            '绘制数字
            prevPatWid = size

            For i = 1 To 6
                bar.CurrentX = 3 * size + (7 * size * (i - 1)) + prevPatWid + ofset
                bar.CurrentY = h2 + 5
                bar.Print Mid$(Text1, i, 1)
                prevPatWid = prevPatWid + (size) - 1
            Next
            prevPatWid = 0
            For i = 7 To 12
                bar.CurrentX = 8 * size + (7 * size * (i - 1)) + prevPatWid + ofset
                bar.CurrentY = h2 + 5
                bar.Print Mid$(Text1, i, 1)
                prevPatWid = prevPatWid + size - 1
            Next
        End If
        bar.Picture = bar.Image

    End Sub
```

10.3　GIS(MapInfo Professional)系统安装与应用

10.3.1　实验目的

(1) 掌握安装 MapInfo for Windows 的方法。

(2) 掌握配置独立的工作站的方法。

(3) 掌握栅格图像的显示和配准。

(4) 了解图层的概念，掌握绘图工具的使用。

(5) 掌握绘图和编辑命令。

10.3.2　实验环境

(1) Windows 7 及以上版本。

(2) MapInfo Professional。

10.3.3　MapInfo Professional 系统安装

1. MapInfo for Windows 系统的安装方法

(1) 将 MapInfo CD 放入 CD 驱动器，没有光驱可以运行镜像文件。

(2) 运行资源管理器，双击光盘驱动器盘符。

(3) 双击“setup”按钮。

(4) 输入合适的注册信息(姓名、公司、系列号)，单击“继续”按钮。

(5) 选择工作站配置(独立的工作站、网络服务器、在 CD ROM 中使用)。

(6) 选择安装选项(标准安装、自定义安装、从光盘安装)。

(7) 当“安装成功”信息出现时，单击“确定”按钮，MapInfo 便已安装在系统上了。启动 MapInfo。

(1) 运行 Windows 的程序管理器。

(2) 双击 MapInfo 的图标。

2. 了解 MapInfo 中一个图所含的文件

文件名.tab：该文件描述表的结构。

文件名.dat：包含表格数据。

文件名.map：描述图形对象。

文件名.id：一个交叉引用文件，用于连接数据和对象。

文件名.ind：一个索引文件。

3. 理解 MapInfo 交换格式文件

文件名.mid：用于表格数据的 MapInfo 转入/转出格式，与一个 mid 文件相关联。

文件名.mif：用语图形对象的 MapInfo 转入/转出格式，与一个 mif 文件相关联。

4. 建立自己的工作空间文件

文件名.wor：mapinfo 工作空间文件(保存有关在某次 MapInfo 会话中使用的表和窗口的信息)。

5. 熟悉如下操作

(1) 数据输入功能。

(2) 数据编辑与处理。

(3) 数据的存储与管理。

(4) 数据查询与分析。

(5) 可视化表达与输出。

6. 图层的概念

在 MapInfo Professional 中，一般的操作是先打开数据表，然后将其显示在地图窗口中。每个表均显示为单独的图层。每个图层都包含表和一些地图对象，如区域、点、线和文本。

图层包含如下的地图对象。

- 点对象：表示数据的单一位置。其示例包括客户位置、饭店和停车计时器等。点也可组合构成多点对象。
- 线对象：覆盖给定距离的开放对象，包括直线、折线和弧线等。其示例有街道、河流和电力线路等。
- 区域(面)：特指覆盖给定区域的闭合对象。其中包括多边形、椭圆和矩形。例如，国家边界、邮编界限和销售区。
- 文本对象：特指用于说明地图或其他对象的文本，如标注或标题。
- 集合对象：特指区域、直线和多点对象的组合。

10.3.4 栅格图像的配准与矢量化地图

1. 栅格图像的获取

栅格图像由一行行细小的点(像素)组成，也称为位图。在 MapInfo 中，栅格图像只用于显示图层，不能像矢量图那样给它们附加数据，仅作为矢量图的背景，提取有用的信息。

(1) 通过扫描来获取栅格图像

可将栅格图像引入 MapInfo 用作 MapInfo 地图的背景来进行屏幕数字化，也可作为一幅单独的图像来显示，还可作为一个标志放在页面布局上。

由于本实验目的只是要求了解软件的步骤和原理，不必要求严格的精度，所以可利用互联网上的地图网站，截(屏)取一个“大连中山区”栅格图像。MapInfo 支持以下七种栅格图像格式：*.gif，*.jpg，*.tif，*.pce，*.bmp，*.tga，*.bll。不妨将截(屏)的图像保存为“大连中山区.gpj”栅格图像文件。

(2) 配准图像

启动 MapInfo 程序后，选择“打开文件”出现一个对话窗，选择相应目录下的文件和文件类型，比如“大连中山区.gpj”，单击“打开”按钮。这时系统提示是“显示”或“配准”，单击“配准”按钮，如图 10-5 所示。选择投影：根据原纸图上的投影选择适合的投影类型。

图 10-5　栅格图像配准

(3) 选择合适的单位

单击预览图像中的一个点，“增加控制点”对话框出现，在对话框中输入从地图上指定的坐标，在预览图像中每个控制点被“+”号标出。一般输入四个或更多的控制点并加入坐标值，单击“确定”按钮，如图 10-6 所示。

完成配准后，地图在视图框中完成可视化。

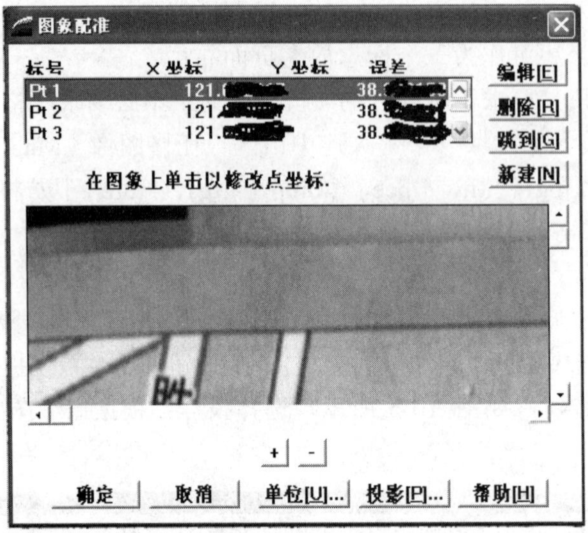

图 10-6　配准控制点输入

2. 创建新表(新建数字化图层)

在完成图像的配准后，需要新建一个与原图像相匹配的图层数据，完成图层数字化。将栅格图像扫描、拼接、配准后，当背景图像，在上面提取有用的地图信息。

MapInfo 中按层组织数据，每一类要素为单独的一个图层。数字化前要为每一层创建一个新表，选择文件>新建表，出现对话窗时有三个选项(打开新的浏览窗口、打开新的地图窗口、加到当前地图窗口)，选定一个选项，单击“新建”按钮后出现一个对话框，这时可设定该层数据的数据库的字段名称/种类/大小，单击“创建”按钮，在而后出现的对话框中指定该数据层的文件名，如图 10-7 所示。

选中“添加新图层到当前地图窗口”，去掉“打开新地图窗口”前的打勾，便可创建新的表结构，在“字段信息”中，输入字段“名字”“类型”，并且设置字段的长度。可根据需要增加和删除字段，也可在此处更改“投影”的类型。这样便可创建新的数据库图层。

在创建了新的表结构后，可为新创建的图层命名，选择相应的位置保存新图层的信息。比如，将图层命名并保存为“道路”，则对应的文件为“道路.tab”。

本实验要求创建三个地图层，应包括“道路层”“街区层”“公交站点层”，即同样的方法继续创建“街区层”“公交站点层”，生成“街区.tab”“公交站点.tab”。

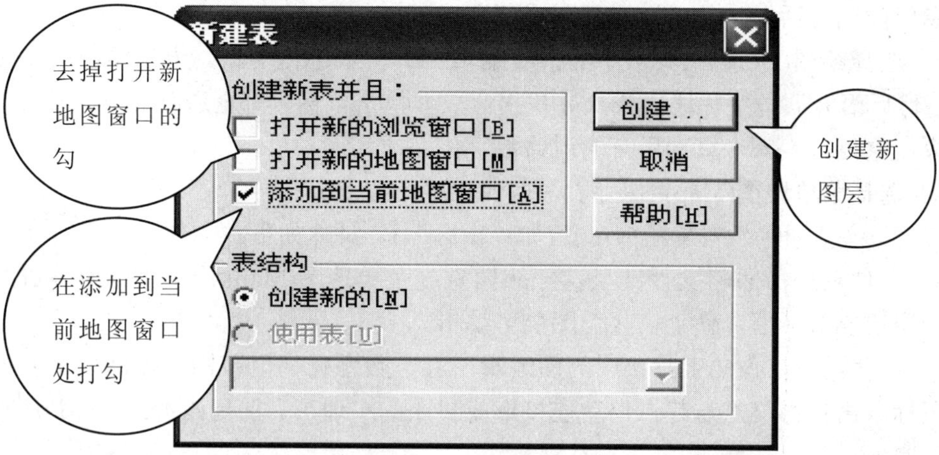

图 10-7　创建新表

10.3.5　地图数字化

以上创建的“道路层、街区层、公交站点层”只是个空图层(空表)，需要通过屏幕跟踪矢量化地图，即 “道路层、街区层、公交站点层”。

选中“放大”工具，将地图放大到适当的尺度，这样做可以提高屏幕跟踪矢量化的精度。接下来，就可以使用“折线”“多边形”或“点”等绘图工具，各个地图对象进行屏幕跟踪矢量化。

(1) 在 MapInfo 系统中，选择菜单文件(File)>打开表(Open Table?)，出现打开表对话框。

(2) 将对话框中的文件类型(List File of Type)定为栅格图像，选择正确路径，找到“大连中山区.jpg”文件，单击“打开(OK)”按钮，再单击“显示”按钮，窗口出现“大连中山区”栅格图像。

(3)“点”对象的矢量化(如“公交站点”)，具体如下。

① 文件>打开>表格文件：“公交站点.tab”。选择菜单地图(Map)>图层控制(Layer Control)，出现图层控制对话框，使“公交站点”图层可编辑。

② 选择绘图(Draw)工具条中的点编辑工具，找到公交站点，单击鼠标左键，数字化图上所有公交站点位。

③ 选择菜单地图(Map)>保存表，即保存“公交站点.tab”。

(4) “折线”对象的矢量化(如“道路”)，具体如下。

① 文件>打开>表格文件："道路.tab"。选择菜单地图(Map)>图层控制(Layer Control)，出现图层控制对话框，使"道路"图层可编辑。

② 选择绘图(Draw)工具条中的折线编辑工具，数字化道路。方法是：找到起点单击鼠标，然后沿着欲数字化线段依次寻找拐弯点并单击鼠标，直至道路的另一端点，双击鼠标结束。重复该步骤，直到所有的道路数字化完成。

③ 选择菜单地图(Map)>保存表，即保存"道路.tab"。

(5)"多边形(面)"对象的矢量化(如"街区")，具体如下。

① 文件>打开>表格文件："街区.tab"。选择菜单地图(Map)>图层控制(Layer Control)，出现图层控制对话框，使"街区"图层可编辑。

② 选择绘图(Draw)工具条中的面编辑工具，数字化街区范围。方法同上，但表示结束的鼠标双击使得终点与起点自动连接形成封闭的多边形。重复该步骤，直到所有的街区数字化完成。

③ 选择菜单地图(Map)>保存表，即保存"街区.tab"。

10.4 MapX4.5 安装与应用

10.4.1 实验目的

(1) 掌握 MapX4.5 安装。

(2) 应用 MapX4.5 生成地图集。

10.4.2 实验环境

(1) Windows 7 及以上版本。

(2) MapInfo MapX 4.5。

MapX 是 Mapinfo 公司推出的 ActiveX 控件产品，由于 MapX 是基于 Windows操作系统的标准控件，因而能支持 VC、VB、Delphi、PB 等标准化编程工具，使用时只需将控件装入开发环境，装入控件后，开发环境 ActiveX 工具条上会增加一个控件按钮 Map，把它拖放到窗体上就可建立一个 Map 类型的 ActiveX 地图对象 Map，通过设置或访问该 Map 对象的属性、调用该 Map 对象的方法及事件，便能快捷地将地图操作功能融入应用程序中。

以 MapX4.5 为例，介绍安装与应用。

10.4.3　MapX4.5 安装

(1) 将 MapX CD 放置在 CD 驱动器中(例如 D:)。单击“开始”按钮并选择运行。

(2) 在打开下拉列表框中键入或选择[CD 驱动器符]\Setup.exe (例如，D:\Setup.exe)并单击“确定”按钮。出现欢迎显示屏。选择“下一步”继续安装过程。

(3) 软件许可协议屏出现。选择“是”以接受协议的条款并继续安装过程。

(4) 显示选择目标位置屏。指定要安装 MapX 的目录。如果还没有安装 MapX，缺省位置是：Program Files\MapInfo MapX 4.0\。如果已经安装了 MapX，缺省位置就是现有的安装目录。

(5) 指定要安装的产品组件。显示出所选组件所需要的磁盘空间。当选择某个组件时，其相关描述也显示出来。如果更改按钮可用，说明此组件有子组件。单击更改按钮以显示那些组件的列表以及安装所需的磁盘空间。选择要安装的子组件。

(6) 选择程序文件夹屏出现；指定程序文件夹。

(7) 开始复制文件屏出现。检查现在设置的信息，如果正确无误，选择下一步安装 MapX，进度条会显示安装的状态。如果要更改信息，选择返回上一屏幕。

10.4.4　地图集的生成

MapX 中带有地图集(Geoset)文件的编辑器 Geoset Mangater.exe，在编辑器中组合及设置图层，然后保存生成一个 *.gst 文件(如大连软件园.gst)，可以直接同 Map 对象调用。地图集的生成步骤如下。

(1) 开始→所有程序→MapInfo MapX 4.0→Geoset Manager，如图 10-8 所示。启动 Geoset Manager。

(2) 点击 Layers 命令按钮(或 map→Layers control)，打开图层控制窗口，单击“Add”按钮，添加图层，如 10 路站点.tab，街区.tab，如图 10-9 所示。

(3) File→save as→保存 gst 文件为 “大连中山区.gst”到地图目录，即“大连中山区”地图集文件。

(4) 要求该地图集至少应包括“道路层”“街区层”“公交站点层”。

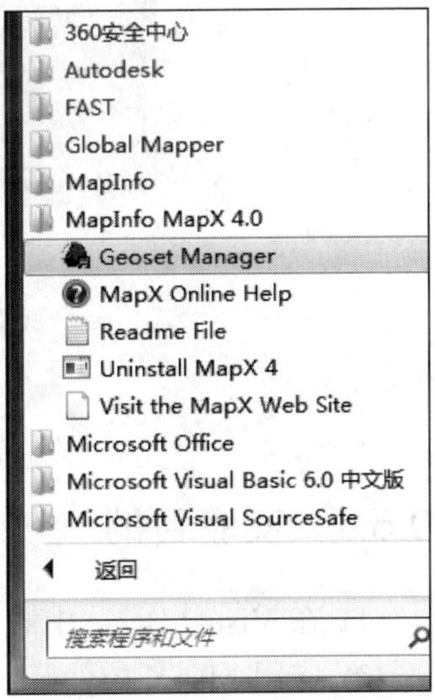

图 10-8　启动 Geoset Manager

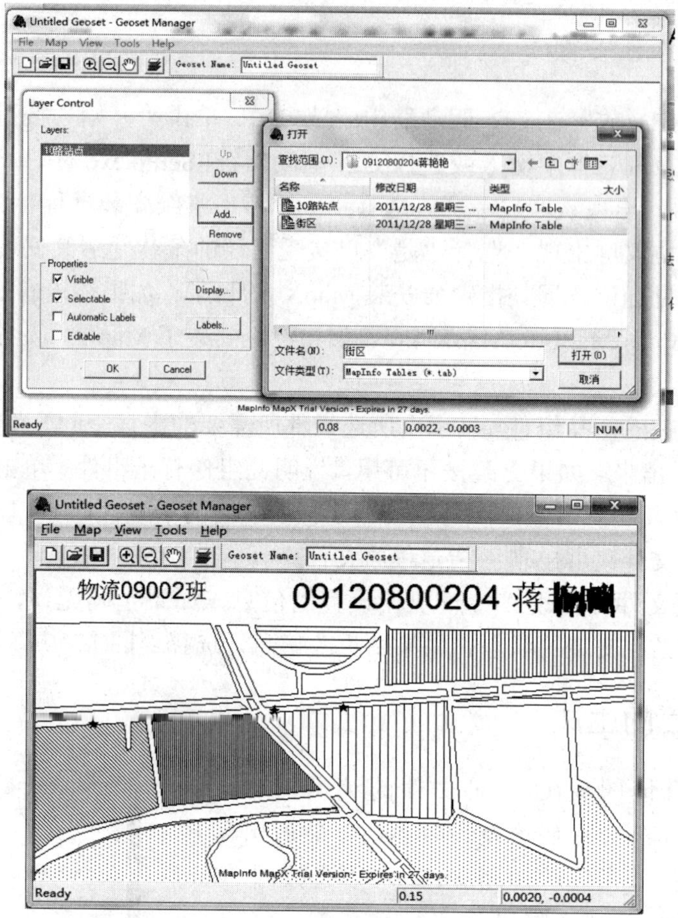

图 10-9　为地图集添加图层

10.5　GPS 导航跟踪

10.5.1　实验目的

(1) 在 Visual Basic 中添加 Map 控件安装。

(2) 应用 MapX 控件开发。

(3) 完成实时显示车辆位置。

10.5.2　实验环境

(1) Windows 7 及以上版本。

(2) Visual Basic 6.0。

(3) MapInfo MapX 4.5。

10.5.3　在 Visual Basic 中添加 Map 控件

(1) 启动 Visual Basic。

(2) 右键单击 Visual Basic 工具箱，从快捷方式菜单中选择部件。

(3) 在部件对话框中，单击控件选项卡，寻找列表中的“MapInfo MapX V4”。如果该项未选中，请选中它，单击“确定”按钮。Map 控件出现在工具箱上，如图 10-10 所示。

(4) 选择 Map 控件并在窗体上绘制一个方框，即可将地图控件 Map 放置在窗体上，如图 10-11 所示。

(5) 保存工程，在下一次重新加载工程时，Map 图标将自动出现在工具箱中。

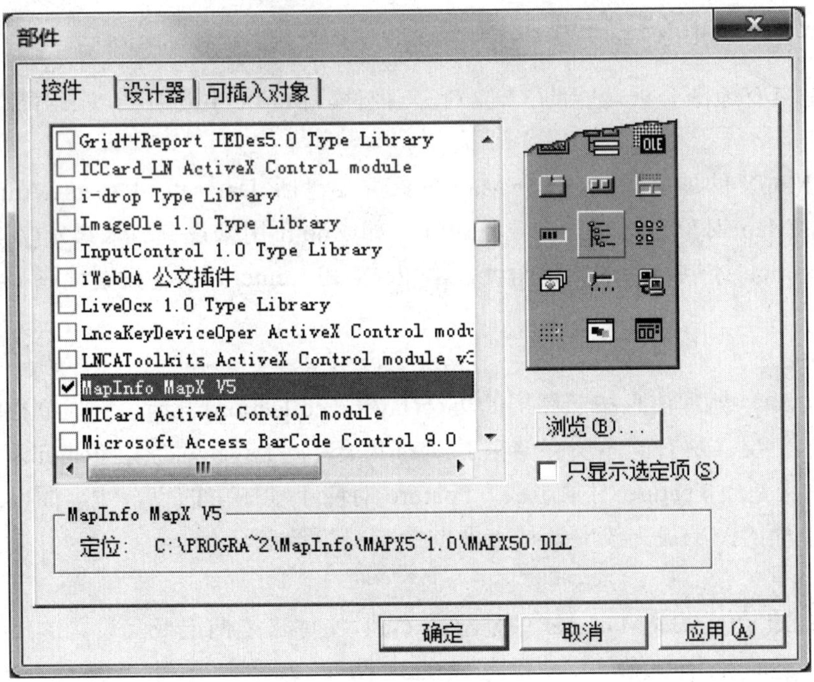

图 10-10　添加 MapX4.5 部件

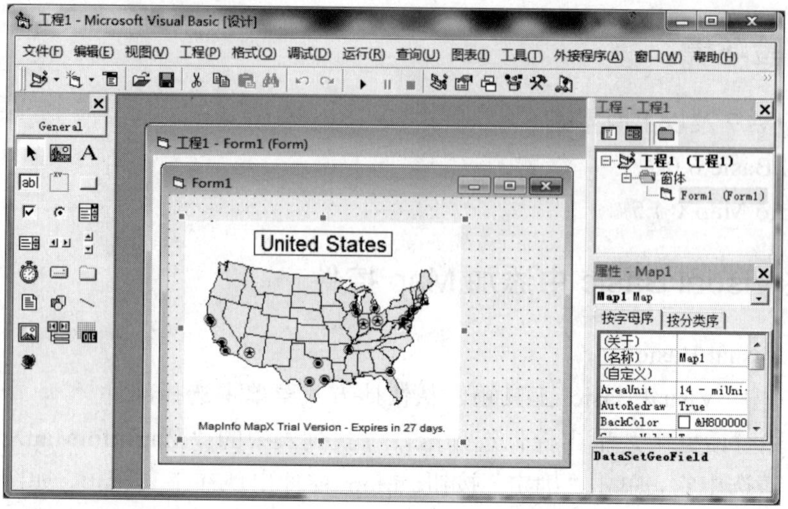

图 10-11 将 Map 控件拖至在窗体上

10.5.4 应用 MapX 控件开发

MapX 是具有地图分析功能的 32 位 OCX 控件。MapX 主要包括以下对象。

(1) Map

Map 是 MapX 的顶层属性，每个 Map 对象主要包括 Datasets、Layers、Annotations 三个对象集合。Map 对象包括一些主要的属性，如 Zoom 用来设置放大级别(在地图上显示的大小)，Rotation 控制地图的旋转角度，CenterX 和 CenterY 用于设置地图显示窗口的中心坐标。

(2) Layers

在 MapX 中，地理信息按照图层的集合(layers collection)表示，每张单独的地图都被表示成单独的图层，所有的图层存储在 Layers 集合中。Layer 对象由 Features 对象组成，Features 对象又是由 Feature 对象组成，Feature 对应于地图中的点、线、面以及符号等地图实体。最下面的图层最先绘制，最上面的图层最后绘制。

(3) Geoset

属性 Geoset 是在 GeoManager 中建立的.GST 文件，是图层及其设置的集合，用于控制程序中显示的地图。在上一节完成的地图集文件，将其“路径+文件名”，C:\Users\Administrator\Desktop\09120800204 蒋\大连软件园.gst，赋给 Map.geoset，即可将“大连软件园.gst”加载到 Map 中显示。例如，Map1.geoset=“C:\Users\Administrator\Desktop\

09120800204 蒋\大连软件园.gst”

(4) Datasets

在 MapX 中，属性数据的操作主要通过数据绑定实现，Datasets 用于实现地图与数据的绑定。数据绑定的数据源可以是 DAO、ADO、ODBC 数据源、RDO、MapInfo Table 文件，还可以是一个规定了格式的文本文件。要绑定一个数据源，首先要指定所绑定的图层，然后需要指定与图层中地图对象相匹配的关键字段。

(5) Annotations

动态图层 Animations 在地图图元需要经常更新(如实时应用中)时很有用。例如，开发一套物流车队管理应用程序，将每一车辆用一个点对象来代表。可以通过使用 GPS 技术获取车辆的当前位置，然后更新点对象以显示车辆在地图上的更新位置。这类应用程序中，被更新的对象存储在动态图层而不是常规图层，那么在地图对象经常改变的地方，地图可以更快地被重新绘制。

最初，AnimationLayer 设置为 null。可以向 Layer 对象分派属性以使图层成为动态图层(它可以是常规图层或是用户绘制图层)。当图层被分派了 AnimationLayer 属性，它就会绘制在所有图层的上方，包括 Annotations 图层和选择结果。该图层仍然在 Layers 集合中的同样位置。浮动对象如图标符号仍然显示在动态图层的顶端，尽管它们因为被省略了而不必每次重新绘制。如果普通的图层被用作动态图层，其选择结果和标注会依然有效。

应用示例：

```
Set Map.Layers.AnimationLayer = Layers(3)
for each lyr in Map.Layers
if Map.Layers.AnimationLayer = lyr then
...
end if
next
```

要关闭动态图层，给它赋予空值：Set Map.Layers.AnimationLayer = nothing。

这样可使该图层变回普通图层，且其在图层列表中的位置不变。

10.5.5　实时显示车辆位置的参考程序代码

实时显示车辆位置功能是 GPS 物流实时查询系统中的核心功能之一。该功能实现的思路是把从串口传进计算机的数据进行正确的提取和换算，实时取得当前的坐标位置，然后利用在 Geoset 中添加一个动画层，并添加一个图元，使得这个图元实时地根据当前坐标位置进行刷新，从而实现图元在动画层中的移动，完成车辆的实时显示。实时地定位汽车的位置应用到时钟控件，当 GPS 数据进来时，每隔一定的时间搜索坐标变化，并不断刷新电子地图上车辆的位置。系统在有坐标数据传入的时候，进行汽车跟踪的按钮是有效的，这个时候如果选择进行跟踪，一个图元将被添加到动画层上，同时触发时钟，实时地通过坐标数据对图元的位置进行刷新。

部分功能代码如下：

```
'设置时钟 1
Private Sub Timer1_Timer()
Timer1.Interval = 500  '500x1000 毫秒，即 0.5 秒
Timer1.Enabled = False
'如果有 GPS 数据导入，则触发时钟，使其开始按一定时间间隔刷新
If IsGps = True Then
    Timer1.Enabled = True
    End If
fMapSymbol.Point.Set m_CarX, m_CarY  '定义汽车的位置坐标
fMapSymbol.Update      '实时更新车辆位置
'实时刷新车辆所在的街道
pointSch.Set m_CarX, m_CarY
'在 jiedao3 层上按点寻找图元
Set ftrsSch = Map1.Layers("jiedao3").SearchAtPoint(pointSch)
'如果图元的数量为 1，车辆则在一条街道上；如果图元数量为 2，车辆则在两条街道的交叉点处。同时将街道的名称显示出来。
If ftrsSch.Count = 1 Then
Label2.Caption = ":) 你现在位于：" & ftrsSch.Item(1).KeyValue
End If
If ftrsSch.Count > 1 Then
  Dim strSch As String
  For Each ftrSch In ftrsSch
      strSch = strSch + ftrSch.KeyValue + "和"
      Next
      Label2.Caption = ":) 你现在位于: " & Left(strSch, Len(strSch) - 1) & " 的交叉位置！"
End If
```

```
'如果图元的数量小于 1，则说明该车辆不在我们绘制的街道上
If ftrsSch.Count < 1 Then
    Label2.Caption = ":(　现在位于未知区域，无法定位街道！"
End If

'汽车如果走出屏幕范围，则令汽车显示在图中心位置
If m_CarX > Map1.Bounds.XMax Or m_CarX < Map1.Bounds.XMin _
Or m_CarY > Map1.Bounds.YMax Or m_CarY < Map1.Bounds.YMin Then
Map1.CenterX = m_CarX
Map1.CenterY = m_CarY
'设置时钟控件 2
Private Sub Timer2_Timer()
Timer2.Interval = 500
Timer2.Enabled = False
Dim Distance As Double
'如果该点的坐标不动，则退出 timer2
If m_CarX = m_CarPs.Item(m_CarPs.Count).x And m_CarY = m_CarPs.Item(m_CarPs.
Count).y Then
Exit Sub
End If
'如果该点移动，则将该点加入点集
m_CarP.Set m_CarX, m_CarY
m_CarPs.Add m_CarP
'距离为将点集中的点连接起来创建的路线长度
Distance = Map1.FeatureFactory.CreateLine(m_CarPs).Length
'在页面底部，状态栏中实时显示汽车的坐标位置以及走过的距离
StatusBar1.Panels.Item(1).Text = "当前汽车坐标：E " & m_CarX & " , " & "N " &
m_CarY & "　　走过的距离：" & Format(Distance, "0.000") & " 千米"
End Sub
'工具栏中车辆跟踪功能按钮实现
Private Sub Toolbar1_ButtonClick(ByVal Button As MSComctlLib.Button)
……
```

```
……
'如果起始点坐标不为零，开始追踪。否则返回对话框
Case 8
If m_CarX <> 0 And m_CarY <> 0 Then
   m_CarP.Set m_CarX, m_CarY
   m_CarPs.Add m_CarP
   AddCar m_CarX, m_CarY
Timer1.Enabled = True
Timer2.Enabled = True
Else
   MsgBox "没有 GPS 数据！请检查 com1 口和 GPS 设备，或者通过设置中的模拟数
据输入进行演示！"
   Button.Value = tbrUnpressed '当前未按下按钮，也未复选按钮
End If
'暂停追踪
Case 9
Timer1.Enabled = False
'停止追踪，并将汽车所在动画层清空
Case 10
If MsgBox("确定停止？将清除走过的路径信息！", vbYesNo, "提示！") = vbYes Then
    Timer1.Enabled = False
    Timer2.Enabled = False
'将动画层上所有图元删除
RemoveAllFeatures AnimationLyr
m_CarPs.RemoveAll
Label2.Caption = ""
StatusBar1.Panels.Item(1).Text = "欢迎使用 GPS 演示系统！"
End If
……
……

End Select
```

```
End Sub
'插入名为 text1.text 的图层,并将该层设置成可修改
Private Sub Toolbar2_ButtonClick(ByVal Button As MSComctlLib.Button)
Dim lyrInsertion As MapXLib.Layer
Set lyrInsertion = Map1.Layers(adding.Text1.Text)
lyrInsertion.Editable = True
Set Map1.Layers.InsertionLayer = lyrInsertion
'定义工具栏按钮属性
Select Case Button.Index
Case 1
 Map1.CurrentTool = miAddPointTool     '当前工具是添加点工具
Case 2
  Map1.CurrentTool = miAddLineTool   '当前工具是添加线工具
Case 3
  Map1.CurrentTool = miAddPolylineTool   '当前工具是添加折线工具
Case 4
   Map1.CurrentTool = miAddRegionTool   '当前工具是添加区域工具
Case 5
   adding.Show
End Select
End Sub
```

本章小结

本章重点介绍物流信息技术的实验内容，包括条码 UPC-A、UPC-E 打印编程、GIS 系统安装与应用、地图数字化、地图集 Geoset 制作、MapX 地图控件应用及 GPS 车辆跟踪编程。条码打印部分相对独立，而之后的各部分的内容：GIS 系统、Geoset 制作、MapX 地图控件应用及 GPS 车辆跟踪联系紧密、环环相扣。条码打印和车辆跟踪，给出了参考程序代码。

思考题

1. UPC-A 码具有哪些特点？

2. 图层中可包含哪些地图对象？

3. 你用 Geoset Mangater 生成的地图集中包括了哪几个图层？地图集文件的后缀是什么？

4. 动态图层 Animation 适用于哪种应用？为什么？

5. 已知地图集文件的“路径+文件名”为“C:\Users\Administrator\Desktop\09120800204蒋\大连软件园.gst”，请编写代码，将“大连软件园.gst”加载到 Map 中显示。

附录A 模拟试题(一)及参考答案

说明：本试卷共四大题，满分 100 分。

一、填空题(共 4 小题 20 个空，每空 1 分，满分 20 分)

1. 请列出 5 种常见的公路运输设备______、______、______、______、______。

2. 请列出 5 种常见的流通加工设备______、______、______、______、______。

3. 请列出 5 种常见的包装设备______、______、______、______、______。

4. 叉车按其结构和用途不同，可以分为______式、______式、______式、______式、______式以及其他特种叉车等。

二、单选题(答案填入题后括号中，每题 2 分，满分 10 分)

1. 公路运输的优点之一是中可实现(　　)直达运输。　　(　　)

A、“门到门”　　B、“人到人”

C、“门到人”　　D、“人到门”

2. 水运主要利用江、河、湖泊和海洋的(　　)来进行。水上航道四通八达，通航能力几乎不受限制，而且节省投资。　　(　　)

A、“天然屏障”　　B、“人工航道”

C、“天然航道”　　D、“人工屏障”

3. 冷藏船是专门用于装载冷冻易腐货物的船舶。船上设有冷藏系统，能调节多种(　　)的需要。　　(　　)

A、湿度以适应各舱货物对不同湿度

B、温度以适应各舱货物对不同温度

C、高度以适应各舱货物对不同高度

D、海水盐度以适应各舱货物对不同盐度

4. 管道运输是一种以管道输送货物的方法，而货物通常是(　　)。　　(　　)

A、固体和气体　　B、液体和气体

C、液体和固体　　D、矿石和晶体

5. 目前，常用的物流信息技术主要有：Bar Code(条码)、RFID(射频识别)、EDI(电子数据交换)、GPS(全球卫星定位系统)以及(　　)。 (　　)

A、MIS(管理信息系统)　　B、GIS(地理信息系统)

C、EOS(电子订货系统)　　D、SMS(短信服务)

三、多选题(答案填入题后括号中，每题2分，满分10分)

1. 条码标识简称条码，是由一组黑白相间、粗细不同的条状符号组成，条码隐含着(　　)，主要用以表示商品的名称、产地、价格、种类等，是全世界通用的商品代码的表示方法。 (　　)

A、数字信息　　B、字母信息

C、标志信息　　D、符号信息

2. 在物流配送中心，常用的自动分拣的作业方式有(　　)。 (　　)

A、兴趣式拣货　　B、随机式拣货

C、摘取式拣货　　D、播种式拣货

3. 除集装箱之外，如下所列(　　)也是将货物单元化的器具。 (　　)

A、集装袋　　B、集装网

C、滑板　　D、集装笼

4. 关于“流通加工在物流中的地位”，下列论述是正确的。 (　　)

A、流通加工有效地完善了流通

B、流通加工是物流中的重要利润源

C、流通加工在国民经济中也是重要的加工形式

D、流通加工的对象是零配件或半成品

5. RFID技术除了具有防水、防磁、可以加密、存储数据容量更大、存储信息更改自如等优点以外，还具有如下优点。 (　　)

A、耐高温　　B、使用寿命长

C、费用低　　D、读取距离大

四、简答题(共12小题，每题5分，满分60分)

1. 公路运输有哪些特点？

2. 简述航空运输的优点和缺点。

3. 请列出6种包装材料，并说明其特点。

4. 为什么说“装卸搬运活动是影响物流效率、决定物流技术经济效果的重要环节”？

5. 简述连续输送机械的特点及分类。

6. 包装具有哪些功能？分别举例说明。
7. 请列出 6 种集装箱，以及各自的主要用途。
8. 简述“摘取式”系统的优点。
9. 托盘与集装箱相比的主要优点有哪些？
10. 试比较轮胎式与轨道式集装箱龙门起重机的优缺点。
11. 请列出常用的物流信息技术，并简述其在物流中的用途。
12. 货架的分类有哪些？

参考答案

一、填空题

1	厢式货车	罐式货车	自卸车	半挂牵引车	冷藏车	
2	剪板机	卷板机	折弯机	校平机	切割机	混凝土搅拌机
3	裹包机械	封口机械	捆扎机械	贴标机械	封箱机械	喷码机
4	平衡重式	插腿式	前移式	侧面式	跨车	

二、单选题

1	2	3	4	5
A	C	B	B	B

三、多选题

1	2	3	4	5
ABCD	CD	ABCD	ABC	ABD

四、简答题

1. 公路运输有哪些特点？

答：(1) 机动灵活，适应性强。

(2) 可实现“门到门”直达运输。

(3) 在中、短途运输中，运送速度较快。

(4) 原始投资少，资金周转快。

(5) 掌握车辆驾驶技术较易。

(6) 运量较小，运输成本较高。

(7) 运行持续性较差。

(8) 安全性较低，对环境污染较大。

2. 简述航空运输的优点和缺点。

答：航空运输的优点是：①速度快，相对于其他运输方式来讲，距离越长，节省的时间越多；②运输路程最短；③舒适；④灵活；⑤安全；⑥包装要求低。

航空运输的缺点是：①载运能力低、单位运输成本高。因为飞机的机舱容积和载重能力较小，因此，单位运输周转量的能耗较大。除此之外，机械维护和保养成本很高。②受气候条件限制。因为飞机飞行条件要求高，航空运输在一定程度上受到气候条件的限制，从而影响运输的准点性与正常性。③可达性差。通常情况下，航空运输都难以实现客货的“门到门”运输，必须借助其他运输工具(例如汽车)转运。

3. 请列出 6 种包装材料，并说明其特点。

答：可包括纸制品、塑料、木料、玻璃、陶瓷、各类金属等。具体特点略。

4. 为什么说“装卸搬运活动是影响物流效率、决定物流技术经济效果的重要环节”？

答：(1) 装卸搬运活动是需要反复进行的，它出现的频率明显高于其他物流活动，而且每次装卸搬运活动都要花费较长的时间，所以往往成为决定物流速度的关键。

(2) 装卸搬运活动所消耗的人力也很多，所以装卸搬运费用在物流成本中所占的比重也较高。

(3) 在装卸搬运操作过程中需要接触货物，是物流过程中造成货物破损、散失、损耗、混合等损失的最主要的环节。

由此可见，装卸搬运活动是影响物流效率、决定物流技术经济效果的重要环节。

5. 简述连续输送机械的分类及特点。

答：连续输送机械可分为有挠性牵引构件(如胶带、链条)和无挠性牵引构件两类。

连续输送机械与间歇动作的起重机械相比，其特点是可以沿一定的路线不停地连续输送货物，装载和卸载都是在运动过程中完成的，不需要停车，启动、制动少。连续输送机械输送的货物一般是散货，这些货物以连续的形式分布在承载部件上，被输送的成件货物也同样按一定的次序以连续的方式运用。

采用连续输送机械可以加快货物的输送速度，提高生产率。而且这种设备本身自重小，外形尺寸小，成本低，功率小，结构紧凑，可以维修保养。便于实现自动化控制，工作过程中受载均匀。

但是这种机械也存在着某些缺陷，比如说只能按照一定的路线输送，每种机型只能用于一定类型的货物，而且不适合运输较重的货物，大多数连续输送设备不能自行取货，需要采用一定的供料设备。

6. 包装具有哪些功能？分别举例说明。

答：(1) 包装的货物保护功能：包装能承受在装卸、运输、保管过程中各种力的作用。如冲击、振动、颠簸、压缩等，形成对外力的破坏抵抗的防护作用。

(2) 包装的效率提高功能. 包装的结构造型、辅助设施适于装卸、搬运、多层堆码和有效而充分利用运载工具与库存容积。包装的外部结构形式中，小型包装适于人工作业；大型的、集装的适于叉车及各种起重机机械作业。

(3) 包装的信息传递功能：操作人员应能从各个力向，在合适的距离看到标签。物流包装能在收货、储存、取货、出运的各个过程中跟踪商品。

7. 请列出6种集装箱，及其各自的主要用途。

答：下面的9种集装箱，任选6种即可。具体用途略。

(1) 通用干货集装箱。

(2) 保温集装箱。

(3) 罐式集装箱。

(4) 台架式集装箱。

(5) 平台集装箱。

(6) 敞顶集装箱。

(7) 汽车集装箱。

(8) 动物集装箱。

(9) 服装集装箱。

8. 简述“摘取式”系统的优点。

答：摘取式系统的优点是：①作业方法单纯；②订单处理前置时间短；③导入容易且弹性大；④作业员责任明确，派工容易、公平；⑤拣货后不必再进行分类作业，适用于多拣货单、少品项的拣货作业处理。

9. 托盘与集装箱相比的主要优点有哪些？

托盘与集装箱相比的主要优点有：

(1) 自身重量小。因而用于装卸、运输托盘本身所消耗的劳动较小。

(2) 返空容易，返空时占用的运力很少。

(3) 装盘容易。不需像集装箱那样深人到箱体内部，装盘后可采用捆扎、紧包等技术处理，使用简便。

(4) 装载量虽较集装箱小，但也能集中一定数量，比一般包装的组合量大得多。

10. 试比较轮胎式与轨道式集装箱龙门起重机的优缺点。

	轮胎式	轨道式
优点	(1) 轻便灵活 (2) 可在堆场之间移动	(1) 用市电驱动，无污染 (2) 可加大起重量和起升速度 (3) 大车可吊货快速行走
缺点	柴油驱动、污染较大、行走缓慢	只能在固定的堆场作业

11. 请列出常用的物流信息技术，并简述其在物流中的用途。

答：常见的物流信息技术主要有：条码技术(bar code)、射频技术(RFID)、电子数据交换(EDI)、全球卫星定位系统(GPS)、地理信息系统(GIS)、EPC(产品电子代码)、PLM和云计算等技术。(应用略)。

12. 货架的分类有哪些？

答：货架有以下分类：

(1) 轻量型货架。
(2) 中量型货架。
(3) 货位式货架。
(4) 阁楼式货架。
(5) 汽配库货架。
(6) 悬臂式货架。
(7) 贯通式货架。
(8) 抽屉式货架。
(9) 辊轮式货架。
(10) 压入式货架。
(11) 移动式货架。
(12) 线棒货架。
(13) 钢平台。

附录B　模拟试题(二)及参考答案

说明：本试卷共四大题，满分 100 分。

一、 填空题(共 20 个空，每空 1 分，满分 20 分)

1. 请列出 5 种常见的包装技术 ________、________、________、________、________。

2. 叉车按其结构和用途不同，可以分为 ________式、________式、________式、________式________式以及其他特种叉车等。

3. 请列出 6 种常见的货架________、________、________、________、________、________。

4. 常见的托盘有(不同材质)________、________、________、________。

二、单选题(答案填入题后括号中，每题 2 分，满分 10 分)

1. 目前我国一般的工业产品，从出厂后经过装卸、储存、运输等各个物流环节，到消费者手中的流通费用，约占商品价格的(　　)。　　(　　)

A、25%　　B、30%　　C、15%　　D、50%

2. 以我国为例，在铁路运输的始发和到达过程中，装卸搬运作业费用大致占运输费用的 20%左右，船运则占到(　　)左右。　　(　　)

A、25%　　B、30%　　C、40%　　D、50%

3. 自动化技术在仓储领域(包括主体仓库)中的发展可分为五个阶段：人工仓储阶段、机械化仓储阶段、自动化仓储阶段、集成化仓储阶段和(　　)仓储阶段。　　(　　)

A、装卸自动化　　B、智能自动化

C、搬运智能化　　D、人工自动化

4. 分拣是指为进行运输、配送，把很多货物按品种、不同的地点和单位分配到所设置的场地的作业。按照分拣手段的不同，可以将其分为人工分拣、(　　)和自动分拣三大类。　　(　　)

A、集成分拣　　B、机械分拣

C、搬运分拣　　D、单独分拣

5. 真空包装技术是在容器封口之前抽成真空，使密封后的容器内基本没有空气的一种包装技术方法。目的是避免或减少( )，抑制某些霉菌和细菌的生长。 ( )

A、金属氧化　　B、脂肪氧化

C、气体氧化　　D、食品氧化

三、多选题(答案填入题后括号中，每题2分，满分10分)

1. 条码标识简称条码，是由一组黑白相间、粗细不同的条状符号组成，条码隐含着( )，主要用以表示商品的名称、产地、价格、种类等，是全世界通用的商品代码的表示方法。 ( )

A、数字信息　　B、字母信息

C、标志信息　　D、符号信息

2. 在物流配送中心，常用的自动分拣的作业方式有( )。 ( )

A、兴趣式拣货　　B、随机式拣货

C、摘取式拣货　　D、播种式拣货

3. 除集装箱之外，如下所列( )也是将货物单元化的器具。 ( )

A、集装袋　　B、集装网

C、滑板　　D、集装笼

4. 关于“流通加工在物流中的地位”，下列 ( )论述是正确的。 ( )

A、流通加工有效地完善了流通

B、流通加工是物流中的重要利润源

C、流通加工在国民经济中也是重要的加工形式

D、流通加工的对象是零配件或半成品

5. RFID技术除了具有防水、防磁、可以加密、存储数据容量更大、存储信息更改自如等优点以外，还具有如下优点。 ( )

A、耐高温　　B、使用寿命长

C、费用低　　D、读取距离大

四、简答题(共12小题，每题5分，满分60分)

1. 水路运输有哪些特点？

2. 管道运输有哪些缺点？

3. 列出5种铁路车辆并说明其用途。

4. 按主要用途划分，装卸搬运设备可以分为哪几类？

5. 简述自动化技术在仓储领域(包括主体仓库)中的5个发展阶段，及各个阶段的主要

特征。

6. 简述“播种式”系统的优点。

7. 列出5种仓储辅助设备并说明其使用方法。

8. 简述自动分拣系统的主要特点。

9. 集装箱叉车主要应用在哪些场所？常用的集装箱叉车可以分为哪几类？

10. 简述GPS系统的构成和工作原理。

11. EPC系统的最终目标是什么？它由哪三部分组成？

12. 云计算有哪些主要的服务形式？

参考答案

一、填空题

1	防震技术	防潮(水)技术	防锈技术	防虫技术	收缩包装与拉伸包装技术			
2	平衡重式	插腿式	前移式	侧面式	跨车			
3	轻量型	中量型	货位式	阁楼式	汽配库	悬臂式	贯通式	抽屉式
4	塑木托盘	木质托盘	塑料托盘	钢制托盘				

二、单选题

1	2	3	4	5
D	C	B	B	B

三、多选题

1	2	3	4	5
ABCD	CD	ABCD	ABC	ABD

四、简答题

1. 水路运输有哪些特点？

答：水路运输具有以下特点：

(1) 水运主要利用江、河、湖泊和海洋的“天然航道”来进行。水上航道四通八达，通航能力几乎不受限制，而且节省投资。

(2) 水上运输可以利用天然的有利条件，实现大吨位、长距离的运输。因此，水运的主要特点是运量大，成本低，非常适合于大宗货物的运输。

(3) 水上运输是开展国际贸易的主要方式，是发展经济和友好往来的主要交通工具。

2. 管道运输有哪些缺点？

答：(1) 灵活性较差，承运的货物比较单一，一般只适用于定点、量大的流体单向运输。管道运输不如其他运输方式(如汽车运输)灵活，除承运的货物比较单一外，它也不容随便扩展管线，实现“门到门”的运输服务。对一般用户来说，管道运输常常要与铁路运输或汽车运输、水路运输配合才能完成全程输送。此外运输量明显不足时，运输成本会显著地增大。

(2) 经济输量范围小，如直径1020毫米的管道最佳输量为4200万吨，增加或减少输量均会造成成本增加。

(3) 管道输送量的极限受泵的能力、加压站间距、管子强度及直径等限制，临时增减输量较为困难，且不能停输、反输。

(4) 管道运输起输量高，导致油田开发初期产量低而难于采用管道输送。

3. 列出5种铁路车辆并说明其用途。

答：从以下14种车辆中任选5种即可。

1. 棚车	8. 长大货物车
2. 敞车	9. 毒品车
3. 平车	10. 家畜车
4. 罐车	11. 水泥车
5. 保温车	12. 粮食车
6. 集装箱车	13. 特种车
7. 矿石车	14. 守车

其用途略。

4. 按主要用途划分，装卸搬运设备可以分为哪些类？

答：按主要用途划分，装卸搬运设备可以分为：

(1) 起重设备。

(2) 连续输送机械。

(3) 专用装卸搬运设备，也就是带有专用取物装置的设备。例如，集装箱专用装卸搬运设备、托盘专用装卸搬运设备、船舶装卸搬运设备。

(4) 装卸搬运车辆。

5. 简述自动化技术在仓储领域(包括主体仓库)中的5个发展阶段，及各个阶段的主要特征。

答：自动化技术在仓储领域(包括主体仓库)中的发展可分为5个阶段：人工仓储阶段、机械化仓储阶段、自动化仓储阶段、集成化仓储阶段和智能自动化仓储阶段。

第一阶段是人工仓储技术阶段，物资的输送、存储、管理和控制主要靠人工实现，实时性和直观性是其明显的优点。

第二阶段是机械仓储技术阶段，物料可以通过各种各样的传送带、工业输送车、机械手、吊车、堆垛机和升降机来移动和搬运，用货架托盘和可移动货架存储物料，通过人工操作机械存取设备，用限位开关、螺旋机械制动和机械监视器等控制设备的运行。

第三阶段是自动化仓储技术阶段，采用自动导引小车(AVG)、自动货架、自动存取机器人、自动识别和自动分拣、旋转体式货架、移动式货架、巷道式堆垛机和其他搬运设备。

第四阶段是集成自动化仓储技术阶段，整个系统的有机协作，使总体效益和生产的应变能力大大超过各部分独立效益的总和。

第五阶段是智能自动化仓储技术。该技术采用的智能机器人，能识别作业环境，能自主决策，具有人类大脑的部分功能，且动作灵活，是人工智能技术发展到高级阶段的产物。

6. 简述“播种式”系统的优点。

答：播种式系统的优点是：①适合订单数量庞大而商品品项少的系统；②可以缩短拣取时行走搬运的距离；③货品量越少、配送次数越多，批量拣取就越有效。缺点是：对订单的到来无法作出及时的反应，必须等订单达到一定数量时才做一次处理，因此会有停滞时间(只有根据订单到达的状况作等候分析，决定适当的批量大小，才能将停滞时间减至最低)。

7. 列出5种仓储辅助设备并说明其使用方法。

答：以下7种设备任选5种即可：托盘、置物架、登高车、仓储笼、周转箱、零件盒、固定式登车桥。

(其使用方法略)

8. 简述自动分拣系统的主要特点。

答：自动分拣系统的主要特点如下：①能够连续、大批量地分拣货物；②分拣误差率极低；③分拣作业基本实现无人化。

9. 集装箱叉车主要应用在哪些场所？常用的集装箱叉车可以分为哪几类？

答：集装箱叉车应用在集装箱码头堆场，集装箱制造、维修企业，集装箱中转站，港口、铁路中转站和公路中转站等场所，进行集装箱的搬运和堆垛。目前，常用的集装箱叉车可以分为重箱内燃集装箱平衡重叉车、空箱内燃集装箱平衡重叉车、集装箱正面吊运机三类。

10. 简述 GPS 系统的构成和工作原理。

答：GPS 系统由三个部分组成，即空间部分(GPS 卫星星座)、地面控制部分(地面监控系统)和用户设备部分。

GPS 定位采用空间被动式测量原理，即在测站上安置 GPS 用户接收系统，以各种可能的方式接收 GPS 卫星系统发送的各类信号，由计算机求解站星关系和测站的三维坐标。

11. EPC 系统最终目标是什么？它由哪三部分组成？

答：EPC 系统是一个非常先进的、综合性的复杂系统，其最终目标是为每一单品建立全球的、开放的标识标准。它由全球产品电子代码(EPC)的编码体系、射频识别系统及信息网络系统三部分组成。

12. 云计算有哪些主要的服务形式？

答：目前，云计算的主要服务形式有：SaaS(software as a service) 软件即服务，PaaS(platform as a service) 平台即服务，IaaS(infrastructure as a service) 基础设施服务。

参考文献

1. 鲁小春，吴志强. 物流设施与设备[M]. 北京：清华大学出版社，2005.

2. 李文斐，张娟，朱文利. 现代物流装备与技术实务[M]. 北京：人民邮电出版社，2006.

3. 蒋祖星，孟初阳. 物流设施与设备[M]. 北京：机械工业出版社，2006.

5. 王金萍. 物流设施与设备[M]. 大连：东北财经大学出版社，2006.

6. 陈杰伦. 物流设施与设备[M]. 广州：华南理工大学出版社，2006.

7. 方轮. 物流信息技术与应用[M]. 广州：华南理工大学出版社，2006.

8. 罗毅. 物流装卸搬运设备与技术[M]. 北京：北京理工大学出版社，2007.

9. 陈宝震，焦宗东. 物联网中的通信语言 PML[J]. 中国电子商情(RFID 技术与应用)，2007(5).

10. 陈光军. EDI 技术在现代物流管理中的应用[J]. 中国管理信息化. 2007(5).

11. (美)马克・莱文森，姜文波等译. 集装箱改变世界[M]. 北京：机械工业出版社，2008.

12. 张铎. 物流网大趋势[M]. 北京：清华大学出版社，2010.

13. 张为民，唐剑峰，罗治国，钱岭. 云计算深刻改变未来[M]. 北京：科学出版社，2009 .

14. 周洪波. 物联网：技术、应用、标准和商业模式[M]. 北京：电子工业出版社，2010.

15. 张成海. 物联网与产品电子代码(EPC) [M]. 武汉：武汉大学出版社，2010.

16. 马琳，沈敏德，张绪鹏，魏晓琴. 药品自动分拣技术的进展和应用[J]. 山东轻工业学院学报(自然科学版)，2011 年第 03 期.

17. 杨欢. 机场行李系统自动控制中计算机网络 PLC 技术的应用[J]. 电子世界，2016 年 01 期.

18. 吴伟. 浅谈大型机场行李自动处理系统机械设备安装的质量控制[J]. 科技展望，2015 年 30 期.

19. 欧洲第 15、16 颗“伽利略”导航卫星开始工作. 国防科技信息网，http://www.dsti.net/Information/ News/104922.

20. 我国物流技术装备行业发展现状与趋势. 物流技术装备网，http://www.56clte.org/2010/0824/740.html，2010-8-24.

21.“十二五”物流发展中的新热潮．中国物流与采购联合会网站，http://www.chinawuliu.com.cn/ cflp/newss/content/201101/674_126589.html，2011-01-06.

22. 管道运输．天山网，http://www.tianshannet.com.cn/GB/channel59/961/969/200508/30/181080.html，2005- 8-30.

23. 中国科普博览，http://www.kepu.net.cn/gb/technology/railway/railway_engine/.

24. 陈文艺. 物联网技术的现状及其在工业信息化中的作用[J]. 西安邮电学院学报，2010(11).

25. 邢晓江，王建立，李明栋．物联网的业务及关键技术．中兴通讯网，http://www.zte.com.cn/cndata/magazine/zte_communications/2010/2/articles/201003/t20100331_181782.htm，2010-3-11.

26. 中国云计算网，http://www.cloudcomputing-china.cn/Article/Index.html.

27. 中国移动发布“大云”研发成果．友商网，http://www.youshang.com/content/ 2010/05/26/13725. html，2010-5-26.

28. 上海振华重工(集团)网，http://cn.zpmc.com/.

29. 云计算频道—企业网，http://www.d1net.com/cloud/.

30. RFID 射频快报，http://www.rfidinfo.com.cn/.

31. 一诺钢铁物流，http://www.yn56.com/zhuanti/070308/070308.asp.

32. 中国铁道网，http://www.chnrailway.com/.

33. 普华高端，http://www.puhuagood.com/zhishi/barcode105.html.

34. 希创技术，http://www.systron.com.cn/rfid1.htm.

35. 恒佑科技官网，http://www.labelmx.com/tech/CodeKown/Code/200807/83.html.

36. 中国云计算，http://www.chinacloud.cn.

37. Lenx 联欣，http://www.lenx.cn/index.asp.

38. Auto-ID Center. Physical Markup Language Version1.0.

39. Auto-ID Center. PML Core Specification 1.0，Oct 1，2003.

40. The Physical Markup Language. DavidL.Brock，Feb，2001.

41. Auto-ID Center. PML Core Specification 1.0.

42. Auto-ID Center. EPC Network Architecture，Sep，2005.